| 海洋与环境社会学文库 | 文库主编　崔　凤

中国海洋大学"985工程"海洋发展人文社会科学研究基地建设经费资助
教育部人文社科重点研究基地中国海洋大学海洋发展研究院资助

SEA PEOPLES OF
THE SETO INLAND SEA IN JAPAN

日本濑户内海的海民群体

宋宁而　姜春洁　著

社会科学文献出版社
SOCIAL SCIENCES ACADEMIC PRESS (CHINA)

总　序

　　党的十八大报告所提出的"生态文明建设"和"海洋强国建设"已经成为国内讨论的热点话题。正值此时，"海洋与环境社会学文库"正式出版发行了，也算是赶了一回时髦，加入到当下的相关讨论中，以期为生态文明建设和海洋强国建设建言献策。

　　生态文明建设是事关国家未来的一项重大工程，既需要自然科学、技术科学，也需要人文社会科学，其中，环境社会学就是不可或缺的。环境社会学是通过对人的环境行为进行系统研究去探寻环境问题的社会根源、社会影响，进而提出解决环境问题的社会对策的一门应用社会学分支。因此，在生态文明建设的背景下，我国的环境社会学将大有可为。

　　海洋强国建设是中国特色社会主义事业的重要组成部分。21世纪，人类进入了大规模的海洋开发利用时期。海洋在国家经济发展格局和对外开放事业中的作用更加重要，在维护国家主权、安全、发展利益中的地位更加突出，在国家生态文明建设中的角色更加显著，在国际政治、经济、军事、科技竞争中的战略地位也明显上升。党的十八大作出了建设海洋强国的重大部署。实施这一重大部署，对推动经济持续健康发展，对维护国家主权、安全、发展利益，对实现全面建成小康社会目标，进而实现中华民族伟大复兴都具有重大而深远的意义。建设海洋强国，我们要坚持走依海富国、以海强国、人海和谐、合作共赢的发展道路，通过和平、发展、合作、共赢的方式，扎实推进海洋强国建设。海洋强国建设需要社会学，社会学要为我国海洋强国建设献计献策。因此，在海洋强国建设的背景下，我国的海洋社会学迎来了前所未有的最好机遇，也已登上大展宏图的舞台。

　　国内的环境社会学和海洋社会学近年来取得了长足的进步，无论是学术组织的建设，还是学术会议的举办，都很成功也具有非常大的影响力，同时，也出版了一些学术著作，但这些著作都比较零散。因此，为了集中展示我国环境社会学和海洋社会学的学术成果，进一步提升环境社会学和海洋社会学的影响力，我们决定出版"海洋与环境社会学文库"。

其实，我们在谋划出版此套文库时，想要出版四套文库或译丛，即"海洋社会学文库""环境社会学文库""海洋社会学译丛""环境社会学译丛"。最后考虑到人力、财力等因素，决定将计划中的四套文库或译丛合并成一套文库，即现在呈现给大家的"海洋与环境社会学文库"。

"海洋与环境社会学文库"从选题上来看，包括海洋社会学和环境社会学两个部分；从作者来源来看，既有国内作者，也有国外作者，即包括一些译著；从国内作者来看，主要以中国海洋大学的教师为主，因为中国海洋大学社会学学科队伍一直致力于海洋社会学和环境社会学的研究，同时，文库也敞开大门欢迎其他国内作者的加入。也许这样做有些乱，但这是现有条件下所能达到的最理想的结果。实际上，只要我们尽力了，相信读者们会理解的。但愿"海洋与环境社会学文库"的出版能促进我国海洋社会学和环境社会学的发展。

崔 凤

2013 年 12 月 5 日于中国海洋大学崂山校区工作室

目 录

**1　第一章
日本濑户内海的海民群体像**

第一节　濑户内海海民群体的研究意义 / 1
第二节　濑户内海的概要 / 7
第三节　濑户内海的海民群体 / 13
第四节　章节安排 / 33

**35　第二章
日本环濑户内海地区的社会发展**

第一节　古代至中世的濑户内海社会 / 35
第二节　近世的濑户内海社会 / 56
第三节　近代的濑户内海社会 / 65

**71　第三章
古代及中世濑户内海的海民群体**

第一节　渔民 / 71
第二节　海商 / 80
第三节　海盗 / 84
第四节　盐民 / 98
第五节　捕鲸业渔民 / 101

106 第四章
近世濑户内海的海民群体

第一节　渔民 / 106

第二节　海商 / 116

第三节　盐民 / 129

第四节　海盗 / 131

第五节　造船业者 / 132

第六节　捕鲸业渔民 / 137

145 第五章
近代濑户内海的海民群体

第一节　渔民 / 145

第二节　捕鲸业渔民 / 157

第三节　造船业者 / 167

第四节　濑户内海海民群体的"归宿" / 170

174 第六章
濑户内海海民群体之于日本社会的意义

第一节　濑户内海海民群体的变化特点 / 174

第二节　濑户内海海民群体之于日本社会的意义 / 180

188　参考文献

195　附录一

201　附录二

210　后　记

第一章　日本濑户内海的海民群体像

在对日本列岛的研究中，濑户内海是一个难以回避的区域。这片日本本州、九州、四国所围成的内海，不仅自古就是日本与外界之间交流联系的海上通道，而且，濑户内海所在地区本身的发展也对日本列岛有着重要的影响。无论是作为通道，还是平台，濑户内海之于日本列岛的作用都离不开一个特殊群体——海民，濑户内海之所以能对日本列岛社会发挥各种影响力，在很大程度上正是依靠了以海为生的海民群体的各种实践活动。海民群体指的是那些从事渔业、盐业、水运业、海商业、海上掠夺业及其他以海为生的职业的社会群体[①]，这一群体自古在濑户内海海域繁衍生息，至今已逾千年。一部海民群体的社会生活史不仅是濑户内海地方史上不应忽视的一个侧面，而且是日本列岛社会史中不容错过的一个缩影。

第一节　濑户内海海民群体的研究意义

关于我国进行日本研究的意义早有定论，这里只举戴季陶的话来简单评论："晓得他[②]现在的真相，方才能够推测他将来的趋向是怎样的……无论是怎样反对他攻击他，总而言之，非晓得他不可。何况在学术上、思想上、种族上，日本这一个民族，在远东地区，除了中国而外，要算是一个顶大的民族。他的历史，关系着中国、印度、波斯、马来，以及朝鲜、满洲、蒙古。近代三百多年来，在世界文化史上的地位，更是重要。我们单

---

① 这一定义的提出主要来自以下两份文献：間壁忠彦「瀬戸内文化の源流」，山口徹（編）『瀬戸内諸島と海の道』，吉川弘文館，2001年，74ページ；網野善彦『海民と日本社会』，新人物往来社，2009年，21、28ページ。
② 即日本，笔者注。

就学问本身上说，也有从各种方面做专门研究的价值和必要，绝不可淡然置之的。"① 这些评论虽然出自近百年前，但时至今日，其观点不仅不过时，反而更显出作者的远见卓识。对日本的研究必须深入、细致，知其然进而知其所以然。否则，关于这个海上邻国现在发生的种种情况及其将来的发展趋势，我们必将难以精确把握，因而也必将难以准确应对。

本书的撰写初衷正是基于这一基本判断。我们相信，唯有全面、深入地洞悉日本社会的各个侧面，方能据此对这一国家做出准确的判断。而之所以在日本列岛中选择濑户内海地区，又在濑户内海这一社会生态极其多样化的区域社会中单单选中海民群体，来作为本书的研究对象，则是因为海民群体之于濑户内海、濑户内海之于日本列岛，有着十分重要的研究意义，这些研究意义可以归纳为以下几点。

一 濑户内海研究亟待加强

关于研究意义应从目前我国学界相关研究的发展现状谈起，首先应该关注的就是目前我国日本学界的"濑户内海研究"发展情况。② 我国学界的日本研究在改革开放之后经历了20世纪80年代的重新起步期，90年代的发展期，到21世纪前十年的成熟期③，逐渐对日本历史、政治、经济、社会、文化等各领域有了较为全面、深入、系统的研究，但围绕濑户内海专题所展开的研究不多，主要集中在濑户内海的环境治理、渔业养殖、海岸带开发等相互独立的专题上，且每个专题的相关研究成果零散、单一，显然还不成体系。相比之下，日本学界的"濑户内海研究"成果则要丰富得多，不仅已有《濑户内的海人文化》《濑户内群岛与海上通道》《濑户内的海人们》《濑户内海地域社会史研究》《濑户内海的文化与环境》④ 等围绕

---

① 戴季陶：《日本论》，东方出版社，2014，第3页。
② 这里姑且抛开学科的限制，将所有围绕"濑户内海"主题所形成的研究统称为"濑户内海研究"。
③ 李薇：《中国的日本研究及中日关系研究的焦点——在"东亚新格局与中日美关系"国际研讨会上的发言》，《日本学刊》2011年第6期。
④ 網野善彦等（編）『海と列島文化　第九巻　瀬戸内の海人文化』，小学館，1991年；山口徹（編）『瀬戸内諸島と海の道』，吉川弘文館，2001年；森浩一・網野善彦・渡辺則文『瀬戸内の海人たち―交流がはぐくんだ歴史と文化』，中国新聞社，1997年；魚澄惣五郎（編）『瀬戸内海地域の社会史の研究』，柳原書店，1952年；白幡洋三郎（編著）、合田健（監修）、瀬戸内海環境保全協会（編）『瀬戸内海の文化と環境』，神戸新聞総合出版センター，1999年。

濑户内海主题的专著、文集出版面世，且所涉领域颇为广泛。从时间上看，古代、中世、近世和近现代的各个发展阶段都有系列成果出现；从空间上看，海岛、沿岸地区及其经济腹地等濑户内海地区的特定空间均获得了关注，濑户内海与日本列岛其他地区、与东亚海域相邻地区等不同空间之间的联系也获得了比较系统的考察；从学科来看，相关研究跨越了历史学、民俗学、文化人类学、社会学、考古学等社会科学的各个学科；再从研究内容来看，更是从濑户内海上发生的战争、国际贸易航线的开辟等国家历史重大事件，到沿岸各藩大名、庄园领主、寺院神社、海盗头目等地方势力及其活动，再到庶民的生业①、租税、风俗、祭祀等社会基层的琐事，包罗甚广，且许多成果之间互为印证，研究细致全面，十分深入。

任何一国学界的特定国别研究都要经历从起步到成熟、从粗略到细致的过程，这是学科发展的必经阶段。对濑户内海等区域的研究必然需要建立在对日本整体性研究的基础上，才能系统展开，但我们不应因此就安于现状，而要从现在起就敢于立足学科发展的前沿。"确立和提升中国对日本问题研究的学术地位"②，多角度、多层面地展开对日本的立体式研究，把"濑户内海研究"等日本某个特定区域的研究作为一个专题，开展各领域、各层面和各阶段的系统化研究。

二 海民研究有待拓荒

其次，研究意义还体现在海民研究之于日本研究的重要性上。"海民"一词是由日本学者提出的，指日本列岛的百姓中那些从事渔捞、制盐、回船③、商业等以海为生的职业的群体，也叫"海人""网人"和"海夫"等。④ 相关研究也颇为丰富，比较著名的著书包括《海民与日本社会》《海人的世界》《日本的海洋民》《以海为生的人们》《濑户内的海人们》《濑户内的海人文化》《漂海民》等，较为知名的学者则有历史学家网野善彦、民俗学家宫本常一和大林太良、人类学家秋道智弥等，其中，尤以网野善彦

---

① 即谋生职业。
② 李薇：《"接地气"的日本研究——评张建立著〈艺道与日本国民性〉》，《中国社会科学报》2014年2月12日。
③ 回船指来回于港口之间运送货物和旅客的船舶。
④ 同上文。这一定义的提出主要来自以下两份文献：間壁忠彦「瀬戸内文化の源流」，山口徹（编）『瀬戸内諸島と海の道』，吉川弘文館，2001年，74页；網野善彦『海民と日本社会』，新人物往来社，2009年，21、28页。

关于"海民"的观点影响最大。这位日本史学家通过对各种地方志、田野志等文献的考察,指出了日本学界一直以来的一个认识误区——"百姓就是指农民,村落就是指农村"①。他指出:"百姓也包括海民、山民、手工业者、僧侣神官等各种非农业民"②,但是"由于国家实施律令制,把土地当作课税的基本依据,在推行这一系列制度的过程中,人们产生百姓就是农民这种根深蒂固的误解,致使海民及其他以非农业为生的群体与农民混淆,不容易被区别开来"③。总之,网野善彦认为正是这个认识上的误区使得大家错把日本当作农业国家,忽略了列岛社会与海洋之间极为密切的联系。因而有必要以海民为突破口,重新审视和评价日本的社会及其历史。

我国学界以日本海商、漂流民、海盗、水军等海民中的若干个具体群体为对象,形成一系列的专题研究,但是对以上群体所具有的共同身份——海民鲜有提及。至于海民与列岛社会之间的关联性,更是少有人问津。笔者近年来围绕日本海民及其海洋文化发表过一些成果④,但是在目前阶段,也只能围绕某些具体专题加以探讨,对海民群体依然缺乏系统性的判断,因而无法回答海民与列岛社会之间存在的关联。我国学者应该围绕海民群体的相关研究建立自己的学术立场。

三 濑户内海对日本列岛的重要性:从古代至现代

以上两点主要是围绕濑户内海以及海民群体的研究所具有的意义来阐述的,换言之,是在探讨这两个主题的研究对目前阶段学术发展所能做出的贡献。但我们之所以认为有必要撰写本书,绝不仅仅是出于这两项研究缺少、空白、不系统等原因,而是有着更为直接的使命感。也就是说,濑户内海以及濑户内海上的海民群体对日本列岛有着举足轻重的影响,离开这两者,对日本列岛的认识必然难以全面和完整。

---

① 網野善彦『海民と日本社会』,新人物往来社,2009年,23ページ。
② 網野善彦『海民と日本社会』,新人物往来社,2009年,21ページ。
③ 網野善彦『海民と日本社会』,新人物往来社,2009年,21ページ。
④ 这些成果主要包括,宋宁而:《日本海民群体研究初探》,《中国海洋大学学报》(社会科学版)2011年第1期;宋宁而:《社会变迁:日本漂海民的研究视角》,《中国海洋大学学报》(社会科学版)2013年第1期;姜春洁:《功能主义视角下的日本海神信仰研究》,《广东海洋大学学报(人文社科)》2012年第2期;姜春洁、宋宁而:《功能主义视角下的日本祭海仪式变迁——以濑户内海管弦祭为例》,《中国海洋大学学报》(社会科学版)2013年第5期等。

日本的历史包括先史时代、古代、中世、近世、近代和现代。先史时代包括旧石器时代、绳文时代和弥生时代；古代包括大和时代、飞鸟时代、奈良时代与平安时代；中世包括镰仓时代、南北朝时代、室町时代、战国时代和安土桃山时代；近世指江户时代；近代指明治维新后直至第二次世界大战；第二次世界大战后为现代。①

自从绳文时代以来，日本列岛的岛屿之间、岛屿与其他地区之间的交通在很大程度上是依靠海上交通完成的，甚至可以说，列岛社会的交通体系主要是以海、河、湖为基础构建起来的。② 这样的情形一直延续到律令制度开始实施为止才有所变化，当时，陆上道路交通体系开始逐步建立。但从8世纪中期开始，随着官方物资的主要运输方式重又从陆运转向海运，海上交通的重要性又凸显出来。③

濑户内海自古以来就一直是为日本列岛输送外部文化的大动脉，中国文化、朝鲜文化等外来文化都是经由濑户内海自西向东，从九州北部海域传递到京城近畿地区④，乃至列岛各地；与此同时，濑户内海还是国内各地之间交流的重要通道，在这片海面上，自古以来就持续进行着东西南北之间的货物运输、人群移动和信息交流。

从古代到中世，这里是外部文化与日本列岛文化之间、日本列岛各地之间最重要的通道。到了中世后期，濑户内海沿岸的商品经济发展渐趋繁荣，出现了许多商业港口，濑户内海不仅是航行通道，由濑户内海所在海域、濑户内海沿岸全部地域以及濑户内海海域中的所有岛屿所组成的"环濑户内海地区"本身也已成为日本列岛的经济中心地带。近世以来，濑户内海沿岸的港口城市愈发繁荣，全国性的物流网体系已基本建立，濑户内海成了日本列岛各地货物运往江户地区的黄金通道。直至近代，濑户内海沿岸的广岛、吴市等多个近世以来物流业、造船业的发达地区逐渐转变成造船基地、军事物资输送地，在甲午战争、日俄战争乃至此后的第一、第

---

① 对中世和近世的划分存在不同的主张，各种主张对划分的节点略有差异，本书所采取的是比较普遍的划分方法。
② 網野善彦「中世前期の瀬戸内海交通」，網野善彦等（编）『海と列島文化　第九卷　瀬戸内の海人文化』，小学館，1991年，283ページ。
③ 网野善彦：《日本社会的历史》，刘军、饶雪梅译，社会科学文献出版社，2012，第90页。
④ 日本古代至中世皇城所在地及周边地区，一般包括大阪府、京都府、兵库县、奈良县、三重县、滋贺县与和歌山县。

二次世界大战的日本对外侵略中扮演了重要角色，同时也给当地带来了灾难。濑户内海对日本列岛的重要性已不言自明。

从空间上看，濑户内海是拥有自成一体的独立文化特色的内海；从时间上看，濑户内海又是日本自古以来与世界沟通的重要纽带。日本人类学家秋道智弥曾评价濑户内海是"一半闭锁，一半开放的海洋"①，实在是一语中的，道出了濑户内海之于日本列岛的独特性与重要性。

四　海民群体作为濑户内海自古以来发展的"脉络"的重要性

濑户内海的发展之路是由生活在这片海域、从事以海为生的职业，即"海洋生业"的海民群体共同推动而来的，海民群体是贯穿濑户内海发展历程的一条重要"脉络"。早在中世时期，濑户内海海域就出现了许多"职业型渔民"②，在从事渔业捕捞的同时，也兼做船运和制盐，甚至还是专门给神社提供海产品来当献祭祭品的"供祭人"。③ 此后，这些海民群体中的一部分人成为海商，活跃在濑户内海及东亚海域。这些海商中的一部分人还兼职做起了海上掠夺的勾当，从而变身倭寇。同时，擅于驾船的海民集结到一定程度，便成了远近闻名的水军，在战国时期的多场战役中发挥了重要力量，也在一定程度上改变了历史的进程。许多水军成员本身就是航海技艺出色的船夫、水手，一有商机，有的就转变为商船业者，换个身份继续从事他们的海洋生业。

进入近世，渔业生产日渐发达，同时，有越来越多的渔民开始兼做商人。有的商人赶上了好时机，正遇上濑户内海沿岸和岛屿的商品经济繁荣发展的大好形势，除了海运业与商业之外，还做起了中介批发。随着买卖越做越大，船舶的货运量自然也随之增加，因而又出现了一批专门的造船业者。这一时期，濑户内海地区出现了许多没有土地，却十分富有的"百姓"，这些发家的"百姓"自然又与海民有着千丝万缕的联系。

近代之后，随着时代的激变，海民群体也迎来了自己的转型期。在现代渔业制度的建立过程中，渔民的传统捕捞活动受到了各种限制，陷入了

---

① 秋道智弥「海人の変容論」，秋道智弥（編著）『海人の世界』，同文館，1998年，11ページ。
② 山内譲「瀬戸内水運の興亡——島々の役割を中心として」，網野善彦等（編）『海と列島文化　第九巻　瀬戸内の海人文化』，小学館，1991年，334ページ。
③ 山内譲「瀬戸内水運の興亡——島々の役割を中心として」，網野善彦等（編）『海と列島文化　第九巻　瀬戸内の海人文化』，小学館，1991年，334ページ。

前所未有的困境。有的渔民就此转业，从此销声匿迹。有的渔民为求生存空间不惜远走他乡，一些渔民远赴他乡后便不再从事渔捞，也有继续操持旧业的。但进入其他国家与地区的周边海域后，渔业活动却并非一帆风顺，并且随着第二次世界大战的结束彻底宣告终结，渔民们只得重又退回濑户内海，淡出了人们的视线。倒是造船业，虽然掌握和船技术的造船工匠在建造西洋舰船这一领域，一时没了用武之地，但造船工匠云集的濑户内海上的造船基地在明治维新之后成功实现了转型，许多现代造船基地在这一地区实现了产业的近代化，规模也明显扩张。

除了以上各种海民群体外，捕鲸渔民作为相对独立的一支队伍，在中世时期，实现了捕鲸技术的突破，捕鲸队伍也呈现出组织化的发展势头；进入近世之后，捕鲸队伍的规模日渐扩张，捕鲸分工更趋细化，捕鲸业在很大程度上实现了商业化的发展；但进入近代之后，便受到西方捕鲸业的冲击，迅速衰落。不过，阵痛之后，日本捕鲸业改头换面，开始以捕鲸公司的形式再度登场，日本从此走上了商业捕鲸国的道路。

至此，我们可以说，濑户内海的历史是日本列岛历史上一个不容忽略的重要组成部分；而濑户内海的发展历程，实际上正是各类海民逐一登场、兴衰交替的过程。胡汉民也曾就研究日本的视角指出："至于一个民族的本真，纵的是历史，横的是社会，既要有充分研究古籍的力量，还要切实钻到它的社会里面去，用过体察的功夫。"[①] 研究日本列岛及其发展历程方面，濑户内海及其海民群体是一条不可或缺的线索，值得我们去做系统的、全面的梳理与描绘。

第二节　濑户内海的概要

要想了解在濑户内海海域生存、繁衍的各类以海为生的海民，首先必须了解他们赖以生存的这片海域的地理、环境与资源状况，以及环濑户内海海域曾经存在过的大小各异的国与藩及其所代表的各路地方势力。

一　濑户内海的地理、环境与资源

濑户内海由日本本州、四国和九州三个大岛围成，是日本最大的内海，

---

① 胡汉民：《序》，载戴季陶《日本论》，东方出版社，2014，序言第5页。

面积达23200平方公里，海岸线总长7200公里，平均水深38公里。① 在两万年前的冰河期，濑户内海海域所在位置还是陆地。此后，濑户内海南北两边的陆地逐渐隆起，而内海所在地域则发生下沉；同时，这一区域又因气候逐渐变暖，冰河融解，因而海面上升，海水流入下沉的陆地，形成了濑户内海的雏形。②

濑户内海的"濑户"两字意为狭窄的海峡，因为被纪淡海峡、鸣门海峡、关门海峡和丰予海峡③等诸多狭窄的海峡所包围，这片海域看上去像是被众多入口狭窄的海峡包围在内，与外海相隔离，故而得名"濑户内海"。因此，狭义的濑户内海海域指的就是被以上海峡所包围的海域；而广义的濑户内海海域除了上述四个海峡所包围的海域之外，还包括大阪湾与纪伊水道所构成的海域、丰后水道所在海域，以及响滩④所在海域。⑤ 在这片内海上，共有大小各异的海岛三千座之多，其中，有人岛也有约150座，主要的群岛包括家岛群岛、日生群岛、儿岛群岛、笠冈群岛、直岛群岛、盐饱群岛、走岛群岛、备后群岛、艺备群岛、上大崎群岛、下大崎群岛、蒲刈群岛、安艺群岛、鱼岛群岛、上岛群岛、越智群岛、关前群岛、来岛群岛、忽那群岛、柱岛群岛、周防大岛群岛、熊毛群岛、周南群岛等⑥，可谓星罗棋布，多岛海景蔚为壮观。再加上沿岸地带多见花岗岩质地的白沙与黑松⑦，绵延成这一地域的标志性景观——"白沙青松"，形成了一道独特的

---

① 「瀬戸内海―日本最大の閉鎖性海域― 2 瀬戸内海の概況」，瀬戸内海環境保全協会ホームページ，http://www.seto.or.jp/setokyo/kankou/panf/seto_heisakaiiki.htm，2014年7月19日。
② 「瀬戸内海とわたしたち 第一章 瀬戸内海はかけがえのない海」，環境省ホームページ，http://www.env.go.jp/water/heisa/heisa_net/setouchiNet/seto/index.html，2014年7月19日。
③ 这四个海峡位置如下：纪淡海峡位于和歌山县与兵库县淡路岛之间；鸣门海峡位于德岛县与兵库县淡路岛之间；关门海峡位于山口县与福冈县之间；丰予海峡位于大分县与爱媛县之间，纪淡海峡与鸣门海峡位于濑户内海的东端；关门海峡位于西端；丰予海峡则位于南端。
④ 大阪湾指由本州岛南部太平洋沿岸大阪平原与兵库县淡路岛包围的海域；纪伊水道是由和歌山县、德岛县和兵库县淡路岛包围形成的海域；丰后水道指大分县与爱媛县之间的海域；响滩指关门海峡西北部海域。
⑤ 秋道智弥「瀬戸内の生態学―瀬戸内の漁撈と製塩―」，網野善彦等（編）『海と列島文化 第九巻 瀬戸内の海人文化』，小学館，1991年，51ページ。
⑥ 参见附录一。
⑦ 松树的一种，常绿乔木，高可达30公尺，树皮带灰黑色。

风景。①

濑户内海地区温暖少雨，气候比较干燥。内海由陆地围成，陆地上森林与河川遍布，自古就是人类和众多生物繁衍生息之地。但与此同时，这也是片凶险的海域。这里海峡狭窄，岛屿众多，潮流湍急，险滩遍布，考验着世世代代航海者的冒险精神与航海技艺。

濑户内海的环境既有着内海的封闭型特征，表现为一些内部的统一化特征及其与海峡之外的外海之间显著的区别；同时也有着开放性的特点，表现为同一片内海中的不同海域受外部环境影响所产生的多样化特性。

首先是一年之中的海水温差大。到了严冬期，内海表面的水温会跌至8摄氏度左右，酷暑时节则又会涨至27、28摄氏度。相比外海，濑户内海一年之中的水温温差更大。② 除了温差，海水的盐分浓度也和外海差别很大，这里的含盐度不像外海那么稳定，夏季降水较多，含盐度就较低；冬季降水少，含盐度便升高。

此外，从位于内海北岸的中国地区③沿岸流入内海的河流较多，因此这一带的海水含盐度就较低；内海南岸、四国地区沿岸的入海河流较少，因此附近海域的含盐度就较高。④ 濑户内海自东向西可以分为纪伊水道、大阪湾、播磨滩、备赞濑户、燧滩、备后滩、芸予濑户、安艺滩、广岛湾、伊予滩、周防滩、丰后水道⑤等若干不同海域，每片海域的海水水质、海底地

---

① 「瀬戸内海とわたしたち　第三章　瀬戸内海の環境を身近なところから考える」，環境省ホームページ，http://www.env.go.jp/water/heisa/heisa_net/setouchiNet/seto/index.html，2014年7月19日。
② 秋道智彌「瀬戸内の生態学―瀬戸内の漁撈と製塩―」，網野善彦等（編）『海と列島文化　第九巻　瀬戸内の海人文化』，小学館，1991年，52ページ。
③ 本书中的"中国地区"指日本本州西部地区，因这一地区处于九州与本州的近畿地区的中间，因而得名。
④ 秋道智彌「瀬戸内の生態学―瀬戸内の漁撈と製塩―」，網野善彦等（編）『海と列島文化　第九巻　瀬戸内の海人文化』，小学館，1991年，52ページ。
⑤ 播磨滩位于濑户内海东部海域，东至兵库县淡路岛、西至香川县的小豆岛、南至四国地区的香川县与德岛县之间的海域；备赞濑户是冈山县与香川县之间的海域；燧滩是濑户内海中部、香川县到爱媛县之间靠近四国地区的海域；备后滩也位于濑户内海中部、靠近中国地区的广岛县东部，位于燧滩北部海域；芸予濑户是芸予群岛所在海域；安艺滩位于濑户内海西部、艺予群岛以南、防予群岛以北海域；广岛湾是广岛县南部海域；伊予滩是位于濑户内海西部、爱媛县、山口县及大分县之间海域；周防滩位于濑户内海西南部、北至山口县南岸、东至山口县屋代岛、西至关门海峡、南接伊予滩。

质、海水深度、生物物种都有着很大的区别。①濑户内海中的动植物约有4300种，数量最多的要数贝类、乌贼和章鱼等软体动物，约有1000种；蟹、虾、虾蛄等甲壳类大约680种，鱼类460余种，用作鱼饵的沙蚕、海蚯蚓、海肠子等环节动物和星虫等有200余种，海藻类约400种等。②而这些物种几乎全部来自位于日本列岛西南方向的赤道暖流所在海域，是随着赤道暖流进入内海海域的。也正因如此，同一片内海中的不同海域，物种的分布也有着显著的差别。鱼类、贝类、其他水产动物及海藻在上述纪伊水道到丰后水道的不同海域之间分布数量明显不同。③

此外，濑户内海的渔业捕捞物在不同时期也存在很大的差别。就以明治时代与现代为例，根据1893年（明治二十六年）日本农商务省实施的水产业调查报告《水产事项特别调查》来看，当年度濑户内海的总渔获量约为8.6万吨，这个数字仅仅是20世纪90年代初的1/5。如果再把这8.6万吨的渔获物进行细分，则鱼类为40%，水产动物占20%，贝类占10%，海藻类占30%。从具体物种来看，沙丁鱼所占比例最高，占到全国渔获量的10%，其次虾占了9%，真鲷为3.6%，章鱼2.6%，贻贝1.9%，马尾藻占1.4%。④在这些渔获物中，章鱼、贻贝和马尾藻是十分重要的农用肥料，沙丁鱼更是濑户内海海岛等贫瘠土地上种植农作物不可或缺的优质肥料。这说明近代时期，濑户内海渔业生产的目的不仅是提供海产品的食材，而且在很大程度上为海岛及沿岸农业提供肥料。

更进一步看，近代濑户内海的渔业规模虽然小，但相比现在明显更为多样化。以香川县为例，当时《明治渔业法》许可的渔业种类数为34种；获得郡长和市长许可的渔业种类数另有233种；此外，不需要许可批准、只需要呈报的渔业种类还有251种。⑤对此，人类学家秋道智弥指出，虽然近

---

① 秋道智弥「瀬戸内の生態学—瀬戸内の漁撈と製塩—」，網野善彦等（編）『海と列島文化　第九巻　瀬戸内の海人文化』，小学館，1991年，53ページ。
② 秋道智弥「瀬戸内の生態学—瀬戸内の漁撈と製塩—」，網野善彦等（編）『海と列島文化　第九巻　瀬戸内の海人文化』，小学館，1991年，54ページ。
③ 秋道智弥「瀬戸内の生態学—瀬戸内の漁撈と製塩—」，網野善彦等（編）『海と列島文化　第九巻　瀬戸内の海人文化』，小学館，1991年，55ページ。
④ 秋道智弥「瀬戸内の生態学—瀬戸内の漁撈と製塩—」，網野善彦等（編）『海と列島文化　第九巻　瀬戸内の海人文化』，小学館，1991年，58ページ。
⑤ 秋道智弥「瀬戸内の生態学—瀬戸内の漁撈と製塩—」，網野善彦等（編）『海と列島文化　第九巻　瀬戸内の海人文化』，小学館，1991年，59ページ。

代濑户内海的渔业规模小、机械化程度低，但是单从生物物种方面来讲，它显然要比现代的濑户内海海域更富有生物多样性。

濑户内海海域的海岛也同样体现了多元化的特色。分布在濑户内海海域中的岛屿群在周边潮流、地貌、土质、植被等各方面特色十分鲜明，人们要在不同的岛上繁衍生息，生业形态也就各不相同。有的岛屿适于旱田耕作，有些却更适合水田耕作，也有的岛屿成了制盐岛和采石岛，有的仅仅成为船舶的停泊地，甚至有的岛屿成了牧场。①

二 环濑户内海地区的行政区划

濑户内海生态多样化、资源丰富，又因为地理位置特殊，自古就是日本与东亚世界的交流通道，因此这一带很早就已成为人类繁衍生息之地。环濑户内海地区包括位于本州的皇城所在地及周边区域的近畿地区，濑户内海北岸的本州中国地区、濑户内海南岸的四国地区，以及濑户内海西岸的九州地区，藩国众多，有着许多强大的地方势力。

日本自我国隋朝、唐朝的时代起，就模仿我国施行律令制，统治者为了直接统治全国，将全国国土按照"国、郡、里"三个等级进行行政划分。环濑户内海地区也因此出现许多"国"，由朝廷派遣官员来代替朝廷实施统治，这种官职名为"国司"。这一行政组织形式一直延续到平安时代才结束。进入镰仓时代后，武家政权建立，统治制度发生了巨变，"国、郡、里"所代表的律令制逐渐失去了对地方的控制力。虽然这种行政区划被保留下来，但已名存实亡。到了近世的江户时代，"国"干脆退化成一个历史名词，不再具有任何现实意义。江户时代所使用的行政区划叫作"藩"。在这个时代里，拥有一万石以上领地②的领主被称为"大名"，直到进入明治时代，"国""藩"遭废，日本开始启用"道府县"与"市、町、村"③ 来做行政区划的级别。日本行政区划的这些变化也使得环濑户内海地区在历史上有了许多的"国"与"藩"。④ 这些行政区划与濑户内海发展的每个阶段都紧密相连，成了濑户内海历史的一部分。

环濑户内海的近畿地区、中国地区、四国地区和九州地区这四大板块

---

① 三尾裕子「内海の漁民と島々の生活史」，網野善彦等（編）『海と列島文化 第九卷 瀨戸内の海人文化』，小学館，1991年，423ページ。
② 日本藩领地的面积是以稻米的产量为单位来计算的。
③ "道""府""县"三者级别相同；此后依次为"市、町、村"三个级别的行政区划单位。
④ 环濑户内海地区的国、藩详细信息参见"附录二、表3"。

中，近畿地区包括伊势国、伊贺国、志摩国、近江国、山城国、大和国、纪伊国、和泉国、河内国、摄津国、丹波国、丹后国、播磨国、但马国；中国地区包括因幡国、伯耆国、出云国、美作国、石见国、备前国、备中国、备后国、安艺国、周防国、长门国、淡路国；四国地区包括赞岐国、阿波国、伊予国、土佐国；九州地区包括对马国、丰前国、丰后国、筑前国、筑后国、肥前国、肥后国、日向国、萨摩国、大隅国。

这些"国"中，直接沿濑户内海的，近畿地区包括丹波国、摄津国、和泉国、纪伊国、播磨国；中国地区包括备中国、备前国、备后国、安艺国、周防国、长门国；四国地区包括伊予国、赞岐国、阿波国。

近世的江户时代，环濑户内海地区的这些"国"内又先后成立了大大小小的"藩"。位于沿海地区，并拥有五万石以上领地的藩①包括近畿地区的丹波龟山藩、筱山藩、高槻藩、尼崎藩、岸和田藩、纪州藩②、明石藩、姬路藩、龙野藩；中国地区的備中松山藩、冈山藩、福山藩、三次藩、广岛藩、岩国藩、长州藩③和长府藩；四国地区的伊予松山藩、高松藩、丸龟藩、土佐藩④、德岛藩；九州地区的福冈藩、小仓藩、中津藩、臼杵藩、冈藩、延冈藩和饫肥藩。

进入明治时代以后，明治政府开始推行废藩置县，环濑户内海地区的行政区划又有了改变。按"道府县"一级的行政区划来看，近畿地区包括大阪府、兵库县、京都府、滋贺县、奈良县、三重县和和歌山县；中国地区包括鸟取县、岛根县、冈山县、广岛县和山口县；四国地区包括德岛县、香川县、爱媛县和高知县；九州地区包括福冈县、佐贺县、长崎县、熊本县、大分县、宫崎县、鹿儿岛县。其中，直接沿濑户内海的道府县包括近畿地区的和歌山县、大阪府、兵库县；中国地区包括冈山县、广岛县和山口县；四国地区包括德岛县、香川县和爱媛县；九州地区包括福冈县、大分县和宫崎县。⑤

本书所要讲述的海民群体正是聚居、生活在这片环濑户内海地区的沿

---

① 在江户时代，拥有一万石以上领地即可为一藩，拥有五万石领地的藩在当时属于规模较大的藩。
② 或称和歌山藩、纪伊藩。
③ 或称荻藩、毛利藩。
④ 或称高知藩。
⑤ 环濑户内海地区的道府县信息及对应图示参见"附录二、图1及表2"。

岸及岛屿之上，并随着时代的变迁、环境的变化逐步发展而来的。

第三节　濑户内海的海民群体

濑户内海自成一体的空间格局为生活在这片区域中的人们提供了孕育固有文化的条件，使得这一区域中的人们具备了列岛其他地区的人们所不具备的、相对一体化的风俗、习惯和制度。而文化最根本的区别则来自谋生手段上的差异，海民群体在环濑户内海地区的沿岸、岛屿及海域所从事的海洋生业所体现的正是这种极富当地特色的固有文化。

一　濑户内海海民群体的含义

海民群体的概念是由日本学者提出的，指从事渔捞、制盐、回船、商业等海洋生业的群体，也叫"海人""网人"和"海夫"等。[①] 日语"AMA"一词在古日语里，就是指包括渔捞、盐业的从业人员，以及航海者、海上居住者等海民群体的用语。[②] 这里所指的海民是就整个日本列岛来说的，但濑户内海的海民早已在自己的生产实践中形成了一些独具特色的生业形态，因而有必要对这一地区的海民群体做出独立的含义界定。濑户内海的海民群体应该是在环濑户内海地区从事渔捞、捕鲸、海盐制作、海上运输、海上贸易、海上掠夺等以海为生的职业的社会群体。与列岛其他地区的海民类似，濑户内海海民世界的形成要追溯到生活在环濑户内海地区的人们对海洋进行最初探索的时期，即人类对海洋的"渔盐之利，舟楫之便"意识形成的初期。随着渔业、盐业和海商等海洋生业的分工渐趋形成，濑户内海的海民群体也逐渐有了群体分化，但大部分海民仍然在相当长的一段时间里表现为上述两个或两个以上职业的兼职[③]，群体的界限并不十分清晰。这种特征虽然给我们界定各类海民群体的概念带来了一定的困难，但反过来看，也恰好说明界定各类海民群体的概念这项工作十分有

[①] 同上文。这一定义的提出主要来自以下两份文献：間壁忠彦「瀬戸内文化の源流」，山口徹（編）『瀬戸内諸島と海の道』，吉川弘文館，2001年，74ページ；網野善彦『海民と日本社会』，新人物往来社，2009年，21、28ページ。

[②] 秋道智彌『海洋民族学―海のナチュラリストたち』，東京大学出版会，1995年，12ページ。

[③] 严格来说，海民群体的职业分化是进入江户时期以后的事，而在此之前，大多数从事海洋生业的人们总是同时从事着多种与海相关的工作。

必要。

二 濑户内海海民群体概念与相邻概念之间的辨析

在对濑户内海海民群体进行概念界定的时候，有一项工作是必不可少的，那就是将"海民"与其相近概念放在一起进行辨析。环濑户内海地区长期以来经济繁荣，人口稠密，人们所从事的谋生职业十分多元。这里除了海民群体外，也存在许多与之关联密切的群体。同时，还有一些群体，在所记载的文献中，很难与海民相区别。此外，也有一些群体，属于海民群体的一个组成部分，却容易与海民群体产生概念上的置换与混淆。因此，这里有必要对"海民"及相近概念进行基本的辨析。

首先，需要辨析的是"海民"与"渔民"这两种群体的联系与区别。渔民指以渔业为营生的人群①，而渔业营生就其本质而言，就是追逐生存洄游于渔礁之间的鱼群，使用各种渔具和渔法，进行捕捞的生产活动。② 显然，这与"从事渔业、盐业、水产业、商业等以海为生的各种社会群体"的海民在概念的外延上是不一致的，把"海民"作为"渔民"来理解是不够准确的。但同样值得注意的是，在海民群体所从事的生业中，"渔盐之利"是历史最悠久的生业，也是从事其他营生的起点和核心。海民群体的分化、分层、演变都是围绕从事渔业的社会群体展开的。

其次，作为一组不同却容易混淆的概念，对"农民"群体与"海民"群体加以区别也是必不可少的。农民指的是以农业为生业的人群或从事农业的平民。③ 从定义来看，其生业与渔业等涉海营生并无太多牵连；但这不仅不意味着这一组概念的辨析没有必要，相反，正是由于农耕文明及"重陆轻海"价值观④对日本社会的影响，海民群体在文献记载中经常被不假思索地归入农民之列，两者在使用中也经常发生混淆。⑤ 结果掩盖了海民以海

---

① 新村出（编）『広辞苑　第三版』，岩波书店，1983年，639ページ。
② 山口徹「外界を見通した眼　島の生業から見えるもの」，山口徹（编）『瀬戸内諸島と海の道』，吉川弘文館，2001年，224~225ページ。
③ 新村出（编）『広辞苑　第三版』，岩波书店，1983年，1881ページ。
④ 秋道智彌「海人の変容論」，秋道智彌（编著）『海人の世界』，同文舘，1998年，5ページ。
⑤ 从江户后期开始，关于专门从事鱼类交易的家庭，查阅其户籍草稿本发现，上面写着"农"字样。而实际上，这些家庭以海与山为生活的舞台，农业对其而言简直连副业都算不上。这是因为当地农业兴旺发达，官员们由此判断：此地农业兴旺，居民必为农民。参阅以下文献：網野善彦「中世瀬戸内海の海民」，森浩一、網野善彦、渡辺則文『瀬戸内の海人たち―交流がはぐくんだ歴史と文化』，中国新聞社，1997年，89~91ページ。

为生的生存状态本质，也在很长一段时间里遮蔽了列岛社会的人们心灵深处的海洋意识。

此外，"海民"与"百姓""平民"的概念也需要进一步明晰。"百姓"的概念与"农民"相类似，意指"一般人民"[①]；而"平民"则指"无官阶的庶民"。[②] 各类海民群体在官方文书中经常被笼统地归入"百姓"和"平民"之列，并且逐步形成惯例。原本，"百姓"和"平民"的概念中有从事农业、商业、手工业、渔业等多种生业的群体的意思，因此，把各类海民归入"百姓"和"平民"之列原本也没多大问题。但是到了中世之后，随着农本主义理念在列岛社会的普及，世间逐渐产生了一种惯性思维，觉得所谓"百姓""平民"就是指务农之人。惯性思维的误导作用是强大的，海民的存在及其活动所产生的影响由此被忽略，海民的地位、作用也因此没有获得客观的评价。[③]

三 濑户内海的海民群体分类

日本海民这一称法被提出，原本就是因为以海谋生的职业种类繁多，因而这类人被统称为海民。而在濑户内海这个内海世界中，各种以海为生的人群更是形态各异，层出不穷。有时你中有我，我中有你；有时则此消彼长，互为轮替。在一个个纷扰的时代里，演绎了一出又一出精彩热闹的戏剧。由此可见，厘清不同类型的海民群体实在是件困难事，但这项工作又恰恰是描述濑户内海海民群体所必不可少的，必须知难而进。因此，本书以这些海民所从事的最主要的谋生职业为标准，对海民进行了分类与梳理。

（一）普通渔业渔民

渔民是指以渔业为营生的人群，而对日本渔民群体进行定义时，则有必要按照他们的渔业捕捞形态将之区分为"普通渔业渔民"和"捕鲸业渔民"。其实从事捕鲸的也是渔民群体，只不过由于鲸鱼这种捕捞对象的特殊性，捕鲸渔民的作业方式、团队规模、合作模式与从事普通渔业捕捞的渔民有着太大的区别，因此才有必要对这两种渔民所形成的作业群体分别进行定义。本书中的濑户内海的普通渔业渔民群体指在环濑户内海海域

[①] 新村出（编）『広辞苑 第三版』，岩波書店，1983年，2046ページ。
[②] 新村出（编）『広辞苑 第三版』，岩波書店，1983年，2153ページ。
[③] 宋宁而：《日本海民群体研究初探》，《中国海洋大学学报》（社会科学版）2011年第1期。

从事捕鲸以外的渔业捕捞活动并以渔业为谋生手段的海民群体，包括居住在沿岸及海岛渔村中的渔民、以船为家的渔民，以及在濑户内海海域以渔捞活动为主，兼做其他海洋生业的渔民群体。在后面章节的叙述中，我们将从事普通渔业的渔民简称为渔民，将从事捕鲸活动的渔民称为捕鲸业渔民。

濑户内海地区自古就是渔民聚居之地，内海沿岸自古就有渔业部落，并且有的渔业部落还逐渐发展成为专职的渔村，这些渔村中的渔民专事渔业，不务农桑。不过，从古代到中世时期，即便是完全不从事农业耕作的渔民，通常也会在渔业捕捞的同时，兼做些其他的海洋生业，例如到水军船上去充当划桨的水手，甚至有时也干些海盗的营生，掠夺来往船只上的财物。当然，也不是所有的渔民都身兼数职，有些渔民就成了专为皇室和神社提供海鲜的"职业型渔民"。[①]

中世后期，濑户内海地区的渔民群体进入了比较频繁的变动时期，有的渔民开始兼做制盐，也有一些开始兼做海运船主或农业，成了半渔半商业者或半渔半农业者，甚至有的渔民从沿海往内陆迁移成为纯粹的农民。这段时期，那些充当海盗的分散、零星的渔民群体也开始进一步组织化，形成了若干较为大型的海上武装力量集团，就此不再从事渔业捕捞。中世时期的渔民有很多都是以船为家，一家人终年居住在船上，在内海海域四处漂泊，因而被叫作"家船民"，或"漂海民"。家船民驾驶的渔船小巧轻便，行动十分迅捷，又因一家居住海上，分工方便，因此从事渔业捕捞的同时，往往可以兼做船运、海盗、生活用品的贩卖等。加之当时濑户内海渔民的捕捞技术还不够好，捕捞所获未必足够一家糊口，因此渔民兼职其他海洋生业是十分普遍的现象。

到了近世，濑户内海上的渔业生产渐趋繁荣，捕捞技法和捕捞工具开始细分化，渔民们捕捞不同的鱼类和水产生物时，开始越来越多地使用专门的渔网和技法，渔业活动中的团队合作也越发系统化，规模化。渔民们大量的捕捞所获用于交换农产品和生活必需品普遍有了大量的富余，使得以海产品为主的商品经济在环濑户内海圈开始逐步发展起来。这其中，比较典型的是沙丁鱼业。近世时期，濑户内海盛产沙丁鱼，而沙丁鱼又是商

[①] 山内譲「瀬戸内水運の興亡―島々の役割を中心として」，網野善彦等（編）『海と列島文化　第九巻　瀬戸内の海人文化』，小学館，1991年，334ページ。

品作物棉花的重要肥料。当时濑户内海沿岸大兴棉花种植业,和沙丁鱼业的发达有着很大的关系。

近世时期,濑户内海地区渔民的另一个特点就是活动范围日渐广阔。到了这个时期,泛舟濑户内海上的渔民们经过长期摸索,对鱼类洄游路线、潮流流向都有了比较准确的把握,因此他们开始追随鱼类的洄游路线四处捕捞,活动范围日渐扩大。渔民的活动范围扩大,就难免要进入其他渔村所在地的渔场,和当地渔民发生冲突。再加上,进入近世后,德川幕府建立幕藩体制后,建立了大小不等的各种"藩",而律令时代以来的"国"的行政区划概念又仍然保留着,以往的"国"边境和到了江户时代才有的"藩"边境有着细微的差别,导致处于边境上的海岛及其周边海域成了两边渔民争夺渔业资源的场所,这种渔业纠纷在近世中后期呈现愈演愈烈的趋势。近世时期,家船民群体开始发生蜕变,越来越多的家船民开始利用自己的小船从事水运行业,来去濑户内海各地之间,运送商人托运的商品,或是自己囤货去各地贩卖。

进入近代,明治政府颁布的关于渔场管理的新制度不但没有缓解近世濑户内海海域的渔业纠纷,反而使之愈演愈烈,终于促使濑户内海上的渔民开始驾船驶出濑户内海,前往外海开拓渔场。他们先后抵达九州西部海域、朝鲜海峡、中国青岛周边海域以及中国台湾岛周边海域。起初,濑户内海的渔民是迫于生计,寻求海外渔场的渔业资源。但随着政府不断推动对外扩张,移居到朝鲜半岛、中国大陆及台湾岛的日本渔民及其他移民越来越多,濑户内海的渔民在一定程度上扮演了政府扩张政策的追随者、受益者,甚至成了政府海外侵略的"先遣部队"。也有一些渔民甚至远赴夏威夷,但移民当地后,继续从事渔业或其他海洋生业的渔民很少。

濑户内海的渔民群体自古代至近代分工逐步细化,规模逐步扩张,逐渐从零星、分散式的渔业捕捞生产转向系统化、组织化、规模化的渔业捕捞生产。直至近代,内海的渔业资源已经无法满足渔民的捕捞需求,促使渔民驶出内海,进入更为广阔的海域。但在日本政府对外扩张政策的大背景下,尽管濑户内海的渔民及其渔业组合成功开拓了海外渔场,却终究因为本国政府侵略战争的失败而沦为牺牲者,在第二次世界大战后退缩回濑户内海海域。随着战后日本远洋渔业公司主导下的渔业活动的发展,濑户内海的渔民群体及其文化不可避免地逐步淡化,在很大程度上失去了原本自成一体的独特性。

（二）捕鲸业渔民

濑户内海的渔民中，从事捕鲸业的渔民在作业形态、合作方式、团队规模等方面与普通渔业渔民有着很大的差别，因此需要对其加以单独阐述。本书所指的濑户内海捕鲸业渔民是指在环濑户内海地区从事各种鲸类捕猎的准备、捕获、搬运、分解等相关作业的，以捕鲸业为谋生职业的海民群体。

在这个概念里，有两点需要做进一步的阐释。第一，捕鲸业渔民是否在环濑户内海地区海民群体的范畴之内。我们在这一章的开头部分提到过"环濑户内海社会"一词及其内涵，指的是濑户内海所在海域、沿岸地区及海域中的海岛。鲸鱼体型巨大，一般在外海活动。因此，环濑户内海地区的捕鲸地点通常在濑户内海的出口附近海域，如内海西端的九州福冈县西北部海域、南端的四国高知县西南部海域、大阪湾以南的和歌山县南部海域。虽然这些地区只能算是环濑户内海的边缘地区，但从这些地区捕鲸业发展的历程来看，其捕鲸队的基地都位于环濑户内海沿岸，而不同基地从事捕鲸业的渔民间也大多经由濑户内海这条通道来实现经验、技术的交流和传承。因此，捕鲸业渔民依然应被视作濑户内海海民中的一个重要群体来加以考察。

第二点是这个概念中所提及的捕鲸业渔民的作业形态。一般而言，我们在阐释渔民的狭义概念时，会把渔业加工业排除在渔民群体的概念之外，将之视为从事捕捞的渔民的相关群体，但这一划分方法适用在捕鲸业渔民身上却有不妥之处。鲸类体型庞大，捕鲸活动无论从规模、工序还是难度上，都不是普通渔业所能比拟的。在中世到近世的很长一段时间里，捕鲸工作首先需要侦察、瞭望、布网，等待鲸鱼进入渔网范围内，再配合以刺杀，完成猎杀后还需要专门的渔船以特殊方式运回岸边。对鲸鱼躯体进行肢解是完成捕鲸活动、进入下一步的鲸鱼加工业所必不可少的环节，而以上作业者显然都是依靠捕鲸活动为生的。因此本书所指捕鲸业渔民群体包括从准备工作到收尾工作的全部环节的作业者在内。

捕鲸业在日本传统悠久。在古代，渔民一般用手投掷标枪等猎杀鲸鱼。到了中世的中期之后技术开始有了迅速的发展。这一阶段，濑户内海上海战频繁，实战促使水军的驾船技术日益发达，而且也磨炼了士兵在船上使用枪、矛、叉等武器的技术，水军中的水兵有很多是渔民兼职的，因此水军的技术很快就让渔民运用到捕鲸业当中去了。鱼叉和刺网开始运用到了捕鲸活动中，被称为"突取式捕鲸法"。中世末期，运用这类技法捕鲸的渔民开始逐步组织化，形成了名为"鲸组"①的捕鲸队，捕鲸业逐步走向产业化。从这一时期的主要"鲸组"所在地来看，除了位于日本海沿岸的几个地区外，大部分鲸组产生地都环绕在濑户内海的周边海域，包括濑户内海的西端、南端和东端，捕鲸船一般都在紧靠内海这些出入口的外围海域活动。

濑户内海地区的捕鲸队虽然实现了产业化，但"突取式捕鲸法"的局限在于往往只能捕猎体型较小的鲸鱼，因而商业价值有限，产业化程度也难以提高。而且由于这种适用于小型鲸鱼的捕猎法到了中世末期已经在列岛各地广为普及，因此日本近海的小型鲸鱼数量开始骤减，渔民们开始转而考虑如何捕猎大型鲸鱼，并由此逐渐开发出名为"网取式捕鲸法"的大型捕鲸技法。"网取式捕鲸法"不仅使捕鲸队实现了规模的大幅度扩张，而且鲸鱼的商业价值也获得了全面的开发。濑户内海的捕鲸业在17世纪的前期与中期迎来了全盛期。

但是，在进入19世纪后，随着西方捕鲸船进入日本海域，日本捕鲸业很快盛极而衰。欧美捕鲸船所使用的捕鲸技法被称为"美式捕鲸法"或"帆船式捕鲸法"。②使用这种捕鲸法的捕鲸队不需要把捕获的鲸鱼拖回岸上基地再做处理，而是在海上就能完成抽走鲸油、取走鲸须的一切作业。这种捕鲸技法的效率显然高于日本本土捕鲸业，因而在19世纪中期达到鼎盛。但此后，随着日本近海鲸鱼数量骤降，外国捕鲸船的数量才逐年有所减少。这一期间，日本捕鲸业受到巨大冲击。在经历阵痛之后，日本人开始自己成立捕鲸公司，发展携带枪炮的西洋式捕鲸船，逐渐向欧美捕鲸公司看齐，开始走向远洋。直至第二次世界大战后，日本捕鲸业在一定程度上受到了国际捕鲸管制机制的制约，但依然以"科学调查"之名继续着"商业捕鲸"之实，并且把"商业捕鲸"变成某种意义上的政治问题。但无论日本政府及相关利益集团如何努力，从世界大趋势来看，日本的千年捕鲸业毕竟还是走到了尽头。

---

① 石田好数「列島の捕鯨文化史」，網野善彦等（編）『海と列島文化 第十巻 海から見た日本文化』，小学館，1992年，250ページ。
② 石田好数「列島の捕鯨文化史」，網野善彦等（編）『海と列島文化 第十巻 海から見た日本文化』，小学館，1992年，268~269ページ。

（三）海盗与水军

海盗、水军仅从字面意义上看，似乎不该被归做一类。因为说起海盗，人们往往会想到从事海上掠夺的盗匪，而水军两字所传递的信息只是"水上武装力量"而已。但这两个看似差别相当大的概念，在日本的历史上却几乎指向同一类人。而在濑户内海地区的历史上，海盗与水军更是难分彼此。之所以说这两个概念难分彼此，并不是指海盗有时候会转变成水军，或是海盗同时也兼做水军，而是指海盗和水军在濑户内海的历史上，几乎就是指同一个群体。

我们首先要对日语中"海盗"一词的定义加以解读。在《广辞苑》中，海盗有两层含义，一是"横行海上，对往来船只及沿岸地域进行袭击、抢夺财货的盗贼"；二是"中世时期，活跃于志摩[①]、濑户内等海域的海上豪族及水军的别称"。[②] 第一个定义所传递的海盗内涵和我们通常所理解的并无二致。无论古今中外，海盗最基本的活动就是对海上行船和沿海地区发动袭击，其目的则必然是掠夺财物。第二个定义则毫无疑问是日本特有的，时间仅限于中世时期，地点只限于志摩、濑户内海等几个特定海域。因此，就濑户内海这片海域来谈海盗，是无论如何也绕不开海上豪族与水军的。再来看水军的定义。水军指的是"中世时期，以濑户内海与西九州沿海海域为据点，擅长水上战术与操控船舶的地方豪族"。[③] 由此可知，水军也就是拥有海上武装力量的地方豪族、地方势力。本书中的濑户内海海盗与水军指的是在濑户内海海域、依靠海上武装力量为生存手段的海民群体。

水军这种海上豪族的武装力量对日本政治的影响可以追溯到古代。不过在古代，水军并不是专职的海上武装力量，而是渔民和水军的混合体。此外，在本章的上文中我们还曾提到，古代濑户内海上有不少渔民平时就从事零星、分散的海盗行当。因此，在古代时期，海盗、水军和渔民的群体区别实际上是非常模糊的。

到了中世的中后期，室町幕府要往中国和朝鲜派遣贸易船只，于是下令濑户内海海域和九州沿岸岛屿的地方势力护卫这些船只前往海外，终于使得零星的海上武装力量有了组织化、规模化的机会。随着海盗集团的势

[①] 志摩位于三重县志摩半岛南端，面朝英虞湾。
[②] 新村出（編）『広辞苑　第三版』，岩波書店，1983年，390ページ。
[③] 新村出（編）『広辞苑　第三版』，岩波書店，1983年，1266ページ。

力范围不断扩大，集团内部出现明显分层现象，集团的头目被称作"海上领主"。"海上领主"指示自己的手下设立海上关卡，收取保护费，又在海岬上建起"海城"，① 用于军事瞭望，濑户内海上的海盗成了名副其实的海上豪族。

在这些海上豪族的地方势力"保护"下，日本通往中国与朝鲜的海上贸易活动也在很大程度上被海上豪族及其领主控制。这些海上武装力量在东亚海域夹杂在海商中间，不时登陆朝鲜半岛及中国沿岸实施掠夺，或是抢夺来往船只，时间一长，便获得了"倭寇"之名，并且逐渐名闻遐迩。不过，"倭寇"并非一直都是日本人，到了明朝中后期，中国东南沿海一带"倭寇"成患之时，"倭寇"从主要首领到基本成员，已经大都变成中国人，尽管也有少部分日本人，但已经不起主要作用了。②

到了中世的南北朝之乱时期，食物匮乏，民生潦倒，濑户内海沿岸及岛屿地区几乎遍布海盗。这一时期活跃在濑户内海上的村上氏、小早川氏、细川氏、河野氏、大友氏等主要海盗团体都互相结为盟好，划分海上势力范围，向濑户内海上的过往船只收取费用，对于有所怠慢的船舶实施袭击，强制收费。海盗地盘上的渔民们在乱世中从事渔业难以维持生计，所以大多只能投靠海盗。15世纪的朝鲜使臣宋希璟，在回忆乘船沿濑户内海前往京都的一路行程时，在他的《老松堂日本行录》中做出了"濑户内海海边住户全都是海盗"的描述，③ 正是这一时期海盗活动的真实写照。

除了针对海上来往客船、商船及沿岸实施掠夺之外，从古代末期直至整个中世时期，濑户内海水军更为著名的"业绩"是依附地方势力，进行海上战争。其中，有几支著名的濑户内海水军，由于在关键战役中取得了胜利，几乎左右了日本历史发展的进程。在古代末期的平安时代后期，原本就是地方政治势力的藤原纯友，却借着征讨海盗的机会，一举成为海盗头目，并控制了濑户内海上的运输业务，势力之大最后足以威慑日本朝廷。藤原纯友的海盗势力被镇压后，平安时代末期的权臣平清盛同样借着镇压海盗之名，把濑户内海上的武装力量纳入自己的势力范畴，为的也是扩充

---

① 網野善彦「海と海民の支配」，秋道智弥（編著）『海人の世界』，同文舘，1998年，139ページ。
② 林瑞荣：《明嘉靖时期的海禁与倭寇》，《历史档案》1997年第1期。
③ 樋口淳「老松堂のみた日本」，『日本学研究』，2002年10月，第11号。

政治势力，并掌控濑户内海海运业所带来的巨大利益。

进入中世后期，濑户内海上战乱频发，水军也开始伺机逐鹿，村上水军就是在这一乱世中脱颖而出的著名海上武装力量。这支水军凭借迅捷灵便的操舵技术和先进的船上武器，在严岛会战和木津川口海战中大败敌军而声名远播。另一支重要水军力量是盐饱水军，濑户内海盐饱群岛上的岛民造船技术优良，航海技术精湛，自古从事海盗活动。到了平安时代末期，盐饱群岛上的岛民就与新兴的武士阶级相结合，成了海上武装集团，称作盐饱水军，并在战国时代先后追随织田信长、丰臣秀吉和德川家康，承担军用粮食的运输任务。由于其航海技术卓越，因而运粮功绩显赫，到了近世，成了德川幕府的御用水军。

然而，大部分濑户内海水军没有盐饱水军的幸运，而是在进入近世之后，由于丰臣秀吉的严厉取缔而遭到覆灭，此后的德川幕府也延续了海盗禁令。16世纪末，濑户内海上的小型海盗集团大多被灭。大型海盗集团的上层海盗头目，一些投靠了地方上有权势的大名，成为其家臣；一些遁迹山林，成了小型藩主。此后，虽然海盗依然在濑户内海上私下进行着小范围的掠夺行当，但中世时期的辉煌已经不再，并最终彻底退出了历史的舞台。

（四）海商

濑户内海上渔业活动本自活跃，渔民打鱼所获，除了自己食用，主要还需拿来交换其他主食与生活用品。渔民有船，自然愿意载着渔获之物四处行舟贩卖。濑户内海上的商业活动是以渔业活动为起点和基础的，海商与渔民一样，也是濑户内海海民中的重要一支。本书所指濑户内海的海商是指以濑户内海及其周边地区为交通通道或交易场所，以实施海上商品运输和交易为谋生手段的海民群体。

这一概念中有几个要点需要厘清。首先，从活动范围来看，海商既包括以濑户内海为海上通道，进行日本列岛各地之间、与中国和朝鲜半岛等地之间的国内外海上运输及贸易的商人，也包括在濑户内海海域内进行沿岸与岛屿之间、沿岸之间海上贸易的商人。其次，从所从事的活动内容来看，既包括受货主委托、收取运费而从事海上运输的船东，也包括利用船舶自行倒买倒卖的船商，同时包括囤货发货、从事货物集散中转的中介商、批发商。海商的作业形态是所有濑户内海海民中最复杂多样，同时也是活动范围最广、活跃时间最长的海民群体。再次，从活动形态来看，既包括以濑户内海为通道，进行日本列岛之间，或日本与海外之间贸易的商人；

也包括以内海海域某个地点为交易场所,从事海上货物中介买卖的商人;同时,也包括既把内海当作通道进行海上货物运输,又将内海各港町、集散地当作交易场所的商人。最后,本书所讨论的濑户内海海商群体指的是日本商人,不包括古代到日本来经商的中国和朝鲜半岛商人。

日本古代的对外交往主要是和中国及朝鲜半岛进行的,不过早期基本上都是中国和朝鲜半岛的商人前往日本,日本从事海外贸易的商人群体则是在11世纪中叶开始崛起的。[①] 这一时期,日本武士阶级的兴起。从平安时代末期的平清盛到源氏一族,再到镰仓幕府,都十分重视濑户内海这一海外贸易通道,并对民间商人介入日宋贸易采取自由放任态度,从而推动了日本商人经由濑户内海前往海外。日本商人在前往朝鲜半岛行商的过程中,也开始抢夺来往船只上的商品,或在朝鲜半岛沿岸地区实施掠夺,海商由此变得亦商亦盗。

另一方面,中世时期,环濑户内海地区的贸易活动也有了很大发展,内海沿岸出现了许多吃水较深、适于大船停靠的港口,沿岸"百姓"中也出现了不少没有土地,却十分富裕的船商。进入近世的江户时代之后,由于商人河村瑞贤成功开辟了日本海沿岸到太平洋沿岸的东回航线和西回航线,特别是西回航线的开辟,激活了日本国内海运贸易,使得日本海沿岸到濑户内海、再沿本州太平洋沿岸到江户城的商品运输和买卖变得炙手可热,大阪沿岸成了日本海沿岸货物运往江户城的重要中转口岸,濑户内海的地位更显重要。中世时期的盐饱水军也在进入近世后,在成为德川幕府的御用水军的同时,也跻身濑户内海上的船商行列,成为成功的回船业者。这一阶段,沿海港口及海岛上出现了回船争相停靠的港町,船商云集,港町的商业日渐繁华,甚至出现了风俗业、娱乐业兴盛繁荣的景象。

近代以来,随着明治维新的成功,日本在"富国强兵""殖产兴业"的国策指引下开始了产业近代化的历程,濑户内海沿岸的广岛等港口成为重要物资流动中枢,而濑户内海地区的纺织业等轻工业、造船业等重工业、矿石开采精炼等化工业也因此得到了迅速的发展。但是,与此同时,近世时期濑户内海海岛上那些盛极一时的港町,最终因为没有经济腹地的支撑,难以匹敌沿岸港口,而迅速萧条下来。此外,近代以来,濑户内海的交通网络发生了很大的改变,海上的岛屿到沿岸之间、濑户内海两岸之间的渡

---

① 武光誠『海から来た日本史』,河出书房新社,2004年,76ページ。

轮等交通线路逐步设立起来，并被不断整合。濑户内海上的岛屿原本具有很大的地理位置优越性，因而受到来往客商的青睐。但近代化交通网络的设计，使得这些岛屿的优势荡然无存，近世海岛上港町的繁荣景象再难重现。濑户内海海域的中转型商业模式因此渐趋衰落，并最终消亡。海商的海运及商品贩卖活动开始被更为规模化、系统化的企业组织活动所取代。海商作为一个社会群体，在融入组织化的商业活动的过程中，逐渐失去了自己的群体形态。

（五）盐民

濑户内海上自古就有渔民从事盐业制造，濑户内海海域潮涨潮落幅度较大，雨水少，日照时间长，有不少海岛适合制盐，有些海岛甚至把制盐业当作第一产业。[1] 本书中的濑户内海盐民指的就是在濑户内海海岛及沿岸从事海盐生产等以海盐业为生的海民群体。

在绳文时代与弥生时代，这里使用的是被称为"直煮制盐法"的原始制盐法，简单说来就是把海水盛在器皿中使海水蒸发制盐的方法。到了奈良时代，制盐法改进成了"藻盐烧制法"，就是把海藻通过日晒干燥之后，放入器皿中长时间反复烧煮浓缩萃取的制盐法。早在古代的平安时代末期，濑户内海海域的海岛上就已经出现了海盐的庄园化生产，岛上百姓用海盐来代替大米，充当地租，可见制盐业在当地十分兴盛。[2]

进入中世的室町时代中期，制盐法又有了重大改进，海水被搬运到填满海沙的盐田中，等海风和太阳将沙晒干后，将这些带盐分的海沙收集起来再次加入海水调和，再在锅内长时间熬煮蒸发制成海盐，这种方法叫"扬浜式盐田制盐法"。中世的镰仓时代末期，海盐开始商品化，被装船运往濑户内海各地，成了海商贩卖的重要商品。

近世以来，濑户内海的盐民又对盐田制盐法做了改进，改变了盐田制盐法中必须人力搬运海水灌入盐田的做法，改为利用潮汐涨落，将海水引入盐田，再经风吹日晒、海水调和熬制出海盐，称作"入浜式盐田制盐法"。由于濑户内海地区多晴少雨，潮汐涨落落差又很大，因而在许多海岛

---

[1] 渡辺則文「防予諸島を行く」，山口徹（編）『瀬戸内諸島と海の道』，吉川弘文館，2001年，50ページ；山内譲「海民の自立」，山口徹（編）『瀬戸内諸島と海の道』，吉川弘文館，2001年，79ページ。

[2] 網野善彦「中世瀬戸内海の海民」，森浩一、網野善彦、渡辺則文『瀬戸内の海人たち——交流がはぐくんだ歴史と文化』，中国新聞社，1997年，95~96ページ。

上出现了大批盐田，成了日本列岛的主要制盐地区。近世初期，濑户内海周边及海岛上的盐田发展势头十分迅猛，一些群岛所到之处都是盐田，成了名副其实的产盐胜地。这一阶段，由于海盐业发展太过迅速，导致开发过度，生产过剩，因而同行业之间不得不组成盐业生产同盟，海盐生产的盛况不言而喻。

近代以来，明治政府需要控制海盐的买卖，实施专卖制度，以获取利润，增加政府财政收入，海盐需求量因此大增，从而推动了盐业生产技术迅速获得改进。"入浜式盐田制盐法"又被改进成"流下式盐田制盐法"。这种制盐法简单来说就是把海水置于底盘中蒸发，再用水管将海水抽取上来，缓缓洒在立体状的竹条支架上，海水在流过几层竹条的过程中，经日晒风吹，再度浓缩，最后成为海盐。这种制作法减轻了此前制盐的劳动负担，产盐量大增，因而成为近代的主要制盐法。第二次世界大战之后，海盐的买卖依然是由国家专卖公社进行。到了20世纪70年代，近代这种制盐法又被"离子交换膜制盐法"所取代。① 与此同时，随着1971年（昭和四十六年）《盐业近代化临时措置法》② 的实施，濑户内海上的所有盐田均被废止。

（六）造船业者

日本的造船历史可追溯到绳文时代的独木舟制造时期，此后依次出现遣唐使船、朱印船、遣明船、安宅船、关船、辩才船、北前船、樽回船、菱垣回船等，造船技艺一直是濑户内海地区工匠引以为荣的传统技艺。

中世时期名震濑户内海的村上水军之所以能横行内海，所向披靡，不仅因为驾船技术卓越，更因为他们所在海岛基地上有着手艺不凡的工匠，造出了坚固、灵活的战船。

进入近世后，由于海盗被当权者取缔，造船技术不能再用于建造战船，不过濑户内海的经济随着国内航线的开发而实现了中兴，造船业者也开始作为一个独立的群体受到关注。广岛县附近海域的群岛上就出现过著名的造船之町，几乎一个町镇的百姓全部都是造船工匠或工匠的家属，造船的从业人员中还根据手艺水平分出了不同等级。到了近世末年，影响力愈发

---

① 以上制盐法的日语原名如下：直煮製塩法、藻塩燒製塩法、揚浜式塩田製塩法、入浜式塩田製塩法、流下式枝条架併用塩田製塩法、イオン交換膜製塩法。

② 『塩業の整備及び近代化の促進に関する臨時措置法』，法律第47号。

广泛。幕府末期，日本政治局势日趋紧张，各地藩主急需战船，因而当地造船业者通过为藩主效力造船，成了藩主的御用船商。

然而，随着时代进入近代，明治政府废藩置县之后，这些近世以来的造船业基地开始萧条，造船工匠陆续外出务工，近世繁荣一时的造船之町出现了中空化。但是，随着明治政府"富国强兵"国策的推行，海军舰船的建造受到了重视，造船业重又复活，且多以官营造船工厂的形式迅速发达起来。濑户内海的广岛地区曾经以建造菱垣回船、樽回船和北前船等大型回船而闻名日本列岛，到了这一阶段，却变成了海军军舰和武器等战争机器的生产基地，并最终给世界，也给日本列岛和广岛地区带来了灾难。

在对濑户内海的海民群体进行分类阐述之后，还有一项说明工作同样必不可少，就是必须对"船员"这种职业做出梳理和概括。之所以无法将"船员"作为濑户内海海民群体的一个类型，是因为这个职业长期以来被各类海民群体所从事着，因此无法从各类群体中抽离出一个独立的"船员"群体。换言之，到近代前为止，并没有哪一类海民是纯粹以从事海上船舶驾驶为主要谋生手段的。渔民之所以会成为半渔半商业者，主要是因为他们拥有渔船，可以载着货物四处航行；捕鲸业者的一项基本技能就是在捕鲸这项高度激烈的海上捕捞活动中灵活熟练地操纵渔船；海盗和水军必须学会在你死我活的海上战斗中快速且精确地操纵战船，操船技巧攸关性命；濑户内海的商贸活动一直都是与海上运输活动紧密相连的，海商往往就是船东、船员和货主的结合体。

濑户内海的海民群体虽然都与"船员"这一职业相关联，但他们中的每个群体又都只是把"船员"作为兼职。渔民的本职工作是从事渔捞生产；海商行船海上，目的是为了贩卖商品，驾船技术只是他们确保货物安全运达、换取财富的必要手段。即便是盐饱水军这种以航海技术娴熟而著称的海盗群体，也只是在用自己的航海技术来为某个军事集团卖命，成为军队的后勤部队，因此一旦进入和平年代，他们也就不再是水军，变成了回船业者，进入了海商的行列。

当然也有相对例外的情况，就是被称作"梶取"的海民。在中世时期，"梶取"是专门负责海上货物运输的海民。在古代末期，"梶取"通常被庄园的主人任命，全权负责庄园物资的海上运输。不过，这些"梶取"通常会在运输过程中私下接活，顺便为内陆庄园运输货物，因此也具有比较显著的商人特性。到了近世，有一些濑户内海海岛上的渔民离开自己所在岛屿，受雇于船东，充当运货的水手。这些外出务工的渔民的确可以变成较为职业的水手，只是这一身份也仅限于外出务工之时，回到岛上，他们照样变回渔民。

况且，"梶取"这个群体其实古已有之，在古代他们就是渔民，统治者为了官方物资的海上运输，才从渔民中挑出一部分人来充作船运的徭役。可见"梶取"其实也算不上依靠海上运输为生的海民群体，海运对他们来说，也只是几种重要的谋生手段之一而已。

总之，"船员"作为一种谋生手段对濑户内海的各类海民群体都至关重要，但在近代以前的各时代中，航行海上的技巧不过是所有濑户内海海民谋生技能中的基础。真正以航海技术为谋生职业的现代意义上的船员是从近代开始，在明治政府"富国强兵"的号召下，由三菱财阀等政商受政府委托、创办船员学校才培养出来的。但到了明治维新的时代里，船员的培养变成整个国家的事业，无论船员培养机构是否在环濑户内海地区，所谓"濑户内海的船员"群体并没有真正存在过。

四 濑户内海海民群体的特性

我们通过上文的概念界定和类型区分后可知，濑户内海的海民群体确实是一个十分特殊的存在，但我们仍然需要知道，这种区别于其他群体的特殊性究竟体现在哪些方面。

（一）身兼数职，角色多重，互为转换

濑户内海的海民群体通常身兼数职，同时扮演着多重角色，这是不同类型的海民中普遍存在的现象。从事普通渔业的渔民群体渔捞所获往往不够生存所需，因此很早开始就不得不从事半渔半商、半渔半农的营生，用渔船装货物四处贩卖，休渔时期上岸务农、制盐，甚至驾着自家的渔船，"单枪匹马"就敢从事海盗行当。捕鲸渔民显得相对独立，但捕鲸业在中世时期之所以有了快速的发展，很明显是因为濑户内海上海战频繁，水军在实战中磨炼出来的驾船技术和鱼叉投掷技术被运用到了捕鲸业中，捕鲸效率才有了显著的改进。

海盗和水军这个群体本身就兼具军队和盗匪的双重身份，凭借海上的武装力量来掠夺海上船只或保护自己势力范围内的船只不被掠夺。而且海盗中的很多成员，特别是下层人员有很多就是渔民，屈从于武力的淫威或为生存所迫，只好追随海盗团伙。海盗的上层则是地方上有权有势的豪族，这些领主手握海上武装力量，是大庄园、藩国和神社寺院的主人，体面尊贵，看似形象与倭寇、水军有着天壤之别，实际上却联系紧密，同属内海上的海盗之列。

海商群体早年是从渔民中分离出来的，等到海商有能力驾船驶出濑户内海，来到朝鲜海峡和东亚其他海域之后，便逐渐换成了亦商亦盗的面目，一面运送自己的货物，一面对来往船只和沿岸地带实施掠夺。终于，这些来往海商中蜕变出了倭寇群体。而近世回船商人中诸如盐饱回船业者等，本身就是从中世的水军转变而来的，却在近世大放异彩，一度成了成功海商的典型。

盐民也有自己的多重性，一方面，海岛上的百姓一直致力于晒盐技术的改进，以求提升海盐品质和晒盐效率；另一方面，他们也需要掌握卓越的驾船技术，以便把海盐运到濑户内海各地，特别是京都所在近畿地区。一开始，海盐只是岛上百姓用来代替农作物所缴纳的租税，随着海盐业的兴盛，海盐成了濑户内海地区重要的商品，运输盐业的盐民又开始有海商的特质。

造船业者则更像是以上各类海民的"辅助者"。中世的战国时期，海战频繁，造船业的主要服务对象是水军，建造的是水军乘坐的战船；到了近世，海盗被取缔，造船业与海商业一荣俱荣，造船业的服务对象自然而然转成了海商，建造的尽是各种用于商品运输的回船；到了近代，造船业成了政府建设强大海军的追随者，濑户内海成了海军舰船的建造中心。

（二）群体规模较小

濑户内海的海民群体是在从事自己特定的海洋生业的过程中逐渐形成的，但这些群体基本上都是小规模的，直到近代为止，都没有形成系统化、规模化的组织。濑户内海的海民群体在其存在的大部分时间里都是以小规模的形式存在的。

濑户内海上从事渔捞的渔民在漫长的古代时期，采取的基本上都是零星捕捞的形态。有很多渔民干脆以船为家，一家老小同居船上，四处飘荡，家庭成员就是他们从事渔业生产的全部成员。到了近世，渔业技术不断改进，渔民中间出现了捕捞中的合作，特别是捕鲸渔民，需要一个比较大的捕鲸队，来共同完成捕捞工作。但这样的队伍相比近代之后成立的远洋渔业公司、远洋捕鲸公司来说，依然是初级的，作业人员、作业船队、相关产业链等的规模完全不可同日而语。濑户内海的渔民在进入现代之后并没有消失，但其存在形式却发生了重大转变。渔业公司已经在很多领域取代了个体作业，在高度系统化、标准化的渔业公司中从事渔业生产的渔民，已经不再是原先意义上的濑户内海渔民群体。

海盗依靠海上掠夺为生，本来就需要灵活、轻便、行动迅捷，再加上濑户内海地区岛屿众多、航道狭窄、潮流湍急，供海盗生存发展的空间毕竟有限，因此大部分海盗的规模都不大。濑户内海上的海盗在早年多表现为零星、个体的掠夺行为；到了中世时期前后，濑户内海上的海盗虽然开始逐步规模化、组织化，但以海岛为基地来划分势力范围的濑户内海海盗规模仍然是有限的。

海商在海上运输与商品贩卖的活动中通常都是小规模的，即使到了近世回船业相当繁荣的时期，活跃在濑户内海上的海商规模依然算不得大。也正因为海商的人数不多，濑户内海海岛上的那些小港口才能成为这些商船停靠的港口。等到进入近代，日本邮船等海运公司崛起，代替海商成了海运运输贸易的实施者，濑户内海岛屿上的港町便再不能容纳。

海盐业直到近世中期为止，都是以海岛为单位，进行着小规模的生产、运输和贩卖；近世末期，濑户内海各海岛开始尝试结成海盐业的同盟，但这样的同盟组织也只是各岛海盐业者的松散联盟，主要还是依靠各岛的海盐业者自行经营，因此规模依然不大。直到近代，明治政府需要确保财政资源，开始实施海盐专卖制度，海盐技术获得了改进，濑户内海地区的盐田从业人数才开始有所增加，但盐民自主经营的时代已经一去不返，政府的专卖机构取而代之，成了海盐业的经营主导者。

造船业者到中世之前都没有独立成为一个群体。近世时期，虽然出现了一些造船的町村，从业人数有了大幅度的增加，但也不过是一个海岛上的村落所能容纳的人数而已。倒是进入近代，官营化的造船厂规模有了空前的扩充，近世时期建造回船的造船基地被现代化的军工厂彻底取代。

（三）易变性

濑户内海的海民群体整体表现出随时代变迁而迅速变化的易变性。易变性首先表现为顺应时事，机敏善变。① 濑户内海自古就是日本与外界交流的生命通道，从外面世界传来的新信息都要通过濑户内海，才能转入日本政治、经济、文化的中心地带。濑户内海的海民，无论是渔民、海盗、海

---

① 宋宁而：《日本海民群体研究初探》，《中国海洋大学学报》（社会科学版）2011 年第 1 期。

商等，实际上都是日本与外界纽带的维系者，因而他们比日本列岛的任何群体都能更先感知到日本的新需求与当时世界的新动向。

在遣隋使、遣唐使时代这些日本早期对外交往的时期里，濑户内海的海商是最早随着国家政策的变动而走出日本、走向东亚世界的普通日本民众；中世的中后期，日本新兴势力抬头，濑户内海这一日宋贸易的通道成了政治势力争相控制的对象，海盗自然成了平清盛、织田信长、丰臣秀吉、德川家康等一干政治人物手上的重要棋子，因而立时变得异常活跃；然而时过境迁，转入近世，海盗立遭抛弃，成了被取缔的对象，海盗随即解散，或转身变成回船商人，或投靠地方势力，成为大名的家臣和部下。

但与此同时，易变性也意味着脆弱性。[①] 濑户内海的海民群体是不稳定的，是相当脆弱易变的。海民的生活依靠各种海洋生业，海洋环境阴晴不定，海洋生业也总是处在风雨飘摇之中，随着自然环境与社会环境的变化而不断变化。海民为了谋生，不得不时时准备变化，从结果来看总是变来变去，为自己的生存留个后手，一旦情况有所改变，马上变身，决不执着。许多渔民们都是一边打鱼，一边行商，一边做海盗，有的还同时务农、制盐，就看哪个能有活路，就多做哪项职业，绝不留恋故旧。海盗水军在充当某个政治集团的军事力量时，总是同时从事着水上运输，一旦海盗禁令发布，便立即认识到做水军没有了活路，于是当下作鸟兽散，或做海商，或隐遁山林，或投靠地方势力，或转入地下，转变得十分迅速。海商是最富变化性的，日本与中国有官方贸易往来时，就跟着官方船队做"正经贸易"；政府一旦停止官方往来，他们随即转入地下，同时迅速开展海盗活动，不见得有多少顾虑。

（四）逐利性

濑户内海的海民基本上都遵循"利益到哪里，自己就到哪里"的原则，以利益为原则决定自己的行动方式与行动路线。濑户内海上的渔民为了追逐渔获之物，不惜四处漂泊。渔捞技术落后的古代与中世时期，他们迫于技能有限，只好在特定的熟悉区域内徘徊；等技术提升，对鱼类洄游的规律有所掌握后，便无所顾忌地闯到其他渔村的所属海域，不惜引发渔业纠纷，也要捕到好鱼；在政府移民政策的指引下，渔民和渔民组成的渔业组合迅速移民到朝鲜半岛、中国大陆和台湾各地，入侵当地渔场，占领当地

[①] 宋宁而：《日本海民群体研究初探》，《中国海洋大学学报》（社会科学版）2011年第1期。

渔业资源。

　　商人的逐利性本来就无须多言，而濑户内海的商人在逐利性这一点上更是旗帜鲜明，立场坚定。中世之前，濑户内海上的商人们眼见着中国商人带着丰厚商品来到九州并进入濑户内海，在沿岸各地赚取不菲，于是趁势崛起，开始做起了中国与日本之间、中国经朝鲜半岛到日本之间的海上贸易活动。不过行商总有买卖不顺的时候，一旦无货可贩，便直接去抢过往商船和沿岸地带，甚至做起奴隶贩卖的恶劣生意，只因为这项买卖有大利可图。在环濑户内海地区做买卖的海商也一样遵循利益原则，濑户内海沿岸及海岛上的港町在中世到近世的几个阶段中，一直盛衰无常，中世繁华的港町，到了近世忽然无人问津；近世热闹的港口，到了近代顿时荒废。其实中世和近世港口大多没有陆地的经济腹地做支持，港口繁华几乎全靠海商的客船停泊，带动当地的商业贩卖和货物船舶中介行业。因此，海商们一旦闻风得知有更好的路线和更有利可图的港口，便不再问津旧港，这些港口立时便萧条下来。

　　海盗和水军是濑户内海上的投机分子，纵览那些较为知名的水军的发展史可知，他们成功的秘诀便是永远追随最成功的军事势力。在群雄并起的中世末期的战国时代，一旦追随的对象倒台，水军便毫不犹豫地寻找下一个"主子"。所谓忠贞不渝的"武士道精神"在这些海盗身上是不多见的，尽管他们中的很多人就是来自武士阶层。

（五）自成一体性

　　濑户内海的海民群体无疑是自成一体的，解读这一特性对了解濑户内海的海民群体至关重要。从表面看，濑户内海的海民群体无疑是多样化的，世界各国都有以海为生的人群，日本列岛的其他地区也有各色从事海洋生业的人们，但像濑户内海海域如此繁多的海民种类却不多见。这里既有从事普通渔捞业的渔民，又长期聚居着以鲸鱼为捕捞对象的渔民，有的渔民以船为家，有的渔民有着岸上的渔村，甚至还兼做农耕或制盐。

　　海盗群体也足够复杂，既有单打独斗，依靠强大的海上武装力量，叫板京都政治势力的藤原水军；也有投靠特定军事集团，充当海上"打手"的村上水军；还有基本上只负责军粮运输的盐饱水军；同时，还有内海沿岸渔村中，无处不在、多如牛毛的渔民组成的小型海盗集团。

　　海商也是如此，有运盐发家的，有运酒赚钱的，有手上有船自己做船东的，也有只做货物中介的。有的商人只在濑户内海东西南北各岸之间航行穿梭，有的商人却向往着日本海沿岸的高价米、酒、海产品，不惜长途跋涉，把这些价值不菲的商品带到濑户内海及大阪湾，再辗转来到江户。凡此总总，不一而足。

但从根本上看，濑户内海的海民之所以能互为转变迅捷、呈现不同群体内部多样化的特点，却依然自成一体，可以被统称为"濑户内海的海民"，正是因为他们有着一个共同的前提，即对环濑户内海地区的文化认同感。

环濑户内海地区文化受该地区的自然环境影响很深。濑户内海是由本州、四国和九州共同围成的内海，与外海相通处海峡狭窄，水流湍急，而内部又有着不计其数的海岛。一方面，这里海洋资源丰富，交通便捷，适宜渔业、海运业、商业，也适合特定形式的农耕业；另一方面，这里渔业资源随季节瞬息万变，海流暗潮汹涌，航道狭窄，气候干燥，任何一种海洋生业都有可能在一年之中的特定季节遭遇风险。海民们世代生活于濑户内海之上，为求生存，早已学会适应，锻炼出多样化的谋生手段来在不同时节一一应对。

环濑户内海地区文化不仅受地理、环境与资源影响，也与其所在区位有关。这条自古以来日本与外界的生命纽带，通过海外贸易，牵动着政治人物的神经。这里长期以来，都是地方与朝廷之间、地方与地方之间政治利益角逐的舞台。海民们身处其中，唯有机敏善变、审时度势，才能求得生存的空间。

环濑户内海地区文化还与环绕濑户内海的沿岸陆地文化有着密切关联。环绕濑户内海的本州西部、四国和九州北部与东部地区多山岭、少平地，农耕生产算不上绝对的主流，相反，从事手工业、商业、盐业、纸业及其他各种生业的百姓倒是十分普遍，许多沿岸村落都是商贾云集的场所，统治者想要劝百姓务农，却每每不能如愿，就连大米、棉花、柑橘等农作物也不见得都是用于自给自足或缴租纳贡用的。相反，这些农作物往往被用于商业贩卖，为百姓换来不菲的财富。在这样一个充满商业气息的环濑户内海世界中，海民们对农耕之外的各种谋生职业的共存共荣有着发自内心的认同感。多样化的海洋生业正是在多样化的环濑户内海世界中孕育出来的，而海民们又凭借卓越的驾驶技术、频繁的行船往来，更进一步推动了环濑户内海地区的生业多样化，使得环濑户内海地区有了十分稳固的文化认同感。

第四节 章节安排

在本书的前五章中，我们打算为濑户内海海民做出一个比较系统的形象描述。在第一章中，我们首先剖析了本书写作的动机，即濑户内海及其海民研究之于日本研究的意义，并致力于勾勒出一个关于濑户内海及其海民群体的整体形象，把濑户内海的海民群体分成普通渔业渔民、捕鲸业渔民、海盗与水军、海商、盐民、造船业者，对各个群体的概念、发展概况做了比较完整的梳理，最后为濑户内海的海民群体所具有的特性做出了一个整体性的判断。

在第二章中，我们把环濑户内海地区的社会发展历程分成古代到中世、近世、近代这三个阶段，分别对濑户内海沿岸地带、海岛及其相关地域的社会发展中的重要环节做了分阶段的梳理和描述，以期比较系统地呈现出濑户内海的海民群体所身处的区域社会经历了一个怎样的变迁过程。

第三章到第五章将与第二章相呼应，分别从古代到中世、近世、近代这三个阶段，分别描述濑户内海的各海民群体在这一阶段的社会生产生活状况及其变化，并尽可能完整地阐述不同海民群体之间存在的内在联系。

第六章将在以上各章关于濑户内海的各阶段社会发展、濑户内海海民在各阶段发展的梳理、阐述的基础之上，把海民群体放到日本社会的发展历程中，致力于回答一个在第一章中就已提出的命题，即濑户内海海民的存在及其发展，究竟对日本列岛社会的发展意味着什么，对于我们认识今天的日本社会又有着怎样的意义。

在本书中，我们之所以把濑户内海及其海民群体的发展历程划分为三个阶段，主要是根据海民群体的发展总体特征来决定的。从整体来看，古代与中世时期、近世时期、近代时期的濑户内海海民群体形成了较为独立、显著的阶段性特征，因而有必要从这三个阶段来分别加以考察。

日本人类学家秋道智弥曾经根据海民受统治者的控制程度不同，主张日本海民群体的发展过程应分为 14 世纪到 17 世纪的"多元化的自由时期"、17 世纪到 19 世纪的"受支配时期"、19 世纪到 20 世纪的"存在形态的质变时期"这三个阶段。① 我们根据目前为止对濑户内海海民的发展过程所做的考察进行判断，基本同意这一分法。我们认为，从濑户内海海民群体的发展过程来看，由中世时期向近世转变的17世纪前后、由近世向近代转变的19世纪是濑户内海海民发展的两个重要节点，而濑户内海海民的发展从古代一直到17世纪为止，则有着较好的连贯性。先史时代关于海民的资料信息很少，本书中就不涉及了。

因此，本书将古代直至中世结束、到17世纪前为止的时期作为濑户内海海民群体发展的第一阶段，这一阶段是海民兼任渔民、商人和航海者等多重角色的时期，属于海民的发展相对自由、不受控制的"自由期"。

从17世纪到19世纪的近世时期为第二阶段。这一阶段中，濑户内海的海洋生业所产生的利益已经越来越大，促使不同海民群体之间的界限越发明显，各个群体内部也有了更为细致的分工。利益同样驱使统治者对海民的各种活动加以控制，包括管控海外贸易活动，取缔海上武装力量等。因此，这一阶段是濑户内海海民群体受支配时期，但归根结底还是应被称为"繁荣期"。

从19世纪到20世纪的近代为第三阶段。日本在寻求成为海洋大国的过程中，海民群体的存在形态也与之前有了显著的不同，海民群体的发展进入了"质变期"。

濑户内海海民发展到第二次世界大战之后的现代，大部分已经融入了日本社会的其他群体、组织之中，失去了作为一个特定群体的固有特征。因此，本书对濑户内海海民群体的考察将主要围绕以上三个阶段来进行，对海民群体融入日本社会、失去异质性的过程，将在此后的研究中再展开详述，在本书中就不多涉及了。

---

① 以上三阶段的名称是本书作者根据日本人类学家秋道智弥关于海民群体的发展阶段相关论述归纳而成的（参看秋道智弥「海人の変容論」，秋道智弥（編著）『海人の世界』，同文舘，1998年，14~15ページ）。

第二章 日本环濑户内海地区的社会发展

濑户内海的海民群体生在濑户内海，长在濑户内海，因这片海域而有了以海为生的冲动，也因长年与海为伴而掌握了精湛的捕鱼、潜水、驾驶等海洋生业的技艺。我们要全面了解濑户内海的海民，不仅需要归纳他们的群体类型，分析他们的群体特征，更需要追问，他们这些独一无二的"海民像"是在怎样的自然环境与社会环境下塑造出来的？濑户内海上的海岛、沿岸地带及其腹地，乃至环濑户内海的本州、四国、九州这三个大岛所共同构筑的空间中繁衍发展至今的濑户内海社会又具有哪些独有的特征？独特的自然环境与社会环境对活跃在这个海域世界中的各种海民群体的孕育、发展和变化又有着怎样的影响？

第一节 古代至中世的濑户内海社会

古代到中世的漫长岁月中，身兼多种海洋生业的海民群体正是在环濑户内海地区的经济、政治、文化发展的大环境中孕育而生的。

一 统治者对濑户内海海民的管理

日本在中国隋朝和唐朝的历史时期中，仿造我国的国家体制，建立了本国的律令制度。日本的律令制度沿用了中国律令制的基本理念，即"普天之下莫非王土，率土之滨莫非王民"的"王土王民"思想，并由此发展出"天皇之下万民平等"的"一君万民论"。正是在律令制度的"一君万民"理念的指引下，日本统治者把一切人民统称为"百姓"，统一赐予耕地，并课征租税、劳役和兵役作为赐予耕地的报偿。统治者还为了实施统一管理，避免遗漏，制定了高度体系化的法令，并据此建立了复杂系统的官僚体制。这样的律令制度自然也适用于濑户内海上以海为生的海民群体，并且，律令制度下，海民也被统一划入"百姓"来管理。他们所居住的村落在登记簿上被记做普通农村村落，他们上缴的海产品或其他产品被换算成粮米，登记在册，实施管理。纵观古代至中世历史，基本上没有关于海民、山民等非农民的独立管辖机制。日本著名历史学家网野善彦就曾多次指出，海民对列岛社会所具有的巨大意义并未获得充分的评价。①

但是，10世纪之后，随着律令制国家的统治体制逐渐松弛，海民的管理体制也相应发生了变化。到了这个时期，通过海上航道与河道进行交通的方式早已成为当时日本的主要交通手段，官方文书中开始逐渐出现了"海人""网人""海夫"等只属于海民的独特称法，"浦""浜""津""泊"等地名也开始越来越多地被用作行政区划单位。不过，这样的变化并未顺利延续发展下来。到了13世纪的前半段，以田地为基础的庄园公领制最终确立之后，所有的平民又再一次被统称为"百姓"，海民政策再一次失去了独立性。虽然"浦""浜""津""泊"等地名被保留，在庄园和公领的所有者对所辖区域进行管理时，仍然作为内部行政单位被继续使用，但却很少像"庄""乡""保"等地名一样出现在正式的大田文②中，只有若狭、丰后③等个别地区除外。④

在这里，有必要就海民政策的发展顺带提及此后的近世江户时代。中世后期、16世纪前后的日本统治者基本上都在贯彻农本主义的国策，这样的情况直到17世纪的近世时期也基本上没有发生改变。幕藩体制的格局形成之后，尽管濑户内海的社会与经济发展相比此前都已发生了重大的变化，但日本列岛各藩国的幕僚和大名还是把沿海地区形成的港口城市以及浦、浜纳入"村落"体系中加以管理；商人、回船业者等海民被记录为"百姓""水吞"加以管理；所有田地、房舍、渔场及山岭等一切可赖以为生的自然资源，甚至经商所获商业利益，都被换算成水田中的粮米产量，来加以课税。虽说负担年租的主力是农民，占日本全国人口压倒性多数的也是农民，但并非所有"百姓"都是农民，其中有很多"百姓"是从事非农业经营的

---

① 網野善彦『海民と日本社会』，新人物往来社，2009年，10～12ページ。
② 又称田数账、田数目录，是日本中世时期，特别是其中的镰仓时代，各国记录国内各公领和庄园的田地面积和领有关系的土地账目。
③ 若狭位于本州日本海沿岸的北陆地区；丰后位于九州地区的东北部濑户内海沿岸、现在的大分县南部。
④ 網野善彦「海と海民の支配」，秋道智弥（編著）『海人の世界』，同文舘，1998年，134ページ。

平民。① 在这样的制度之下，我们很难通过梳理文献来把握海民及其所生活的世界，不过，文献中依然有很多的细节值得探究，而这些细节又确实足以成为我们窥探海民政策的依据。

（一）税负

首先是对海民赋税的管理。律令制度实施以来，虽然海民被划入"百姓"范畴，但海产品却一直都在"百姓"赋税的范围之中，可作为进贡的海产品包括海盐、鲍鱼、鲣鱼、鲑鱼和海草等。② 长期以来，海产品没有独特的征收制度，无论是海盐还是鱼贝类，都是被换算成农田中的计量单位来征收赋税的。这样的情况在进入13世纪之后有了一些变化。这一时期开始，对位于海岸边的村落附近渔场中作业的渔民开始以"网庭税""网代税"③ 等名目征收税负，也开始有了以"船只"为名目的税种。不过，这样的赋税并没有实现制度化。进入13世纪后期，海产品的年贡赋税和其他年贡的品目一样，大多都不再以实物形式上缴，而改为钱币形式。16世纪以后，海产品、渔场、渔具和船只开始越来越多地变成独立的赋税名目。进入江户时代，这些赋税开始和固定的劳役、水运的业种相结合，从而实现了制度化。并且，这些名目也根据地域的不同而呈现越来越多的差异性，关于海产品和海上活动的独立税制体系开始呈现细化趋势。④

（二）设立"职业型海民"制度

其次是对渔民、贩卖鱼贝类的商人和回船业者的控制。自古以来，日本人的饮食结构中就离不开海产品，到了中世，这样的专职人员依然存在，他们就是专门为天皇进贡鱼贝类和海草等贡品的"贽人"。此后，不仅天皇、摄关家⑤，而且大型神社与寺院也开始有了掌控这些海民的动向，选取渔民、商人和货船运输业者中的有实力者，称其为"供御人""神人"和"寄人"，⑥ 赋予其免除劳役和交通税的特权，令其从事捕鱼和海上贸易。实

---

① 網野善彦『海民と日本社会』，新人物往来社，2009年，16~18ページ。
② 網野善彦「海と海民の支配」，秋道智弥（編著）『海人の世界』，同文舘，1998年，135ページ。
③ 指渔场及鱼簖等渔具。
④ 網野善彦「海と海民の支配」，秋道智弥（編著）『海人の世界』，同文舘，1998年，136ページ。
⑤ 即摄政与关白的所在家族。摄政即代天皇施政者；关白则是辅佐天皇执政者。
⑥ 网野善彦：《日本社会的历史》，刘军、饶雪梅译，社会科学文献出版社，2012，第194~195页。

际上，这些政治势力要控制"供御人"等海民，不仅是为了获得珍稀的海产品，更是要依靠他们来控制海上运输贸易的航道。

被赋予特权的海民在中世时期出现了不少类型：在大阪湾、淀川和整个濑户内海海域都有天皇家的"供御人"和摄关家的"寄人"；在石清水八幡宫的称为"神人"；在上下贺茂社的称作"供祭人"；山阴地区有"八幡神人"；从琵琶湖到日本海东北部有"日吉神人"；在太平洋一侧的关东地区有"伊势神人"；从关东直到土佐、南九州、濑户内海都有"熊野神人"等。① 从地理分布上看，中世前期，从海民中分化出来的"供御人"和"神人"是以濑户内海为中心的。

（三）依靠海上领主控制海民

再来就是依靠海上领主来对海民进行直接管理。中世时期，天皇、贵族、权臣和寺院神社的神职人员纷纷赋予"供御人""神人""寄人"以免税特权，逐渐地，这些享受特权的海民中分化出一部分比较富裕的人物，他们拥有船只，手下还有一群水手来供他驱使，慢慢就成了海上武装力量集团的头领，也就具备了海上领主的特点。海上领主一边积极进行濑户内海海上贸易，一边在自己的势力所在海域设立关卡，对来往船只征收"关料""禁固料"，相当于收取保护费。如果来往船只上有海民拒绝交费，海上领主就会把他们当作"海盗"，袭击他们的船只。渐渐地，在很多幕府和朝廷承认的关卡上，实际征缴过关费的任务就落到了海上领主们的头上。进入14世纪后，海上领主们开始不再满足于仅仅征收过往船只的保护费，而是开始修建自己的军事堡垒。他们在海边突入海中的尖形陆地，也就是海岬之上设置瞭望台，称之为"馆""城"，现在一般统称这些瞭望台为"海城"。② 当时，这样的"海城"在西北九州、濑户内海上的岛屿、纪伊半岛、北陆地区等地都有，可见海上领主在中世十分活跃。

值得一提的是，14世纪到16世纪，"倭寇"在东亚海域十分猖獗，在周边各国声名远播，这些"倭寇"中有一部分人就是海上领主。不过，到了江户时代的近世，这些长年从事海盗勾当的海上领主也开始把自己曾经用于海上掠夺的技术用在了捕鲸活动中，特别是以纪伊半岛为首的日本西

---

① 網野善彦「海と海民の支配」，秋道智弥（編著）『海人の世界』，同文舘，1998年，137ページ。
② 網野善彦『海民と日本社会』，新人物往来社，2009年，281～283ページ。

部、濑户内海地区,是他们在中世后期十分活跃的海域。

(四) 倚重海商的自治制度

再次是通过商人和回船业者的相关组织来控制海民。有的"供御人"等特权海民转变成上文提到的海上领主,还有一些逐渐成了海商,以及被称为"船道者"的回船业者,开始驾驶船舶来去于濑户内海的航道之上,从事倒卖货物的生业。事实上,濑户内海上的商人,到中世的中期为止,几乎都是半渔半商民。中世后期,濑户内海沿岸形成了大大小小的港口城镇,其实绝大部分开始的时候就是这些海商的根据地。商人久居根据地,逐渐就有了自己的组织和在当地的自治制度,甚至到了室町时代的后期,还形成了回船业者之间关于海上活动秩序的习惯法体系,留下了一部名为《回船式目》的文献,算是日本最古老的海商法规。[①] 可见,当时濑户内海各地已经形成了由商人头领统领的相对独立自治的世界,商人们在当地都要尊重"商人道的掌故"。[②]

其实直到江户时代,进入幕藩体制之下,幕府和各地大名对这些商人、回船业者的统治管理也没有多大的改进,依然在很大程度上倚重海商的自治制度,没有为海商的聚居之地建立有针对性的征税等相关政策。那些从商人根据地发展起来的沿海城镇依然被记录为"村",比如濑户内海东岸的和泉国佐野、西岸的周防国上关,[③] 都是当时货真价实的港口都市,却也被当作"村"。住在这些地方的大商人、回船业者和手艺人都被当作"百姓"或"水吞",被课征极高的年贡。[④] 如果不了解真相,还以为这是幕府在榨取当地农民,而实际上,这些"村"中居住的都是在商业贸易中赚取很高利润的海商。

(五) 控制海上交通据点

最后一项,其实也是最重要的一种手段,就是对津、泊等海上交通据点的管理。海上航道自古就是日本交通体系中的重要组成部分。虽然在律令制度建立后,统治者把海视为国界,只以陆上的直线形大道为基轴,来

---

① 網野善彦『海民と日本社会』,新人物往来社,2009 年,37ページ。
② 网野善彦:《日本社会的历史》,刘军、饶雪梅译,社会科学文献出版社,2012,第258 页。
③ 和泉国的佐野位于现在的大阪府泉佐野市;周防国的上关位于现在的山口县长岛。
④ 網野善彦「海と海民の支配」,秋道智弥(編著)『海人の世界』,同文舘,1998 年,141ページ。

建设全国的交通体系制度，但是，当时的山野河海也都被视作"公私利益共享"的场所，被置于国家——天皇的支配之下。统治的方式是在津、泊、渡等水上交通的据点设置"国衙"，"国衙"的管辖权限包括海岸上的海民相关事务、船舶相关事务、船员相关事务、港口相关事务、渔业作业相关事务、国与国之间关卡的相关事务等。[1] 并且，到了8世纪中期，海上交通的运输方式再一次取代陆上交通，成为日本列岛的主要交通手段。[2] 这些变化都促使国家进一步加强了对海上交通据点的管理。

10世纪过后，律令制度开始松弛，中央集权的统治力量减弱，地方统治力度加强，庄园公领制开始逐步形成，政治格局上也开始出现群雄逐鹿的局面。再加上，国内及国外海上贸易的发展为日本带来了巨大的商业利益，使得海上交通也成为各方政治势力的争夺对象。从11世纪前半期到13世纪后半期，天皇家族、摄关家、朝中居高位的贵族和武家[3]，乃至有权势的大寺院和大神社都在各自筹谋，致力于控制海上交通要道。[4] 例如，在镰仓后期，一些被称作"劝进上人"的律宗与禅宗僧人也和镰仓幕府合作，在海上交通的要塞设立关卡，以"进奉神佛的供品"之名，向通行、进港的船只征收"关料"，用这种方法来筹集资金，建造"唐船"，用来从事与中国大陆之间的海上贸易，然后再把贸易所得巨额资金用来承揽寺院和神社的修建、桥梁架设以及港湾修筑等工作。[5] 总之，各路势力纷纷争抢那些拥有港口、泊位、海岸等海上通道据点的庄园，争取成为"知行国"[6]。为了拿到原本国衙所持有的海上交通道路的管理权，这些势力不惜针锋相对，展开激烈的竞争。

在各路势力中，平清盛及其平氏一族尤为著名。在平清盛当权时期，

---

[1] 網野善彦「海と海民の支配」，秋道智弥（編著）『海人の世界』，同文館，1998年，136ページ。
[2] 网野善彦：《日本社会的历史》，刘军、饶雪梅译，社会科学文献出版社，2012，第90页。
[3] 中世时期的武家主要指身居朝廷军职的官员家族。
[4] 网野善彦：《日本社会的历史》，刘军、饶雪梅译，社会科学文献出版社，2012，第164~165页。
[5] 網野善彦「海と海民の支配」，秋道智弥（編著）『海人の世界』，同文館，1998年，136~137ページ。
[6] 知行国，又称分国，朝廷在一定时期内将一国的行政权交给特定的皇族、贵族等，使他们从该国获取租税等利益。

濑户内海甚至被称为"平氏的内海"①。平清盛是日本平安末期的重要人物，武将出身的他在长年的国内东征西讨中逐渐意识到，控制濑户内海，是确立自己在朝廷政局中权势地位的绝好方法。因此，他在掌控濑户内海支配权的竞争中，一直抱有明确的志向，就是要推进日益繁盛的日宋贸易，与中国大陆保持紧密的联系，并在此基础上支配九州北部和濑户内海的海上领主，确立其对整个西日本地区的有力统治。②

为了达成这一目的，平清盛除了不断缔结政治婚姻外，还完成了一系列的动作。他选择从濑户内海中部的宫岛着手，提升建在这座岛上的严岛神社的地位，并一手创办了严岛神社的海神祭祀仪式。在祭祀仪式中，他把京都贵族"泛舟湖上，玩赏管弦丝竹"的风雅习惯"移植"到了宫岛面向的濑户内海海面上。这种祭海仪式也因此被称为"管弦祭"。此后，严岛神社的信仰在朝廷贵族之间迅速传播开来，平清盛本人来严岛神社参拜11次，他的弟弟平赖盛参拜了20次。除了平氏一族，后白河上皇③于1174年（承安四年）、高仓上皇④于1180年（治承四年）分别临幸并参拜严岛神社。此外，来参拜的朝中最上流贵族还包括前太政大臣花山院忠雅、左大臣藤原经宗、左大将德大寺实定等。⑤ 平清盛通过吸引朝廷权贵来严岛神社，主要是为了提升自己的政治地位。日本人自绳文时代开始就有了对自然神灵的祭祀文化，祭祀的地点就是神社，因此，神社就成了上到天皇公卿、地方贵族，下至庶民百姓寻求社会地位认同的重要工具。这样的社会文化使得那些在神道体系中等级地位比较高的神社成了朝廷各方势力争相控制的对象，即所谓"政祭不分"⑥。平清盛是个武将，出身地位并不高，要想权

---

① 山内譲「瀬戸内水運の興亡——島々の役割を中心として」，網野善彦等（編）『海と列島文化　第九巻　瀬戸内の海人文化』，小学館，1991年，328ページ。
② 网野善彦：《日本社会的历史》，刘军、饶雪梅译，社会科学文献出版社，2012，第170页。
③ 日本第77代天皇（1155~1158年在位），在位3年后让位给守仁太子，即二条天皇，自己则成为上皇，以院政的方式，掌握了实权故而被称为"后白河上皇"。
④ 日本第80代天皇（1168~1180年在位），后白河天皇的三皇子，1180年，高仓天皇逊位给了言仁亲王，成为上皇。
⑤ 山内譲「瀬戸内水運の興亡—島々の役割を中心として」，網野善彦等（編）『海と列島文化　第九巻　瀬戸内の海人文化』，小学館，1991年，328ページ。
⑥ 松岡久人「厳島門前町の形成」，魚澄惣五郎（編）『瀬戸内海地域の社会史的研究』，柳原書店，1952年，40ページ。

倾朝野，除了依靠政治婚姻来稳固自身地位之外，也需要找个权势显赫的神社、神宫来充当自己的家族后院。严岛神社坐镇濑户内海要冲，供奉的是《日本书纪》中有着明文记载的"宗像三神"①。因此，这个神社早在9世纪就已经在安艺国内很有权势，12世纪更是成为安艺国境内第一神宫②，因此成了平清盛理想的政治砝码。平清盛把京都朝廷的权贵大量请到宫岛，为的就是提升自己的政治地位。

除了政治利益，平清盛同时看到了濑户内海能带给他的莫大经济利益。濑户内海到了平清盛所在的平安时代中期，已经不仅是国内物资运输的主要通道，更是海外贸易与日本首都近畿地区之间的生命通道。加之安艺国所在地又因建造遣唐使船而拥有了比较发达的造船技术，许多造船技术与航海技术卓越的海民变得异常活跃，海盗行为也因此相当猖獗。当时的官文中有记载："近来海路之上凶狠盗贼蔓延，乘坐数十艘船，遥至海面远方，杀往来旅客，抢夺公私运输物资，恶行与日俱增，究其缘由，全因各国公差忌惮海盗势力，不加逮捕所致。"③ 平清盛由此屡屡被任命前往征讨海盗。这位卓越的政治家不仅抓住机遇，累积追讨功绩，逼近朝廷权力核心；而且富有远见地与当地豪族佐伯氏这样的海上势力——实际上就是海盗群体的头目——密切合作，倾力培植自己在当地的势力。正是在与这些海民们打交道的过程中，这位富有野心和远见的政治家看到了当时濑户内海上日益繁荣的日宋贸易所潜藏的巨大利益。于是，为确保西濑户内海地区的航海安全，平清盛不惜伪造院政旨意，对海盗采取怀柔政策，还为推进日宋贸易、吸引宋朝商人把贸易船的停泊点从九州移到西濑户内海，整修了内海沿岸各地的码头泊位，并对航线加以整顿④。日本史学家松冈久人

---

① 指海神田心姬命、湍津姬命和市杵岛姬命这三位女神，从大和时代起，三位女神就一直被视为海上航行安全的守护神而深受重视（参见姜春洁、宋宁而：《功能主义视角下的日本祭海仪式变迁——以濑户内海管弦祭为例》，《中国海洋大学学报》（社会科学版）2013年第5期）。
② 谷富夫「宮島にみる瀬戸内の信仰と宗教」，網野善彦「中世前期の瀬戸内海交通」，網野善彦等（編）『海と列島文化　第九巻　瀬戸内の海人文化』，小学館，1991年，164ページ。
③ 摘自平安时代的官文《朝野群载第十一卷》（『朝野群載　十一巻』，1129年），转载自以下文献：松岡久人「厳島門前町の形成」，魚澄惣五郎（編）『瀬戸内海地域の社会史的研究』，柳原書店，1952年，41ページ。
④ 指太上皇的旨意，当时的当权者，亦即院政政治。

直言：这些利益正是"平清盛严岛信仰的重要动机"①。换言之，平清盛之所以要举办大型海神祭祀活动，来迎合地方势力，取悦海民群体，一个重要的动机就是获取濑户内海上的贸易利益。从后来的发展情形来看，平清盛的心愿算是达成了。自管弦祭创办以来，宫岛所在的广岛湾便逐渐成了濑户内海上的干线航路，这里不仅形成了廿日市等商业城镇，就连京城和大阪府堺市的商人也会会聚在此地，广岛湾成了当时濑户内海的中心地带。②

西园寺家也是其中的典型一例。西园寺家族的公卿西园寺公通过政治联姻，与镰仓幕府的将军家、朝廷权贵九条家和一条家结成了利益共同体，并于1203年（建仁三年）成为伊予国的知行国主，掌握了濑户内海的西部航道。此后，西园寺家凭借知行国主的身份，开始控制国衙，并逐渐把势力范围扩展到濑户内海沿岸的其他各国，主要包括周防国九珂庄、安艺国沼田庄、备中国生石庄、备前国岛取庄、播磨国五个庄、摄津国富松庄等③。这些地区中就包括许多海民的根据地和聚居地，例如能地、忠海、渡濑④，都是濑户内海上的交通要塞。就连位于濑户内海东入口处的淀川河，也因为是城市之间的水上交通要道而成为西园寺家的领地，可见当时的贵族公卿对濑户内海是何等重视。⑤

二 古代与中世濑户内海的海上贸易发展

早在4世纪后半期，日本近畿地区的首领就统合了九州北部势力，通过濑户内海，与朝鲜半岛产生了海上交流。⑥ 中世以来，濑户内海就是连接日本首都近畿地区和东亚海域周边各国的"生命通道"。因此，日本列岛的海外贸易交流是讨论濑户内海社会环境时不容忽略的主题。

（一）古代濑户内海的海上贸易发展

古代日本列岛上的人们就已经和朝鲜半岛有了各种海上交流。两千多

---

① 松岡久人「厳島門前町の形成」，魚澄惣五郎（編）『瀬戸内海地域の社会史的研究』，柳原書店，1952年，42ページ。
② 山内譲「瀬戸内水運の興亡——島々の役割を中心として」，網野善彦等（編）『海と列島文化 第九巻 瀬戸内の海人文化』，小学館，1991年，336ページ。
③ 以上各庄指的是各律令国中的庄园。
④ 位于广岛县濑户内海沿岸的三个渔村，行政区划属于三原市和竹原市。
⑤ 網野善彦「中世前期の瀬戸内海交通」，網野善彦等（編）『海と列島文化 第九巻 瀬戸内の海人文化』，小学館，1991年，300~304ページ。
⑥ 网野善彦：《日本社会的历史》，刘军、饶雪梅译，社会科学文献出版社，2012，第26~27页。

年前，位于濑户内海西端的九州北部沿海地区就已经有擅长航海驾船的人聚居于此，他们在那里建立了一些小国家，与朝鲜半岛南部以及九州的周边小国开展各种交易，很快学会了青铜器、铁器的制法，绢物的织法，以及汉字、医术、历法等知识，因此迅速发展起来。①

6世纪中期，日本列岛与朝鲜半岛之间海上交流有很多是依靠僧侣来完成的，这些僧侣不仅从朝鲜半岛上的百济国把中国大陆的佛教传播到了日本列岛，同时带去了佛塔的建筑工艺技术，以及相关的科学知识技术。

到了7世纪初圣德太子执政时期，日本与中国恢复了邦交，自此开始正式进入东亚文化圈，全面学习中国文化。自此，日本大和朝廷中的开明人物开始普遍意识到，在以隋朝为中心的世界中，日本不过是一个边缘小国而已，只有深入中国文化圈，才能保障日本列岛的国家富裕丰饶。也就是从这个时候开始，日本朝廷中的贵族阶层不再安于现状，他们觉得一直以来的口口相传的学习中国文化的方式已经无法满足自己的需求，他们真正需要的是学习汉字，阅读中国书籍。在当时，学习汉字、阅读汉文的需求量开始迅速膨胀。②自此，日本朝廷启动了遣隋使和遣唐使制度，开始抛开一切顾虑，大量搜集、吸收中国的珍贵文化成果，并且一一为己所用。

遣唐使团的乘船从近畿地区的难波③出发，穿过濑户内海，到达博多港④，并在此地正式驶向海外。起初，遣唐使团船走的是北路航线，即出博多港后，沿着朝鲜半岛西岸向北航行，再顺着辽东半岛南岸向西，跨过渤海，在山东半岛登陆，再从陆路赴洛阳、长安。这条航线基本上是沿海岸航行，所以比较安全，船只遇难情况较少。从8世纪起，遣唐使船又改走南岛路航线。同样是经濑户内海至九州，再沿九州西岸南下，沿南方的种子岛、奄美岛等地，向西北横跨中国东海，在长江口登陆后，经运河北上。8世纪后期，南岛路航线又变成了南路航线，由九州西部出发，向西南横渡东海至长江口一带登陆。⑤到了8世纪中叶，东亚世界发生了重大变化，唐朝的统治开始动摇，与周边国家的海上交流一度出现了停滞，日本随即废

---

① 武光誠『海から来た日本史』，河出書房新社，2004年，33ページ。
② 武光誠『海から来た日本史』，河出書房新社，2004年，47ページ。
③ 位于现在的大阪地区。
④ 位于现在的九州福冈县。
⑤ 张燕燕：《浅议八世纪初以前遣唐使开辟南岛路航线的原因》，《科技信息》2008年第35期。

止遣唐使。

朝廷派遣遣隋使、遣唐使，开展海外文化交流的同时，民间的贸易交流也有了很大的发展。由于濑户内海及九州北部地区长期以来都是使团船队的必经海域，加之这里民间长年保持的海外贸易习惯，这一时期北九州地区与朝鲜半岛之间的民间贸易交流盛极一时。进入9世纪后，经常会有新罗、唐朝等地的商人驾船来到日本列岛，日本也出现了从事对唐和新罗贸易的商人。整体而言，9世纪前半期，中国大陆、朝鲜半岛和日本列岛之间的海上交流是比较顺利的。①

平安时代中叶的10世纪时期，比较富有势力的上层农民开始逐渐演变成一个新的群体——武士，并且成为村落小领主，也就是地主阶层。随着武士阶层势力的迅速成长，他们对中国商品的需求量也开始激增，且经历了一个阶段的资本积累之后，地主阶层中已出现了一些豪商，也正是这些豪商中的一部分人成了从事海上贸易的商人。朝廷原本实施独占贸易，但新成长起来的社会力量使得这一局面发生了改变。一时间，为应对朝廷的贸易管制，走私开始全面盛行，经博多港等地带入日本的中国商品，开始经商人之手迅速在以濑户内海为中心的日本列岛各地被倒买倒卖起来，连接北九州与京都的濑户内海航道开始迅速繁荣，日宋贸易由此盛行。

说到平安时代末期的海外贸易，总不能不提及那位在政治事业上登峰造极的朝廷权臣平清盛，尽管前文已多次涉及，但这里总还要做个交代。平清盛为了吸引宋朝商人把商船开到京都附近港口，在濑户内海东部修筑了大轮田泊②，并派兵镇压了海盗，确保商人在濑户内海上的航行安全。自此，日宋贸易愈发兴盛。③

中国进入元朝之后，日本与元朝之间虽然经历过战火，但很快又开始了贸易交往，当时的日本急需从中国进口铜钱、陶瓷器等商品。这一时期，濑户内海沿岸有势力的寺院、神社以及武士的权势家族也开始垂涎海上贸易中的利益，因此雇用了商人和船员出船前去中国。也是在这一时期，濑户内海沿岸的一些武士阶层开始借机入侵朝鲜海峡、东海、黄海等地，他

---

① 网野善彦：《日本社会的历史》，刘军、饶雪梅译，社会科学文献出版社，2012，第111页。
② 位于今天的兵库县神户市。
③ 武光誠『海から来た日本史』，河出書房新社，2004年，77ページ。

们的船被称作"八幡船"。随着这类群体人数不断增加，当地人开始有所忌惮，并称这些来犯者为"倭寇"。①

（二）中世濑户内海的海上贸易发展

元朝与明朝实现政权交替之后，明朝的海禁政策反而激活了日中之间的走私贸易，而从事这种走私贸易的商人，无论其实际国籍为何，由于还是活动在黄海、东海这些传统倭寇活动海域之中，加之这些人亦商亦盗的面目，所以还是被当作倭寇。② 在中国大陆、朝鲜、日本、琉球和中国台湾等地所围成的环中国海海域中，出现了海商贸易的繁荣局面。明朝建立之际，日本正处于南北朝战乱最为激烈的时期。当时，无论幕府还是朝廷，都已疲于应对国内局势，无力再实施贸易管制，因此给了那些地方势力的武士阶层以时间和空间，使他们迅速强大起来，成了海外贸易的主力军。

南北朝战乱平息之后，室町幕府上台，足利义满的贸易时代也正式拉开序幕。足利义满为了满足日本商人恢复对明贸易的要求，也为了迎合日本上层阶级对明朝商品的嗜好，同时更是为了利用对明贸易所带来的财富充实幕府财政，并且在政治上借助明帝国的声势巩固他的将军地位，于是下定决心，恢复对明邦交，并应明朝政府的要求，取缔倭寇。正是足利义满的这项举措，使得倭寇无法继续在日本本土居住，只得迁居到中国沿海诸岛，以及日本长崎县的五岛列岛等地。1401年（庆永八年），足利义满派遣使者前往明朝。1402年，足利义满被正式任命为"日本国王"。③

足利义满被封为"日本国王"之后，获得了向明朝派遣朝贡船的特权。由于派遣朝贡船进行贸易，需要一份名为"勘合符"的证明书，所以这一时期的日明贸易也称"勘合贸易"。起初，派遣朝贡船的自然是幕府；但发展到中期，除了幕府外，大名和寺社的朝贡船也加入了进来；最后几近反复，幕府不再派遣朝贡船，转由细川氏和大内氏这两个大名共同派遣。此后，这两个大名还在中国宁波为了争夺朝贡船的派遣特权，酿造了武力杀戮事件，史称"宁波之乱"。此后，大内氏独占了派遣朝贡船的权力，但随

---

① 武光誠『海から来た日本史』，河出書房新社，2004年，88ページ。
② 生田滋「海の道と日本列島史」，網野善彦等（編）『海と列島文化 第十卷 海から見た日本文化』，小学館，1992年，357～358ページ。
③ 武光誠『海から来た日本史』，河出書房新社，2004年，93ページ。

着大内氏的灭亡，"勘合贸易"就此终止。①

朝贡船派遣者的这一变化过程，其实也可以从侧面反映当时日本国内势力的发展变化：幕府的势力逐渐变弱，而寺院和大名等地方势力开始变强。随着国际贸易的发展变化，以九州博多港为中心的濑户内海西部地区的地方势力开始逐渐强大，博多港及其周边地区的经济地位显然是在不断提升。

日本向明朝出口的产品中，包括银、铜、硫黄等矿物，还包括诸如日本刀、扇子、屏风、砚台等美术工艺品，此外还有自暹罗②经琉球进口的苏木，也经过加工实现了再出口。反观明朝进口到日本的商品，主要包括铜钱、生丝、丝绸、棉织物等各种纤维制品和陶瓷器、青铜器、漆器等日常用品，药草，砂糖，水银，小到绣花针大至铁锅的各类铁制品，毛毯，书籍书画等。③

这一时期，日本与朝鲜半岛之间的贸易也有了很大的变化。1392年，李成桂灭了国力衰落的高丽，建立李朝，国号朝鲜。此后朝鲜逐渐加强了对日朝贸易的限制，但总体来看，日朝关系还是比较稳定的。15世纪末开始，日本向朝鲜的金、铜出口量激增，日朝之间的民间贸易开始放开。此后，经历了三浦倭乱④，日本商人从朝鲜半岛上撤离，退居到对马岛。此后，对马岛⑤上的宗氏家族⑥通过幕府，与朝鲜方面几经交涉，最终重获贸易许可，对马岛由此获得对日朝贸易相关利益的垄断。⑦

这一时期，从日本出口到朝鲜的商品，基本类似于出口到明朝的商品，主要有银、铜、金和硫黄等矿物，工艺品，以及经由琉球或是明朝出口到日本的苏木、香料、药材和陶瓷器等中转贸易商品。自朝鲜半岛进口到日

---

① 生田滋「海の道と日本列島史」，網野善彦等（編）『海と列島文化　第十巻　海から見た日本文化』，小学館，1992年，363～364ページ。
② 泰国的旧称。
③ 生田滋「海の道と日本列島史」，網野善彦等（編）『海と列島文化　第十巻　海から見た日本文化』，小学館，1992年，366ページ。
④ 三浦倭乱，又称庚午变变，日本称之为三浦之乱，指1510年，朝鲜荠浦、釜山浦、盐浦三地发生的日本人叛乱。
⑤ 对马岛，又称对马，是位于本九州北方的玄界滩以西，即位于对马海峡西北侧，属长崎县对马市管辖的一个岛屿。
⑥ 对马岛从12世纪至1868年为宗氏家族封地。
⑦ 生田滋「海の道と日本列島史」，網野善彦等（編）『海と列島文化　第十巻　海から見た日本文化』，小学館，1992年，362～363ページ。

本的商品则主要是棉、麻织物、毛皮、朝鲜参等。①

时间转到15世纪，足利义满清除了大内氏、今川氏等势力，控制了濑户内海到九州的海上交通，真正开始与明朝、朝鲜半岛进行交往，濑户内海上的商船因此开始正规化。特别是在1404年（庆永十年），足利义满与明朝签订双边贸易条约以来，日本和明朝的海上往来就开始日渐兴盛，室町幕府得以通过与明朝之间的勘合贸易，垄断性地从明朝输入大量铜钱，进而控制日本社会的货币流通。② 这一时期，来往于日明之间的船只建造得比去往朝鲜半岛的船只还要大。另外，条约上本来规定的是，日本政府每十年派遣一次遣明使，两艘船共200人，前往明朝。但事实是，足利义满在七年间共派遣了六次遣明使，每次都有六七艘船，规模明显超过遣唐使船。可惜这样的盛况只维持了一段时间，足利义满一死，盛况便立即不复从前。③

1543年（天文十二年），火枪的使用方法和制造技术经葡萄牙人之手，从种子岛④传入日本。1557年，葡萄牙人在获得澳门这个贸易基地之后，与日本之间的贸易也顺利发展。葡萄牙商船将中国出产的生丝、丝绸出口到日本，同时也给日本带去了制造子弹所需要的铅、制造火药所需要的硝石等军需用品。当时，葡萄牙商船从日本进口的主要是金银，用以充当货款。到了16世纪80年代，由于金银数量不足，一部分货款就由谷物和奴隶所替代。⑤ 日本由此进入了海外贸易的新阶段。

1587年（天正十五年），丰臣秀吉为了统一日本列岛发起了对九州的征伐。当时的九州，天主教传教士异常活跃，丰臣秀吉因此发布禁止天主教传播的命令。丰臣秀吉对国际贸易之于日本经济的重要性十分清楚，但他之所以关注国际贸易，目的不在于促进社会富裕，而是想通过重启日明勘合贸易，以图独占对明贸易的财富。丰臣想到，如果能取缔倭寇，就能向

---

① 生田滋「海の道と日本列島史」，網野善彦等（編）『海と列島文化　第十巻　海から見た日本文化』，小学館，1992年，366ページ。
② 网野善彦：《日本社会的历史》，刘军、饶雪梅译，社会科学文献出版社，2012，第256页。
③ 宮本常一「和寇と商船」，宮本常一『海に生きる人々』，未来社，1964年，125ページ。
④ 鹿儿岛县南部海域上的岛屿。
⑤ 生田滋「海の道と日本列島史」，網野善彦等（編）『海と列島文化　第十巻　海から見た日本文化』，小学館，1992年，358～359ページ。

明朝请求再次启动勘合贸易。于是,他在九州发布了海盗禁令,以期通过日明贸易获得利益。

三 环濑户内海地区的港口发展

从古代到中世时期,濑户内海地区最醒目莫过于沿岸及海岛上港口城市与町镇的发展,环濑户内海地区为古代的日本列岛建立了商品经济发展的基本模式。

(一) 造船技术与沿岸港口的发展

古代末期,遣唐使之举终告废止,但这并不意味着日本和中国大陆之间就此断绝了联系,相反,日宋两国之间不仅商船往来依旧频繁,并且日本当权者还想尽办法来推动日宋贸易的繁荣。平清盛先是在 1158 年(保元三年)兴建了日本最早的人工建造港口博多港,初建了日宋贸易的正式格局,排除寺社势力,掌控了濑户内航航线;继而他又觉得,如果宋朝的商船只是到达濑户内海西端的北九州地区,对日本经济的影响力还远远不够,务必要将商人们吸引驶入濑户内海,到达中部与东部,于是又开始整顿航道、实施船舶入港管理等,并于 1173 年(承安三年)开拓了位于摄津国福原的外港所在地——大轮田泊①,吸引商船前来停靠。②

此外,中国优良先进的造船技术也因受到当政者的重视而被引进日本,用来建造中国式帆船。1174 年(承安四年),高仓天皇参拜严岛神社的日记中有记载:当时天皇所乘坐的宋船吃水很深,无法靠岸,只能在所乘之船与陆地之间架起"桥舟",以供通行。③ 这里的宋船,指的就是依靠引进的宋朝造船技术建造的中国式帆船。

《万叶集》中有一首诗歌是这样吟唱的:"熟田津边待月出,月出之际潮亦满,正当划桨出船时。"④ 大体意思就是说,月亮出来的时候,也正好是涨潮时分,搁浅在沙滩上的船舶便顺势漂浮起来,这正是开始划桨驾船起航的时机。这里所说的"熟田津"是濑户内海南岸的一处古港,位于现在的四国爱媛县松山市附近。《万叶集》中的作品一般被认为创作于奈良年间,可见这是日本古代濑户内海沿岸船舶的出港方式。并且,在引进宋船

---

① 现在神户港的一部分。
② 武光誠『海から来た日本史』,河出書房新社,2004 年,77ページ。
③ 宫本常一「和寇と商船」,宫本常一『海に生きる人々』,未来社,1964 年,119ページ。
④ 『万葉集・第一巻』。

技术之前，船舶的动力主要不是靠帆，而是桨。这也就是《万叶集》歌谣中会出现"正当划桨出船时"这一诗句的原因。①

大多数情况下，普通商船的停泊地都会选在自古以来就是渔港的平浅沙滩，濑户内海沿岸有许多这样的古港，比如住吉津、武藏泊、博多津等②，都有着广阔的沙滩。商船停靠这样的港口会选在涨潮时分，在退潮时分卸货、装货。但如果宋船这样的大型船舶也用这种方式停靠，就会遇到麻烦。大船的船底有种装置叫作"水切"，是专门用来破浪分水的，这样的大船在沙滩上很难稳定搁置，甚至会发生倾倒。所以大船入港一般会选择停留在海面上，即使落潮时也不靠岸。这才有了上文高仓天皇所乘之船与陆地之间架起的"桥舟"。如此一来，上述古港显然就不适合大船停靠，大船的理想停靠港应该是入海口附近吃水较深的港口，进入中世纪后发展起来的兵库、堺、室津、鞆津、尾道等港口③就成了大船停泊地的上佳之选。④

（二）商品经济日趋活跃

濑户内海地区的社会，自古生业多样化的色彩就十分浓郁。早在弥生时代，濑户内海地区的海民就利用船只展开海上活动，⑤从而使得这一地区的百姓可以依靠和其他地区之间的交易来维持生计，而不是仅仅依靠农业为生。此后，濑户内海地区的社会分工渐趋细化，大范围内的物资流通逐渐兴起。到了古代后期，地方势力逐渐崛起，出现了不少地方豪族从事商业和交通业。随着地方势力日益增强，天皇家、摄关家、大寺社以及包括武将在内的地方豪族等各路势力争夺地方上利益的竞争愈演愈烈，而此时，环濑户内海地区的平民百姓早已在各种行当中活跃起来，因而得以上下呼应。⑥地方上的经济发展因此具备了基本的社会条件。这些竞争中有一项非常重要的内容，就是控制濑户内海这条近畿通往九州、朝鲜半岛与中国大陆的海上干线，濑户内海由此成为各路势力的关注焦点，沿岸的商品经济

---

① 宫本常一「和寇と商船」，宫本常一『海に生きる人々』，未来社，1964年，119ページ。
② 住吉津位于现在的大阪府大阪市的住吉区；武藏泊位于大分县的濑户内海沿岸；博多津是福冈县博多港的古称，以上三个都是古代濑户内海沿岸的港口。
③ 以上港口均位于近畿地区及中国地区的濑户内海沿岸，从古代到中世是繁荣的港口。
④ 宫本常一「和寇と商船」，宫本常一『海に生きる人々』，未来社，1964年，120ページ。
⑤ 网野善彦：《日本社会的历史》，刘军、饶雪梅译，社会科学文献出版社，2012，第17页。
⑥ 网野善彦：《日本社会的历史》，刘军、饶雪梅译，社会科学文献出版社，2012，第149页。

也因此有了明显的发展。

到了中世纪时期，在濑户内海沿岸及岛屿上，农业并不是压倒性的主要产业，除了农业外，渔业、制盐业、林业、酒业等都有了相当程度的发展，海产品、海盐、木材、酒樽和木炭等物品不仅可以用来换算成粮米，当作地租上缴，还能放到市场上贩卖，成了用来进行交易的商品。因此，当时的濑户内海沿岸及岛屿上有一部分"百姓"并不是从事农桑的农民，而是渔民、盐民、铁匠、木匠等。[1] 这样的交易行为自古有之，到了中世纪越发密切交错。

当时，日本庄园公领制正在逐步稳固，备前国、备中国和备后国的各大庄园的经营状况十分类似，那里不仅把食盐、酒类、蚕丝等当作贡品，而且把这些物品当作商品来大做交易。这里还要提到当时商品经济中的一种重要物件——票据。广岛县宫岛上的严岛神社中，供奉着一份藤原知荣等人所书写《反古里经》的"纸背文书"[2]。藤原知荣是当时歌岛庄担任预所[3]一职的管事人员，这份"纸背文书"中所记录的内容正是他为庄内事务书写的一封信件。这封信是藤原知荣于1311年（应长元年）写给淀港鱼盐市场上的一个鲜鱼批发商次郎兵卫尉的。藤原在信中提到，他给次郎兵卫尉送去契约和汇票，请次郎兵卫尉凭汇票到京都锦小路町钱庄去兑现10贯钱。[4] 这份历史文献充分说明，在14世纪的濑户内海地区，已经开始在交易中使用汇票来代替现金了。事实上，当时在濑户内海上进行的交易中，涉及大笔现金的通常都是以汇票形式发送的，发货人收到汇票，即可前往京都的钱庄进行汇兑。

中世后期的日本统治者贯彻的基本上都是农本主义的政策方针，鼓励农业，抑制商业；丰臣秀吉更是在1588年（天正十六年）颁布海盗禁令，试图将日本建设成农业大国。但列岛社会的经济发展现实证明，这个国家

---

[1] 網野善彦『海民と日本社会』，新人物往来社，2009年，21ページ。
[2] 一面已书写文字的日本和纸，反面继续加以利用，书写了其他文书的时候，后写的文书成了主要文献，先写的那一面就被称作"纸背文书"。这里的"《反古里经》的纸背文书"就是指，后写的文书是藤原知荣书写并供奉在严岛神社的《反古里经》，而先写的那一面则记载了藤原知荣给鲜鱼批发商次郎兵卫尉的一份信件，因而被称作《反古里经》的"纸背文书"。
[3] 代替庄园的领家领主对庄地、庄官、庄民和年贡等庄内事务进行管理的职位。
[4] 網野善彦「中世瀬戸内海の海民」，森浩一、網野善彦、渡辺則文『瀬戸内の海人たち——交流がはぐくんだ歴史と文化』，中国新聞社，1997年，110~111ページ。

毕竟不是在走农业国家的发展之路。16世纪后半期，濑户内海的商品经济依然在不断发展，稻米的社会功能已不限于缴租、糊口这两项，还出现了一些延伸性的功能。原本稻米除了以上两项用途之外，还作为商品作物进行买卖，到了这个时候，竟然也变成了一种货币手段。在濑户内海地区，人们可以直接用稻米购买土地。①

（三）濑户内海沿岸的港口城市

星罗棋布的港町是濑户内海沿岸一道独特的亮丽风景。这里有些港町非常古老，例如下津井②、鞆③、尾道④等，是中世纪发展至今的；有些则比较新，是到了近世的江户时期才迎来繁荣的新兴城市，例如御手洗⑤、鹿老渡⑥等。鹿老渡基本要算江户时代后期的港町，到了1730年（享保十五年）才首次有人移居至此。这个港町中的居民靠开店、买卖为生，过往帆船上的客商成了他们最重要的主顾，一度十分繁荣富庶，甚至到了"只有一个浴缸也能轻松谋生"的地步。⑦ 内海沿岸有不少类似于鹿老渡的港町，靠着时代的机遇，一夜之间便繁华起来，又因为一些变数的出现而陷入急速衰退。一部濑户内海港町史，充满了盛极而衰的各种往事。

13世纪前半期开始，陆上交通和河海交通的交接点上，问丸、酒屋、借上等金融业者聚集，逐渐呈现城市的面貌。⑧ 广岛县的尾道市就是这样一座著名的海事都市，这座城市早在12世纪就已经是日本列岛十分著名的城市。在1169年（嘉应元年），尾道被命令做贡米仓库，专门存放从大田庄⑨运过来的年贡米。尾道北依中国⑩群山，南面濑户内海，是艺予群岛的核心地区，是理想的水路和陆路物资运输的集散地。当时运往朝廷所在京都地

---

① 網野善彦「中世瀬戸内海の海民」，森浩一、網野善彦、渡辺則文『瀬戸内の海人たち—交流がはぐくんだ歴史と文化』，中国新聞社，1997年，127ページ。
② 位于冈山县仓敷市儿岛地区。
③ 位于广岛县福山市鞆地区。
④ 位于广岛县东南部，广岛市与冈山市之间。
⑤ 位于广岛县吴市的大崎下岛东部。
⑥ 位于广岛县吴市的仓桥岛。
⑦ 佐竹昭「廻船と航路」，山口徹（編）『瀬戸内諸島と海の道』，吉川弘文館，2001年，109ページ。
⑧ 网野善彦：《日本社会的历史》，刘军、饶雪梅译，社会科学文献出版社，2012，第195～196页。
⑨ 大田庄是备后国的庄园，位于广岛县。
⑩ 本州西部的中国地区。

区的许多物资都是经这里转运的，因而与京都圈的贸易十分盛行。开港百年左右，这里已经商船云集，发展到可以征收船只出入关税的繁华地步。①

尾道不仅是日本国内贸易的重要港口，也是从事国际贸易的商船汇聚之地，作为国际贸易港口的地位与九州的博多港和大阪的堺港并肩齐名。1240年（仁治元年），宋朝颁布禁令，中断了中国与日本的贸易之后，反而促使中国大陆、朝鲜半岛和日本列岛之间的走私贸易日益活跃，从事国际贸易的海商队伍中有着大量的海盗倭寇，其中就包括濑户内海的海盗队伍。尾道港作为当时濑户内海上的重要国际港口，也是这些海民的重要据点之一。

此后，尾道港继续不断壮大，在14世纪初已经"因船舶停留便利而民间富庶"。这里物流发达，商品经济异常活跃，人员流动频繁，百姓餐桌极为丰盛，街道繁华，住户鳞次栉比，堪称当时的富贵之乡。1319年12月，当备后国的守护长井贞重以尾道当地"有海盗恶党活动"为由，率军闯入尾道，包括寺庙在内的被烧杀抢夺人家竟逾千户。② 虽说"当地与海盗勾结"只是长井贞重洗劫尾道财富的借口，但联想到当时国际贸易的时代背景也不难看出，尾道当时确实就是这些亦商亦盗的海民会聚交易之地。此后，镰仓幕府和室町幕府先后从尾道港向元朝、明朝派遣了贸易船只，尾道港作为国际港口的规模也在不断扩展。当时的统治者十分在意这些拥有船队的尾道商人，纷纷想办法拉拢他们。比如1336年（延元元年），足利尊氏从京都下九州的途中，就专程停靠尾道港，参拜净土寺，以图笼络人心，获得这些从事国际贸易的商人的信任。③

尾道市的繁荣甚至影响到了它的周边地区，且发展异常迅速。尾道市仅一水之隔的对岸向岛也是商业繁荣的海民聚居之地。这里在12世纪初是一位在朝中担任"大炊寮"一职官员④的领地，领地名为"歌岛庄"。据记

---

① 網野善彦「中世瀬戸内海の海民」，森浩一、網野善彦、渡辺則文『瀬戸内の海人たち——交流がはぐくんだ歴史と文化』，中国新聞社，1997年，108ページ。
② 網野善彦「中世瀬戸内海の海民」，森浩一、網野善彦、渡辺則文『瀬戸内の海人たち——交流がはぐくんだ歴史と文化』，中国新聞社，1997年，106～107ページ。
③ 網野善彦「中世瀬戸内海の海民」，森浩一、網野善彦、渡辺則文『瀬戸内の海人たち——交流がはぐくんだ歴史と文化』，中国新聞社，1997年，109ページ。
④ 大炊寮是朝廷所设的一个机构，负责宫中贡品、宴席和料理相关事宜。

载，1306年（嘉元四年）4月，这个歌岛庄中的居民（他们称之为"在家人"[1]）曾写过一份诉讼状，控告当时有人强行买走了他们酒坊里价值超过三十贯钱的巨额美酒，对方却一个子的现钱都没付，而且对方还强行开出条件，说是"秋收时会给你们十五石米，先把酒拿出来"。这些"在家人"在诉讼状中写得明白："我们的酒坊完全不从事农田耕作，是靠收取利息来从事金融行当的。"[2] 这份资料很显然说明，在12世纪初的尾道周边地区已经有放贷收息等典型的都市职业出现了，可见，当时这一带城镇化的程度已相当高。

（四）濑户内海海岛上的港町

中世时期，濑户内海沿岸港町的盛衰主要取决于过往客商的船只是否停靠，而客船的停靠则主要由其行驶的航线来决定。在濑户内海上，主要的航行轨迹毋庸置疑是东西方向的，但即使方向相同，航线却仍然可以大相径庭。

从古代到中世为止，濑户内海上的主流航线一直是"沿岸航线"，这条路线直到江户时代仍然被沿用着。具体路线是由东向西从下津井到鞆港沿岸，穿过布刈濑户[3]后，经过忠海港沿海，途径蒲刈三之濑[4]，再沿着鹿老渡港沿岸，抵达津和地岛[5]沿岸，再经上关[6]继续西行。由于贵族公卿乘船航海也常常使用这条航线，因此几乎可以算是濑户内海上的官方指定航线。最具有代表性的实例就是朝鲜通信使船队，这个江户时代濑户内海上最大规模的官方船队，所使用的正是这条沿岸航线。[7]

为了说明沿岸港町受到航线的影响，这里还要继续说一说进入江户时代之后悄然兴起的另一种"海上航线"。具体路线也是从下津井到鞆港沿海，继而横渡燧滩海域，穿过弓削濑户海峡[8]，再过鼻栗濑户海峡[9]，到大

---

[1] 在家人就是指除了居住的家以外一无所有（没有农田等）的城市人。
[2] 網野善彦「中世瀬戸内海の海民」，森浩一、網野善彦、渡辺則文『瀬戸内の海人たち—交流がはぐくんだ歴史と文化』，中国新聞社，1997年，106ページ。
[3] 广岛县沿海的向岛与因岛之间的海峡名称。
[4] 广岛县下蒲刈岛面向上蒲刈岛的沿海地区。
[5] 爱媛县松山市所属岛屿，属于忽那群岛，距离山口县和广岛县距离较近。
[6] 山口县东南部长岛东北岸。
[7] 佐竹昭「廻船と航路」，山口徹（編）『瀬戸内諸島と海の道』，吉川弘文館，2001年，110ページ。
[8] 广岛县因岛和弓削岛之间海峡名称。
[9] 广岛县大三岛与伯方岛之间海峡名称。

崎下岛东部的御手洗,沿鹿老渡沿岸,到津和地岛、上关,并一路往西。①这条"海上航线"相比传统的"沿海航线",最大的区别主要就是不再沿着备后国、安艺国的本州大陆沿岸航行,而是取道濑户内海上的各岛屿间的狭窄、湍急的海峡,以求更简捷、迅速,时间上更为节约。毫无疑问,航线改变背后的原因是航海技术和造船技术的日趋发达。从中世到近世,行舟濑户内海的船只已从摇橹船逐渐转变为悬挂棉帆的帆船,水手也比此前的时代掌握了更多在濑户内海上的航行技巧。海上航行不再需要时时靠着大陆,即使涉足险滩,驾船者也照样有自信能够安全通过。新港町的形成与繁荣、旧港町的衰落与萧条,在航线的变化过程中悄然实现了交接。

值得一提的是,无论是传统的"沿岸航线",还是后来的"海上航线",都处于濑户内海的北部海域,偏近于本州沿岸。其实,四国沿岸不是没有航线,只是爱媛县今治与大岛之间的来岛海峡、大岛与伯方岛之间的船折濑户海峡附近,潮流不仅湍急,而且动向复杂,即使航海造船技术已经渐趋发达,但航行在这样的海峡,行船安全还是难以保障,所以更多的船只还是会选择偏北部海域的"海上航线"。其实,北部海域的航线也是险滩众多,特别是大三岛和伯方岛之间的鼻栗濑户海峡,过海峡时有一段两岸距离十分狭窄,且蜿蜒曲折有如河道。据行船经过此处的船员们介绍,经过这里的海峡时,都能闻到两岸生长的橘子花香。尽管如此艰难,来往船只还是最终选择了难度较大但航线较短的海上航线,毕竟对商船来说,缩短时间就意味着压缩成本,所谓"重金之下必有勇夫"。随着濑户内海地区商品经济的逐步繁荣,一些"沿岸航线"所经港町的衰落也就不可避免了。

四 庄园公领制的建立

日本在唐代时期模仿中国中央集权制度建立了律令制,到了平安时代中期,律令制的基础——班田制已发生动摇,地方势力抬头,从而带动了庄园制的发展。在鸟羽院政时期②,鸟羽上皇无意抑制地方上庄园势力扩大的趋势,因而各地武将、豪族、国守等纷纷建立了自己的庄园。③

---

① 佐竹昭「廻船と航路」,山口徹(編)『瀬戸内諸島と海の道』,吉川弘文館,2001年,110~112ページ。
② 即鸟羽上皇执掌国政的时期。
③ 网野善彦:《日本社会的历史》,刘军、饶雪梅译,社会科学文献出版社,2012,第155页。

濑户内海地区，特别是其海岛上的庄园也有了长足的发展。其中包括备前国肥土庄（现香川县小豆岛），备后国因岛庄（广岛县因岛），安芸国生口庄（广岛县生口岛），安芸国大崎庄（广岛县大崎上岛），安芸国日高庄（广岛县上下蒲刈岛），安芸国安摩庄（广岛县江田岛、仓桥岛、吴市、矢野町等，广岛湾东部沿岸和岛屿都成了庄园的区域），周防国岛末庄（山口县大岛），周防国安下庄和代庄（山口县大岛），伊保庄（山口县大的长岛、屋岛、柱岛），赞岐国盐饱庄（香川县本岛、广岛），伊予国石城岛、生名岛、佐岛（爱媛县岩城岛、生名岛、佐岛），伊予国大岛庄（爱媛县大岛），伊予国忽那岛庄（爱媛县中岛）等。①

第二节　近世的濑户内海社会

就濑户内海海民的发展过程而言，近世与中世的最大区别，一是日本统治者对濑户内海海民的控制力度有了全面、显著的加强；二是步入近世以来，濑户内海海民发生了一系列的变化，一些群体逐步消失，但更多群体的生业愈发细化。总的来说，濑户内海的海民所从事的海洋生业为他们带来巨大利益，而这些利益也同样被日本的统治者注意到了。

一　统治者对濑户内海海民的管理

濑户内海沿岸及海岛地区发展到近世之后，商品经济的发展步伐相比中世时期已经明显加快。商业的繁荣不仅表现在生活用品、工艺品等一般意义上的商品交易中，也体现在农作物的商品交易发展中。社会经济的发展与统治者的政策显然是不一致的。

江户时代延续了中世后期历代统治者的农本主义国策，一些城市也被视作"村落"，聚居于其中的商人、回船业者等不需要土地的平民则被一律归为"百姓"。② 藩国的统治者也颁布各种禁令，通过限制商品的种类、价格和行商的时间等，来限制这种发生在农村和城市之间的商品流动。但即使是从这样的限制中，我们依然可以明显感觉到村落商人队伍在不断壮大。

---

① 秋道智弥「瀬戸内の生態学―瀬戸内の漁撈と製塩―」，網野善彦等（編）『海と列島文化　第九巻　瀬戸内の海人文化』，小学館，1991年，66～67ページ。

② 网野善彦：《日本社会的历史》，刘军、饶雪梅译，社会科学文献出版社，2012，第312～313页。

因此，藩主颁布的政策也只能是尽可能地限制百姓的商业行为。例如劝诫民众尽量不要从事没有明确目的的经商；限定在热闹街市开店所销售的商品只能是小型商品；如果把农作物拿到市面上销售必须是在农闲时节，并且只能去最近的城镇；家中有旧货必须自己拿到街市上去卖，禁止卖给回收旧货的等等。① 从这些政策中不难读出，当时的濑户内海地区，商品经济已经势不可当。在幕府和藩国出台的商业统治政策中，也可以看到，统治者考虑到濑户内海地区日益扩大的商业活动规模而不得不进行某种程度的"妥协"。

二 闭关锁国与走私贸易

德川幕府实施闭关锁国政策并不是从一进入江户时代就开始的。当时，日本所盛产的金、银、铜等都已成为国际贸易中的重要商品，② 包括西班牙、葡萄牙、英国、荷兰在内的各国商船纷纷主动来航。因此，进入近世以来，包括濑户内海各港口在内的日本各地对外贸易已渐趋发达，不仅已与中国、朝鲜及东南亚各国建立起海外贸易网体系，16 世纪后半期开始，西方商人和传教士也开始到日本各地进行传教，日本天主教徒由此激增。在这一过程中，一方面，各藩在实施对外贸易的过程中，经济实力与军事实力已日渐强大；另一方面，以西班牙和葡萄牙为首的天主教国家显然正在向日本渗透，充当欧洲殖民势力的先遣部队。德川幕府眼见这一切，十分担心，因此从 1633 年到 1639 年先后五次发布"锁国令"③，严禁日本人与外国贸易、交往，还把外国商人和传教士驱逐出境，只保留与中国、朝鲜、琉球以及荷兰之间的贸易关系，而且只允许在九州的长崎港一地进行。就在颁布锁国令，并实施"禁教"的过程中又发生了"岛原之乱"④。武装起义虽然因力量悬殊很快遭到镇压，但却使幕府对天主教的危险意识大大加强，最终促使其下达第五次锁国令，并禁止葡萄牙船进入日本港口。锁国政策给日本的江户时代带来了约两百年的和平时期，直到 1842 年，德川

---

① 谷口澄夫「金毘羅往来筋村落の商業進展過程」，魚澄惣五郎（編）『瀬戸内海地域の社会史の研究』，柳原書店，1952 年，183~184ページ。
② 生田滋「海の道と日本列島史」，網野善彦等（編）『海と列島文化 第十卷 海から見た日本文化』，小学館，1992 年，373ページ。
③ 1633 年第一次锁国令，1634 年第二次，1635 年第三次，1636 年第四次，1639 年第五次。
④ 指九州岛原藩的天主教徒因抵抗藩主松仓重政的血腥镇压，爆发了日本历史上最大规模的武装起义。

幕府了解到他们心目中的"世界第一强国"中国竟然在与英国的鸦片战争中败北，不久之后的1853年（嘉永六年），幕府又眼见美国东印度舰队司令官马休·佩里率领着他的舰队进入江户湾。这一系列事件终于使当权者意识到："必须迅速开国，学习西洋科学技术，否则国之将亡。"[1] 但是，长期以来在幕府阁僚的上级武士阶层中形成的以中国为中心的世界观很难轻易转变，因此改革步履维艰。然而，各藩的下级武士却因长期受到压制、生活困顿而变成了征讨幕府的力量。最终，由以萨摩藩[2]和长州藩[3]的武士为核心的倒幕力量，推翻了德川幕府，并主导了此后的明治维新。[4]

虽然江户时代实施闭关锁国，但走私贸易依然兴旺不衰。现在已经有一些日本史学家提出，江户时代不能算是真正意义上的锁国，最多只能算是对贸易采取了限制。事实上，江户时代在日本列岛存在四个通商口，第一是在北海道的松前[5]，通过阿伊奴族人，与东北亚之间进行交易；第二是在濑户内海西入口的对马岛，通过这里和朝鲜半岛保持贸易关系；第三是九州的长崎港，经由这里和中国、荷兰之间保持贸易关系；第四是九州南部的萨摩藩，通过琉球群岛，保持与中国之间的贸易关系。此外，江户时代的前期到中期，日本列岛与朝鲜半岛之间还曾长期以"漂流民"的名义进行着持续的贸易交流。[6] 在有的藩属地，走私贸易的规模甚至是相当大的，例如萨摩藩，甚至出现了从北陆的能登、越后等地收购来海带，然后将其转往琉球获取高额利润的贸易实例。此外，长州藩、肥前藩、土佐藩等地都有着这样靠走私贸易获取高额利润的情况存在。[7]

三 国内海运交通网的建成

进入江户时代以来，河村瑞贤奉命开发环本州的东回航线与西回航线，特别是后来的西回航线，将本州北部日本海沿岸地区的物资经下关运往大阪，建立了日本海沿岸与濑户内海沿岸之间的物流体系。这么长的国内贸

---

[1] 武光誠『海から来た日本史』，河出書房新社，2004年，162ページ。
[2] 九州的藩属地，现在的九州鹿儿岛县全境及宫崎县的西南部。
[3] 位于日本本州岛最西端的藩属地，又称毛利藩、萩藩、山口藩。
[4] 井上清：《日本历史》，闫伯纬译，陕西人民出版社，2011，第207~211页。
[5] 位于北海道西南部的渡岛半岛。
[6] 網野善彦「中世瀬戸内海の海民」，森浩一、網野善彦、渡辺則文『瀬戸内の海人たち—交流がはぐくんだ歴史と文化』，中国新聞社，1997年，134~135ページ。
[7] 網野善彦「中世瀬戸内海の海民」，森浩一、網野善彦、渡辺則文『瀬戸内の海人たち—交流がはぐくんだ歴史と文化』，中国新聞社，1997年，135ページ。

易航线自然是那个时代引人注目的大事,但值得注意的是,当时瀬户内海南北两岸的交易也一样实现了那个时代的物资大交流。

江户时代,幕府和各藩大名的财政主要是依靠从其领地征收年贡米,再运往大阪、江户进行销售的收入所得。1671年、1672年(宽文十一年、十二年),豪商河村瑞贤先后开辟出东回航线和西回航线①。其中,东回航线是沿日本海沿岸的酒田出发,绕过津轻海峡转到太平洋沿岸直至江户的海上运输路线;西回航线则是经由日本海进入下关港,由西向东穿过瀬户内海,再沿着本州的太平洋沿岸运往江户。河村瑞贤开通的这两条国内海运航线,尤其是其中的西回航线,对瀬户内海海域的商品经济发展起到了进一步的促进作用。在西回航线上,商人们不仅把本州日本海沿岸各藩领的贡米运到了瀬户内海沿岸,还同时带来了品种繁多的各地特产,再经由大阪地区中转,运往江户。② 自此,环瀬户内海的物流体系开始延伸,与东日本地区太平洋沿岸、日本海沿岸乃至北海道沿岸物流网相连接,逐步向着环日本列岛物流体系网的方向发展。

全国性的物流体系网一旦形成,商品流通又进一步活跃起来,其活跃程度以瀬户内海海域的棉花种植业为例,就可见一斑。从中世开始,瀬户内海沿岸及岛屿上的人们就开始经营棉花种植业,到了近世后期,规模已绵延至整个瀬户内海及近畿地区。产量规模扩大,对肥料的需求量自然也增大,仅仅依靠在瀬户内海海域中捕捞到的沙丁鱼来做肥料显然不够用,于是,北海道产的鲱鱼渣③也成了上佳的选择。每年时至初夏,满载北海道特产的北前船就会顺着西回航线进入瀬户内海,沿线行商倒卖,把船上装载的大米、鲱鱼、干青鱼子、鲱鱼渣、鲱鱼干、海带、鲑鱼等特产贩卖到沿岸及岛上各地。④ 船到大阪后停下,等过了冬天,进入来年春天之际,再从大阪出发向西,出瀬户内海沿日本海沿岸北上,并沿途买进大阪周边地区及瀬户内海各地的盐、砂糖、纸张、棉花、旧货、甘薯等特产等,装载

---

① 东回航线早于西回航线一年由河村瑞贤所开发。
② 佐竹昭「廻船と航路」,山口徹(編)『瀬戸内諸島と海の道』,吉川弘文館,2001年,112ページ。
③ 将新鲜鲱鱼体内油榨干后即成鲱鱼渣。
④ 山内譲「瀬戸内水運の興亡—島々の役割を中心として」,網野善彦等(編)『海と列島文化 第九巻 瀬戸内の海人文化』,小学館,1991年,360ページ。

上船，到日本海沿岸及北海道进行贸易。①

近世后期，不仅有日本海沿岸的北前船到濑户内海来，大阪及濑户内海各地的回船也会前往日本海沿岸及北海道，主动寻找商机。长线贸易的繁荣也带动了短线贸易的兴盛，行驶在西回航线上的长途回船业生意兴隆，自然也带动了来往于九州、中国、四国、大阪之间的短途回船业发展壮大。当时，大阪用的薪柴就有很多是从九州的日向地区②靠回船运过来的。濑户内海南北两岸、海岛之间形成了日益密切的日用品贸易圈。这一贸易区依靠小型回船在九州、中国③、四国之间进行短途运输。④

忠海在中世时期是个位于广岛县竹原的渔村，到了江户时代的末期，这里出现了十余家批发店，且每家批发店都拥有五六千条回船，负责从濑户内海南岸的伊予国以及周边的海岛进货。从批发店里留存的客船账目上可以看出，很多日用品都是这种南北贸易的交易对象，包括岩城岛的芋薯、干沙丁鱼、胡萝卜、干海参、日本纸，大三岛的芋薯、瓦、桃、萝卜和挂面等。另从江户时代初期位于濑户内海北岸的广岛藩尾道港的资料来看，从南岸松山藩运来的日用品物资，以及运输途中经过海岛上收购的烟叶，也大多进入了尾道港，⑤ 贸易路线相对而言比较稳定。

随着时间的推移，全国性的物流网发展日益完善，到了幕府末期，濑户内海地区百姓的生活也随之发生了明显的变化。

四　环濑户内海地区的港口发展

近世环濑户内海地区，除了延续中世以来商品经济繁荣发展的势头，还产生了一些特殊的趋向。

（一）娱乐业在港口城市的兴起

进入近世之后，濑户内海海岸带的发展更有了新的气象。随着商品经济在中世时期的发展积累，到了此时，港口城市已经有了相当大的规模。

---

① 佐竹昭「廻船と航路」，山口徹（編）『瀬戸内諸島と海の道』，吉川弘文館，2001年，113ページ。
② 位于九州宫崎县。
③ 本州西部地区，由鸟取县、岛根县、冈山县、广岛县和山口县五县组成。
④ 佐竹昭「廻船と航路」，山口徹（編）『瀬戸内諸島と海の道』，吉川弘文館，2001年，115ページ。
⑤ 渡辺則文「近世における瀬戸内の島々」，森浩一、網野善彦、渡辺則文『瀬戸内の海人たち—交流がはぐくんだ歴史と文化』，中国新聞社，1997年，158~159ページ。

除了商品交易活动外，这些港口城市还多了许多其他的谋生行业，其中最受人瞩目的就是以风俗业为主的娱乐业。

在广岛湾沿岸及海岛上，从中世一直传承下来的管弦祭活动到了近世时期，已形成了规模宏大的庙会。① 并且，那里还聚居着三百到四百名"游女"，也就是那个时代从事卖春和陪酒的妓女。除了宫岛以外，周边的大三岛、松山、尾道、竹原、三原、御手洗及忠海等港口城镇也都是青楼汇聚之所。②

其中，大崎下岛③上的御手洗港就可以算是瀬户内海上海岛港口的典型。御手洗港是进入近世之后才逐渐发达起来的新港町。在港口发展之初，停靠到这里码头的回船十分零星，码头上的商业买卖主要是给来往客商提供木柴、水和食物。此后，风俗行业逐渐兴隆。最兴旺的1768年（明和五年），在这个港口中居住活动的妓女人口达到约130人，而御手洗港的总人口不过540人，妓女人数曾多达总人口数的五分之一④，她们所赚取的收入占到整个港町商业收入的十分之一。⑤ 妓女们"白天去旅店，或上船游玩，日暮时分前往夜店，唱着流行歌谣，弹着三味线和胡弓⑥，四更时分收摊"。⑦

风俗行业的兴隆总能吸引来往商船在这里停泊靠岸，御手洗港开始逐渐声名远播，停泊到这里的回船不断增加，这里的主要业务已不再是为来往客商提供服务，而是很快就成了广岛藩的第一大中转商业港口。港口本身做起了回船之间的中介，建起大批仓库，低价时收购货物入库，高价再卖出。从日本海沿岸等地运来的大米等谷物就是主要的倒买倒卖对象。御手洗港的商人会囤积运到这里的大米，再在合适的时候进行转卖，一部分

---

① 姜春洁、宋宁而：《功能主义视角下的日本祭海仪式变迁——以瀬户内海管弦祭为例》，《中国海洋大学学报》（社会科学版）2013年第5期。
② 渡辺則文「近世における瀬戸内の島々」，森浩一、網野善彦、渡辺則文『瀬戸内の海人たち—交流がはぐくんだ歴史と文化』，中国新聞社，1997年，146ページ。
③ 位于广岛县与爱媛县之间的海域，瀬户内海中部位置。
④ 山内譲「瀬戸内水運の興亡—島々の役割を中心として」，網野善彦等（編）『海と列島文化 第九巻 瀬戸内の海人文化』，小学館，1991年，366ページ。
⑤ 佐竹昭「廻船と航路」，山口徹（編）『瀬戸内諸島と海の道』，吉川弘文館，2001年，116ページ。
⑥ 三味线是一种日本传统弦乐器，一般认为起源于中国三弦；胡弓也是日本传统弦乐器，类似于缩小版的三味线，源于二胡、胡琴。
⑦ 山内譲「瀬戸内水運の興亡—島々の役割を中心として」，網野善彦等（編）『海と列島文化 第九巻 瀬戸内の海人文化』，小学館，1991年，366ページ。

卖到附近消费市场，绝大部分则再次转卖到其他藩国，赚取其中的差价。近世后期，御手洗港的人口变化明显，由1768年（明和五年）的537人迅速增加到1783年（天明三年）的1190人，1801年（享和元年）又增至1670人。① 到了近世末期，这里成了濑户内海中部海域第一大港。

有一些港口，风俗行业起步得更早些，比如室津、鞆、尾道。《太平记》②中就有着这样的记载，足利尊氏③从九州来到兵库，有人对他开玩笑说："将军从筑紫④上京，想必带了很多来自鞆和尾道的游女吧。"⑤ 可见，在中世的南北朝时代，鞆港和尾道港的风俗行业已经相当发达知名了。因此，到了近世，濑户内海中部海域几乎所有港口都可以看到"游女"，也就不足为奇了。

大三岛港在近世时期，"游女"有七八十人之多。尽管如此，大三岛港依然不满现状，"希望像宫岛一样能够有更多的人聚集"⑥。当时，作为一个海岛，风俗业的繁荣几乎就象征着这个港口的繁荣。"游女"虽然成了那个时代濑户内海港口繁荣的"招牌"，但她们的工作条件却是十分严酷的。比如，在御手洗港，人们找到一份当年在这个港口工作的"游女"的"茶立奉公人请状"，相当于一份卖身契。这份工作，表面上看是给客人沏茶，但实际上就是当妓女。从卖身契上所记载的内容来看，女孩卖身在这里做工七年，父母只能得到三两二分钱，虽然包吃住，但只给冬夏两季各一件衣服。卖身契上记载着：父母把女儿交到这里来"奉公"期间，店家如果经营不善，可以把她卖掉；在大三岛港有集市的时候，也可以把她带到那里

---

① 佐竹昭「廻船と航路」，山口徹（編）『瀬戸内諸島と海の道』，吉川弘文館，2001年，113～114ページ。
② 《太平记》是日本古典文学之一，全40卷，以日本南北朝为背景，描写从后醍醐天皇即位、镰仓幕府灭亡、建武新政和崩坏后的南北朝分裂、观应之扰乱，到2代将军足利义诠死去和细川赖之管领就任为止，是一部以1318年（文保二年）到1367年（贞治六年）约50年间的军事战争物语为题材的作品。
③ 足利尊氏（1305-1358），幼时名太郎，元服后名足利高氏。镰仓幕府灭亡后，由后醍醐天皇赐名为尊氏。1336年（建武三年），尊氏率军攻入京都，拥持明院统丰仁亲王为光明天皇，改年号为延元元年，并受封征夷大将军，建立室町幕府，开创了南北朝时代。
④ 筑紫是日本古代地方行政区划中的一国，其领域约为现在的九州福冈县一带。足利尊氏当时就是从九州前往京都途中。
⑤ 『太平記・第十六巻・本間孫四郎遠矢事』。
⑥ 渡辺則文「近世における瀬戸内の島々」，森浩一、網野善彦、渡辺則文『瀬戸内の海人たち—交流がはぐくんだ歴史と文化』，中国新聞社，1997年，146ページ。

去做工挣钱；女儿如果"奉公"期间死亡，店家按当地习俗将之埋葬，父母过了很久之后才得到消息也不能有怨言等。① 从这些记载内容来看，某种程度上，正是"游女"用自己的血汗换来了近世港口的繁荣。

除了风俗业外，戏剧业也是当时濑户内海港口城市的主要娱乐业之一，当然，目的也是为了招徕顾客。18 世纪中叶，人形净琉璃②在濑户内海沿岸及岛屿上颇为流行；进入 19 世纪以来，歌舞伎开始盛行。

除了戏剧业，招徕顾客的另一个娱乐项目是彩票。游弋在港口的人群中，不仅有停船歇脚的船员，还有许多想一朝发财致富的商人。对这些人来说，买彩票实在是再好不过的消遣。当时，盛行于濑户内海港口的彩票名叫"富签"，港口所在地的神社会举行"投签大赛"，一开始一年办一次，后来发展到一年数次，甚是热闹。③

这一时期，松山藩、广岛藩等濑户内海中部海域的沿海地区及海岛上就开始出现了戏剧公演的宣传。就连在松山藩的越智群岛④上，一旦当地哪个港口有戏剧要上演，这些消息就会迅速传遍岛上的每个村落。当时，这一带还出现了许多布告宣传牌。据调查，在松山藩的首府松山城中，设有这种宣传牌的地点有六处，在今治藩的首府今治城也有四处。在广岛藩则更多，达七处，分别设在该藩领地中的竹原、忠海、三原、安芸津、御手洗、濑户田和尾道。⑤ 足见当时这一海域娱乐业之兴盛。戏剧业之外，这些港町也风靡彩票和歌舞伎等娱乐项目，总之旅客商贾越多，这里的娱乐业越兴旺；游玩之所越多，商船就越会频繁停靠这些码头，实现了近世时期濑户内海港町的普遍繁华。

（二）港湾设施逐步完善

濑户内海的岛上港町之所以能吸引来往商船停泊，仅仅依靠向来往客商提供娱乐服务是远远不够的。要想成为货物的中转港，除了拥有天然良港

---

① 佐竹昭「廻船と航路」，山口徹（編）『瀬戸内諸島と海の道』，吉川弘文館，2001 年，117ページ。
② 日本传统戏剧的一种，形式是以日本传统风格的人偶来演绎民间故事，江户时期初期开始盛行。
③ 山内讓「瀬戸内水運の興亡—島々の役割を中心として」，網野善彦等（編）『海と列島文化　第九巻　瀬戸内の海人文化』，小学館，1991 年，364～365ページ。
④ 位于广岛县与爱媛县之间的海域上，濑户内海中部位置。
⑤ 渡辺則文「近世における瀬戸内の島々」，森浩一、網野善彦、渡辺則文『瀬戸内の海人たち—交流がはぐくんだ歴史と文化』，中国新聞社，1997 年，147ページ。

的自然地理条件外，整齐完备的港口设施也是关键之一。近世港口城镇最具特征的港湾设施叫作"雁木"，这是一种连接陆地和海面的石头台阶，功能相当于此后出现的栈桥。御手洗港就有着八处"雁木"，用来从船上卸货，且每次因有所损坏而修缮，"雁木"的规模就会变得更大。在1770年（明和七年），"雁木"的长度为16.2米，共21段；到了1792年（宽政四年），长度增至18米，台阶数量也变为28段。①

除了"雁木"，另一种近世时期的主要港湾设施是"波止"，也就是防波堤。如果港区附近风大，船舶很可能难以进港停靠，但如果在港口外侧筑起防波堤，就可以形成一个比原先港口大得多的外港，从而招揽来往船只停靠。御手洗港的町政府就曾经于1828年（文政十一年）向广岛藩递交了请愿书，申请建设防波堤，开拓外港，以便招揽包括外国船只在内的来往商船。得到批准后，花费了一年的时间进行建设，竣工后，防波堤内果然风浪大减，成了可供船舶停泊的外港。为此，御手洗町政府十分欣喜，将防波堤称作"永久繁荣的根基"，还把御手洗港评价为"中国地区的无双良港"。②

当时还有一种港湾设备，是用来修理船舶的，叫作"船燥场"。江户时期的木造船，都要定期被搬上岸，用火烧去船底外侧附着的贝壳，"船燥场"由此得名。据《艺藩通志》③记载：御手洗港町内，外港与内港各设有一处船燥场，外港一般可同时给三百石到七百石的船舶六艘、八百石到一千六百石的船舶五艘一起进行船底清理；内港可同时容纳三百石到九百石的船舶八艘、一千石至一千六百石的船舶七艘同时进行船底清理作业。④

这个港町因为它的风俗业、娱乐业而在整个濑户内海地区声名远播，但其实御手洗港的港湾设施也是其吸引船舶停靠的优势之一。

五　濑户内海沿岸与海岛的开垦

约从17世纪末开始，濑户内海的沿岸，一股开山造田的风潮从广岛藩

---

① 山内譲「瀬戸内水運の興亡—島々の役割を中心として」，網野善彦等（編）『海と列島文化　第九巻　瀬戸内の海人文化』，小学館，1991年，363ページ。
② 山内譲「瀬戸内水運の興亡—島々の役割を中心として」，網野善彦等（編）『海と列島文化　第九巻　瀬戸内の海人文化』，小学館，1991年，363～364ページ。
③ 即安艺国广岛藩的地方志，1825年（文政八年）完成。
④ 山内譲「瀬戸内水運の興亡—島々の役割を中心として」，網野善彦等（編）『海と列島文化　第九巻　瀬戸内の海人文化』，小学館，1991年，364ページ。

的尾道港到今治港沿线开始涌动,并逐渐蔓延到环濑户内海地区。开山造田准确来说就是森林砍伐和梯田开垦这两件事。之所以要进行森林砍伐和梯田开垦,无非是因为不断增长的人口问题。江户时代,日本列岛的总人口数从 17 世纪前半期的 1000 万人,到了 18 世纪初,已经超过 3000 万人,并在约 19 世纪中期处于停滞状态。不过停滞是就日本列岛整体而言的,实际上,也只有本州东北地区的人口在减少;江户、大阪两个大都市及其周边地区则开始呈现饱和状态;至于濑户内海地区,却全然不同,九州、中国、四国地区几乎是处于激增状态。例如在广岛藩领,人口从 1715 年(正德五年)的 55.4 万人,增加到 1825 年的 72.6 万人,此后又一路看涨。到了近代的 1882 年(明治十五年),广岛藩领所辖地域的人数几乎达到 100 万人。[①] 再往下细分又可知,其实濑户内海区域中,人口增长最快的,是离海最近的地区,也就是岛屿和沿岸地区。这些地区原本不适合耕种,但却因濑户内海发达的海运及商贸而变得日益富有,人口也与日俱增。内海沿岸及岛屿普遍多山林,少平原,缺少农耕用地和住宅用地,生存空间十分有限,这才引发了这片地域从 17 世纪开始的大规模新田开发。一方面,人们砍伐林木,开辟平地;另一方面,又围海造田,增加陆地面积。因而在 17 世纪上半期,许多沿岸和岛上村庄都增加了数十倍的耕地面积。耕地是开垦出来了,只不过,无论是岛上还是陆地沿岸,面朝大海的地形基本上都是陡坡,原先根本不适宜耕作,但对耕地的需求促使开垦者动起了脑筋。于是,内海周边,大量的梯田涌现出来,成了一道特殊的景观。濑户内海沿岸原本多种植经济作物棉花的旱田,随着人口的增长,开始逐渐被水田取代。这里的梯田不仅种植水稻,还种植番薯、柑橘,其中,柑橘直至今日依然是四国地区的一大名产。

第三节 近代的濑户内海社会

19 世纪中期,锁国的日本被美国的舰队叩开大门,被迫签订了一系列不平等条约,使日本面临沦为半殖民地的危险。同时,幕藩体制内部也矛盾重重。在这种内外交困的形势下,一些改革派志士借助人民群众的力量

[①] 佐竹昭「廻船と航路」,山口徹(編)『瀬戸内諸島と海の道』,吉川弘文館,2001 年,135~136ページ。

推翻了德川幕府，拥戴明治天皇，建立了明治政权。新政权废除了封建幕藩体制，在富国强兵、殖产兴业、文明开化的口号下，建设近代工业、国防和教育，修改不平等条约，使日本迅速摆脱了殖民地危机。从此，日本开始了向近代化的基本目标迈进的征程。到19世纪末，日本已在某些方面超过其他西方国家，"最后，日本更像已处于西方世界强国之林，而不再是亚洲殖民地和半殖民地国家中的一员了"。[1] 伴随着一系列政治经济变革，也发生了一系列社会改革。其中，最重要的是废除幕藩体制下的封建等级身份制度，建立新型的人际关系。新政府废除了"公卿""大名"之旧称，改称其为"华族"；将旧武士改称为"士族"；在幕藩体制下居于被压迫地位的农、工、商和贱民一律称为"平民"。还实施了一系列实现"四民平等"的新措施。这样一来，日本就出现了皇族、华族、士族、平民四种新的身份，社会结构从此发生了巨大变化。[2]

一 濑户内海沿岸的海防建设

1853年（嘉永六年），美国东印度舰队司令官马休·佩里率领舰队进入江户湾，要求德川幕府与美国通商，并在第二年的1854年与日本正式签订《日美亲和条约》。幕府及各藩在震惊之余，纷纷着手修建海防工事，以备西洋军舰再次来袭。幕府在品川港[3]修筑炮台，各藩也都在沿岸一带建起自己的炮台，而濑户内海沿岸各藩更是因为当时内海上已常见有外来船只停靠，因此危机感特别强烈，故而海防工程最为浩大。[4]

广岛藩拥有濑户内海沿岸十分漫长的海岸线，此外，领地所在海域还有众多岛屿星罗棋布。藩主浅野氏先于1857年（安政四年）在自己藩属的大崎下岛的御手洗港修筑了炮台，并备置了五门大炮。虽然此后这个最先建起的炮台因故被拆除，但没过多久，到了1863年（文久三年），领内各个岛屿又再次掀起修筑炮台的热潮。修筑有炮台的地点包括大崎下岛的御手洗、大崎上岛的冲浦野贺海角、生口岛上的濑户田、仓桥岛上的本浦宫浜、仓桥岛上的鹿老渡伊势浜、因岛大浜、向岛立花犬吼崎等地，这些地

---

[1] 埃德温·赖肖尔：《日本人》，孟胜德、刘文涛译，上海译文出版社，1980，第87页。
[2] 李卓：《日本近现代社会史》，世界知识出版社，2010，第1~2页。
[3] 东京都品川区目黑川河口附近所在地的港口。
[4] 渡辺則文「幕末維新期の瀬戸内海」，山口徹（編）『瀬戸内諸島と海の道』，吉川弘文館，2001年，150~151ページ。

方几乎全是濑户内海上的海防要塞。① 今治藩位于广岛藩的濑户内海对岸，这里也在1863年（文久三年）招募藩中武士、城中平民、近郊农民，一起在藩中四处修筑炮台。为了筹资制造大炮，政府下令在藩领内大量征收铜和锡，甚至就连寺院里的梵钟都被征用了。② 只是，这些耗资甚巨的炮台还没有等到在海防中发挥实际效用，便迎来了明治维新。

二　填海造地与经济发展

濑户内海上的围海造田从近世发展而来，进入近代，依旧是内海沿岸一大风景，其中尤以广岛湾最引人注目。宇品港③的道路改建和整顿就是当时一项重要的填海工程。这项工程于1884年9月开工，历时五年，到1889年11月正式竣工，填海用的是一种用灰浆制成的水泥人造石。④ 其实，近代初期，填海造地的主要目的还是和近世相似，主要是用来帮助失去俸禄的武士维持生计，并不是当作工商业用地。但宇品港的情况不同，这个港口从一开始就是为了产业发展的目的而被建设的。当地政府设法说服那些因为填海而失去渔场的渔民，还克服了暴风雨等自然灾害，又在建设中经历了劳动力和资金的不足，但最终建成近代化港口。此后，宇品港成了日本列岛物资运输的一个重要枢纽，特别是在18世纪末的甲午战争、日俄战争期间，成了物资运输的重要据点，足见广岛县政府当时的先见之明。

港口建设促进了当地物流业发展的同时，也带动了其他轻工业和重工业的发展。广岛地区到了第一次世界大战期间，印染、化纤和钢铁等新兴行业逐渐崛起。

首先发展起来的是轻工业。明治维新成功后，"富国强兵"和"殖产兴业"成了明治政府推行的两大国策。"殖产兴业"中，就包括对棉纺织业的"培植"。明治政府通过控制棉织品进口，来达到扶植本国棉纺织业的目的。这段时间濑户内海沿岸先后成立了广岛绵系纺织会社、大阪纺织会社、福山纺织会社、中国纺织会社、朝日纺织会社、冈山纺织所、下村纺织所、玉岛纺织所、仓敷纺织所，以及其他位于本州的冈山县、广岛县、兵库县，

---

① 以上岛屿均属艺予群岛。
② 渡边则文「幕末維新期の瀬戸内海」，山口徹（編）『瀬戸内諸島と海の道』，吉川弘文館，2001年，151ページ。
③ 宇品港是位于广岛县广岛市南区海边的港口
④ 千田武志「経済の発展と埋め立て—広島湾を例にして—」，山口徹（編）『瀬戸内諸島と海の道』，吉川弘文館，2001年，160ページ。

以及四国的爱媛县、德岛县和香川县的纺织所。① 近代著名的棉纺织地带由此形成。此外，当时以广岛为中心，整个濑户内海地区还形成了日本西部的人造丝中心，广岛周边在第一次世界大战期间分别有三家重要的人造丝公司，分别是帝国人造绢丝株式会社、锦华人绢株式会社、新兴人造丝株式会社。②

其次是重工业的发展。近代以来，这里建有三菱重工业广岛造船所、三菱重工业广岛机械制造所以及东洋工业株式会社等重工业厂家，并且在战争中被要求建造战时标准船，其他港口用地还被征用做陆军飞机场。这些与军事联系紧密的用途直接导致广岛港在第二次世界大战中遭到原子弹轰炸的灭顶之灾。不过，也正是因为广岛地区有着这些曾经与军事密切相关的重工业，留下了重要的生产设备和技术人才，促使濑户内海地区到了第二次世界大战后走向复兴，并踏上经济高速发展的道路。

再次是化工业的发展。进入江户时代以来，住友家族一直经营着别子铜山，这个铜山位于四国爱媛县的新居浜市，经营到幕府末期，因为开采过度，矿石开采量开始锐减。此后引进了国外先进的挖掘技术，开采量又逐渐恢复，并超过了曾经的鼎盛时期。自从引进新的生产方式以来，铜山中的采矿、选矿和精炼作业就统一交给位于新居浜的洋式精炼所来操作。只是，洋式精炼的生产过程会产生大量的亚硫酸废气，这些废气从烟囱中大量排出，附近的农作物因此受害；此后，住友财阀收购了新居浜的无人岛四阪岛，但废气照样越过海面蔓延至周边沿岸地区，各种农作物损害不绝，农民骚动屡屡发生。直到昭和初期，精炼所引进了转化装置，把排出的亚硫酸废气转化成硫酸，灾害才有所减少。住友家族有着极大的产业，在创建精炼所之后，又在1913年（大正二年）成立了硫酸和硫胺的住友肥料制造所，专门用别子铜山上开采提炼出来的硫化铜来当原材料。此后，又建立了住友机械、日本化学制绵株式会社等系列公司。③ 四国爱媛县的新居浜地区成了四国地区首屈一指的工业城市。

---

① 藤津清治「士族就産会社としての「セメント製造会社」設立頃の株主」，『一橋論叢』1968年6月，第59号。
② 千田武志「経済の発展と埋め立て―広島湾を例にして―」，山口徹（編）『瀬戸内諸島と海の道』，吉川弘文館，2001年，161ページ。
③ 千田武志「瀬戸内の鉱工業」，山口徹（編）『瀬戸内諸島と海の道』，吉川弘文館，2001年，166ページ。

严格说来，濑户内海地区的环境问题正是始于近世，并在近代开始逐步显现出来。内海沿岸随处可见的围海造田给海洋生态带来了破坏，沿岸工厂废水废气对周边区域的水质、空气和农作物造成了污染，被描述为"开垦到天边"① 的沿岸梯田和旱田使得山林植被消失，河沙和海沙的开采使得内海沿岸沙滩面积缩减等。这些在进入现代之后备受重视的濑户内海环境问题，其实并非起源于日本第二次世界大战后，而是早在近代就已经出现了苗头，直到"白沙青松"的濑户内海标志性景观②受到明显、严重、普遍的破坏，人们才意识到自己肆意开发自然环境所造成的后果已经严重到了何种地步。

三 濑户内海海岛港町的衰退

濑户内海海岛及沿岸的各个港町在中世、近世曾迎来各自的繁荣期，并随着种种社会因素的变化而不可避免地走入衰退期。曾在近世被誉为"中国地区的无双良港"③ 的御手洗港同样无法避免这样的命运。御手洗港以中转型商业为支柱产业，依靠收购、囤积来往商船的商品，再进行倒卖赚取差价盈利。但像御手洗港这样的岛上港町做中转型商业有个致命的缺陷，就是缺乏经济腹地，没有支持港口持续发展的经济基础，因此港口发展很容易在物流体系发生结构性变化的时候遭受重创。明治政府于1881年（明治十四年）发布的《西南诸港报告书》中就曾对御手洗港做出如下评价。这份报告书的撰写负责人赞赏了御手洗港的港口设施优良，就连巨型舰船也可以停泊港内，避风避浪："船舶停泊于此处，无论潮涨潮落，都可直接横于埠头，用驳船来装卸船上货物。"可是，这份报告同时也指出："此港若与陆地相连，则其繁荣大可期待，可惜其仅为一孤岛，物产稀少且对进港物品之需求亦甚少，只在商船停泊之际购入些许货物，转卖至邻近地区而已。"④ 从这些描述与评价中可以看出，进入近代之后，御手洗港的

---

① 佐竹昭「島の暮らしと景観」，山口徹（編）『瀬戸内諸島と海の道』，吉川弘文館，2001年，142ページ。
② 佐竹昭「島の暮らしと景観」，山口徹（編）『瀬戸内諸島と海の道』，吉川弘文館，2001年，134ページ。
③ 山内譲「瀬戸内水運の興亡—島々の役割を中心として」，網野善彦等（編）『海と列島文化 第九巻 瀬戸内の海人文化』，小学館，1991年，363～364ページ。
④ 『明治前期産業発展史資料・第三巻』，明治文献資料刊行会，1959年。转载自以下文献：佐竹昭「廻船と航路」，山口徹（編）『瀬戸内諸島と海の道』，吉川弘文館，2001年 114～115ページ。

中转型商业已渐趋衰落。

在近世和御手洗港一样从事中转型商业的还有尾道港和鞆港，但这两个港口不是岛上港町，而是拥有坚实经济腹地的沿岸港口，因此进入近代后变得更加繁华，成了物资流动的枢纽，实现了港口商业结构的成功转型。可见，濑户内海海域的中转型商业模式到了近代已不可避免地步入衰退期。

四　海岛社会的空间格局变迁

近代环濑户内海社会还有一项重要的变化不可忽视，就是交通网络发生了很大的改变。中世与近世时期，濑户内海上的海岛之间交通主要依靠航海技术娴熟的海民所驾驶的船舶往来于各岛之间，充当渡轮。因此，在进入近代之前，濑户内海社会的基本格局是自成一体，也因此孕育了各具特色、丰富多彩的各海岛文化。许多岛上港町也因为地理位置重要而受到来往商船的青睐，从而获得了一段繁荣发展时期。但是，近代化的交通建设却很快打破了这样的格局。

近代以来，濑户内海上各个岛屿纷纷开通了许多通往最近陆地沿岸的渡轮，并经过不断整合、调整，航班日渐增多，航线更趋系统化，渡轮的船速也有了大幅度的提升。但是，岛屿之间的渡轮却日渐稀少，如果想从一个岛屿到另一个岛屿，往往需要先坐渡轮到最近陆地沿岸，再从那里坐另一班渡轮去目的地岛屿。岛屿之间建立起来的空间格局被逐渐割裂，岛屿社会的交流也由此变得稀少，甚至断绝，许多原本在中世、近世时期极具岛屿社会特色的戏剧、风俗及娱乐活动也因此消失。

第三章　古代及中世濑户内海的海民群体

濑户内海的海民群体从古代发展至中世，总体而言，是处于发展的初级阶段。这一期间，他们基本上处于自由发展的状态中，通常身兼数职，为了谋生而在各种海洋生业之间来去自如。后来依次登上历史舞台的海盗、海商和捕鲸渔民等，追根溯源，都曾是身兼多种海洋生业的海民。

第一节　渔民

濑户内海沿岸自古就是渔民世代居住之地。在古代，这里的渔民不仅从事渔业捕捞，偶尔还会到水军的舰船上去充当水手，甚至还会不时变成海盗，从事水上掠夺。对早期的濑户内海海民而言，渔民是他们共同的身份。

一　集各种海洋生业于一身的渔民

绳文时代末期，气候温暖化加剧，海面上涨，并侵入陆地。特别是在太平洋一侧，海洋深入内陆，各地遍布浅水海湾和海滩。在日本列岛的沿岸各地，贝类和海藻采集业、网渔业、钓鱼业等都得到了充分的发展。[1] 濑户内海沿岸有些地方自古就是渔业的部落，例如志贺地区的浦割岛三濑、高崎、尾道、牛窗等地。[2] 在进入弥生时代之后，水稻种植技术逐渐普及日本各地并得到传承和发展，但环濑户内海地区的人们也并非仅仅依赖水田为生。相反，这个时代里，海上捕捞活动的规模逐渐变大，活动范围也逐

---

[1] 网野善彦：《日本社会的历史》，刘军、饶雪梅译，社会科学文献出版社，2012，第7页。

[2] 宫本常一「和寇と商船」，宫本常一『海に生きる人々』，未来社，1964年，122~123ページ。

渐从海滨向着远海扩展。此外,海盐业的生产也有了发展,以濑户内海的儿岛地区为中心,开始出现了用土器制盐的海民群体。这一时期,海民开始利用船只,发展起了濑户内海各地之间、濑户内海与列岛之外地区间的交流。①

4世纪后半期开始,日本近畿地区的首领统合了九州北部的海民势力,通过濑户内海,开始与朝鲜半岛产生了密切的联系。这一时期,各种各样的海民集团从朝鲜半岛来到日本,进入九州北部、濑户内海和近畿地区。②

从5世纪到6世纪,近畿地区的首领掌握了近畿经由濑户内海通往九州北部,乃至朝鲜半岛这条海上交通干线的主导权,制盐民和捕捞民群体等海民集团已经在濑户内海的备赞濑户以及筑前国、纪伊国③等地的海边广为分布,与周边百姓之间的交易也逐渐繁荣。④

到了8世纪的平安时代,社会分工已呈现相当多样化的态势,盐、鲍鱼、海藻、鲣鱼等海产品已经成为政府向百姓征收的特产,用以充当税赋。就连天皇食用的鱼贝、海藻等"海味"也由海民提供。当时,国家就已经开始对一些具有特殊技能的海民和其他平民授予官位,命令他们向民众传授自己所拥有的生存技能,还免除他们的赋税。⑤

由于海民直接给天皇提供海产品,又具有了官职,因此,这些海民被称作"神人""供御人",成了天皇的直属民。当时,濑户内海地区就有很多渔民被赋予"神人"和"供御人"的称号。这些"神人"和"供御人"不仅从事渔捞活动,还是鱼类、贝类、海草、海盐等海产品的供货商,有的甚至是拥有船舶的回船人,充当海运业者,活动范围相当广泛。特别是感神院、贺茂神社、鸭社、石清水八幡宫、严岛神社等的"神人"和"供

---

① 网野善彦:《日本社会的历史》,刘军、饶雪梅译,社会科学文献出版社,2012,第17页。
② 网野善彦:《日本社会的历史》,刘军、饶雪梅译,社会科学文献出版社,2012,第26~27页。
③ 备赞濑户是位于冈山县与香川县之间的海域;筑前国位于九州北部,现在的福冈县地区;纪伊国位于本州地区的三重县西部及和歌山县。
④ 网野善彦:《日本社会的历史》,刘军、饶雪梅译,社会科学文献出版社,2012,第40~41页。
⑤ 网野善彦:《日本社会的历史》,刘军、饶雪梅译,社会科学文献出版社,2012,第69~70页。

御人"，活动尤为活跃。① 当时，为神社供奉海产品的回船人有着很大的特权，据说他们如果在距离较远的其他国家领地中犯罪，只要没有人提出诉讼，就可被定为无罪。②

从古代向中世过渡的这段时期，濑户内海中部地区沿岸出现了一些专职渔村，叫作"立浦"。在被称作这种地名的地方，当地的居民一般不从事农桑，而是专门从事渔业。中世之后，"立浦"开始广泛出现在屋代岛、长岛的上关、室津以及室津西面的室积③等地。④ 专职渔村中自然有专职渔民，网野善彦把这些专职渔民称作"职业型渔民"。其实，这些"职业型渔民"和此前的"神人""供御人"相类似，只是群体的规模较之此前有所扩大。他们既参与渔业捕捞，又利用船舶提供水上运输服务，同时兼做制造海盐的活动，并专门给神社提供海产品来做献祭的祭品。⑤

当时，濑户内海这条海上通道已经受到了当权者极大的重视。有权势的神社及其背后的权贵为了控制这条重要航道，便在这条航道上船舶经常停靠、抛锚的地点设置神社的分社，"劝请"来本社的海神神灵，借由向神社祈祷航海平安来控制航道。比如据当时的《高仓院严岛御幸记》⑥记载，室泊⑦的对面就有一个叫作家岛的港口，也就是现在的兵库县南部的家岛群岛⑧的主要岛屿⑨，去往筑紫⑩的船舶多在此停靠。九州地区室泊的山上就供奉着贺茂神社，贺茂神社的本社是京都的上贺茂神社，这一神社的分社在濑户内海沿岸分布十分广泛。京都的本社方面之所以在内海沿岸广设分

---

① 網野善彦『海民と日本社会』，新人物往来社，2009年，230~231ページ。
② 網野善彦「中世前期の瀬戸内海交通」，網野善彦等（編）『海と列島文化　第九巻　瀬戸内の海人文化』，小学館，1991年，288ページ。
③ 屋代岛位于山口县南面海域周防滩；室津位于山口县南部室津半岛的最南端；长岛是位于室津半岛对面的岛屿，上关是长岛上的一个地名；室积位于山口县南岸、室津半岛西面。
④ 宫本常一「和寇と商船」，宫本常一『海に生きる人々』，未来社，1964年，122~123ページ。
⑤ 山内譲「瀬戸内水運の興亡—島々の役割を中心として」，網野善彦等（編）『海と列島文化　第九巻　瀬戸内の海人文化』，小学館，1991年，334ページ。
⑥ 山内譲「瀬戸内水運の興亡—島々の役割を中心として」，網野善彦等（編）『海と列島文化　第九巻　瀬戸内の海人文化』，小学館，1991年，335ページ。
⑦ 室泊是古代到中世兵库县南部的港町。
⑧ 兵库县南部海域上的群岛，家岛是其中最大的岛屿。
⑨ 山内譲「瀬戸内水運の興亡—島々の役割を中心として」，網野善彦等（編）『海と列島文化　第九巻　瀬戸内の海人文化』，小学館，1991年，333ページ。
⑩ 这里指九州北部地区。

社，为的就是能利用海民信众在各处贺茂神社的祭拜等活动把他们结成紧密的社会关系网络，来控制停靠在诸如家岛这样的停泊地点的船舶，以及驾驶这些船舶的海民，让这些从事海上生业的渔民为己所用。专职渔村中的专职渔民，也就是那些"职业型渔民"也因此有了生存的土壤。①

二 迁往内陆的渔民

进入中世后期，中央集权对地方的统治力度开始逐渐变弱，对渔民的控制也有所放松，渔民因此获得了更多独立发展的机会。中世后期瀬户内海地区的渔民群体进入了比较频繁的流动、分化、分层等变动时期。

一部分渔民向内陆地区流动，到了内陆某地落脚并定居，成了当地的一族。其中比较有名的包括移居到全国各地的安昙族海民②；到了战国时代，在备前国一带显赫一时的浦上一族，据考证，也都是海民的后代，他们的家族从沿岸地区辗转来到当地，并最终在那里定居下来。③

不少古文献中都留下了关于"浦上一族"及其所居地"浦上"的记载。最早是在《太平记》《明德记》中。从这两种文献的时间来推算，这一族在"浦上"一地出现应该是在14世纪之后，并且定居了相当长的一段时间，从而成了当地的权势家族。后来，浦上归属播磨国，他们就开始追随赤松氏。1355年（正平十年），赤松氏的赤松则佑被封备前国守卫一职，浦上氏也因此享受到了3万石的俸禄，并追随赤松氏来到备前国，从此进入深山，更加远离了海岸。再如《播磨风土记》④中提到过一个名叫安昙连百足的人，曾受孝德天皇之名，在当地开垦田野，而此人所居村落就叫"浦上里"；此外，《和名抄》中也有"浦上乡"的记录，位置大约在现在的兵库县揖保郡御津町的河内村、御津村、室津村一带，应该就是《播磨风土记》中所指的这个"浦上里"。⑤

---

① 山内讓「瀬戸内水運の興亡―島々の役割を中心として」，網野善彦等（編）『海と列島文化 第九巻 瀬戸内の海人文化』，小学館，1991年，334ページ。
② 安昙族也称阿昙族，是日本古代具有代表性的海民集团，原居于筑前国安昙乡（现在的福冈县东部），此后迁居到全国各地，因此全国各地，不仅海边，也包括内陆地区，都出现了诸如安昙、安昙乡等地名。
③ 宮本常一「海人の陸上りと商船の発生」，宮本常一『海に生きる人々』，未来社，1964年，104ページ。
④ 《播磨国风土记》是奈良时代编纂而成的关于播磨国的风土记录。
⑤ 宮本常一「海人の陸上りと商船の発生」，宮本常一『海に生きる人々』，未来社，1964年，104ページ。

还有一些内陆地区的地名也同样带有这样的"海味"。比如远离大海的旧河内村至今还保留着"浦壁市场""浦部"等地名。有专家做过推测，浦壁市场是"居住于海岸的渔民售卖鱼的场所"，而浦部则是"上岸的渔民居住的场所"。这些地名与内陆的"浦上里""浦上乡"一样，都揭示了渔民向内陆迁移，并转变成内陆农民的可能性。再如信浓地区的小县郡"海部乡",① 也很可能是渔民迁移、深入内陆地区后定居聚居的地方。

三　从渔民到盐民、农民和海商

进入中世时期前后，那些以渔捞为主，并集各种海洋生业于一身的海民开始有了新的发展，海洋生业的重心开始从渔捞越来越多地转向海产品交易的商人、回船业者等,② 海民群体的社会分工开始有了明显的发展。

有的渔民开始从专门从事海上生业的海民转变成半农半渔的渔民。专职渔民会有一部分变成半农半渔民，有一个重要的原因就在于渔民所从事的制盐活动。由于渔民身处海边，一些人就开始顺便制盐。反正制盐是夏季的作业活动，其他时间都可以继续捕鱼，所以渔民制盐十分普遍。制盐过程中少不了烧盐这道工序，因此必须砍伐林木，以供燃烧所用。不过因为林木被砍伐后，出现了平地，有人就进一步把平地开拓，开始尝试种植庄稼，从事农耕。这些渔民就此变成半农半渔民。

还有些渔民，所在渔村的后面就是水田地带，既然有大量农民已经在从事农产品的耕作，这种地方的渔民通常就不会考虑再去伐木制盐，而是以附近的农民为交易对象，开始用渔猎所获和农民的农产品做交换，进而发展成商人。所以自古渔民聚居之地，通常都是商贾聚集的町镇。

除了这两种类型外，还有不少中世纪的濑户内海渔民变成了拥有船舶、驾驶船舶的水运业者，这是中世纪濑户内海渔民转业的第三种类型。这样的水运业者有的是用船来运送货物，搭载旅客的；有的是靠船来倒卖货物，寻觅商机的，但不管形式上有何分别，终归都是放浪于天海之间、驾驶船舶的海民。③

平安时代末期，中世伊始，濑户内海沿岸的寺社和庄园开始越来越多。

---

① 宫本常一「海人の陸上りと商船の発生」,宫本常一『海に生きる人々』,未来社,1964年,104~106ページ。
② 網野善彦『海民と日本社会』,新人物往来社,2009年,230~231ページ。
③ 宫本常一「海人の陸上りと商船の発生」,宫本常一『海に生きる人々』,未来社,1964年,106ページ。

寺社就是神社与寺院的总称，神道是日本本土宗教，在日本根深蒂固，佛教属于外来宗教，但在当时也已相当普遍。中世时期盛行的"神佛习合"，就是把以上两种宗教合成一个信仰系统，一并修行。因此寺院与神社在许多社会功能上不分彼此，并且大多被有权势的朝官大族和僧侣等纳入自己的势力掌控范围。寺社要运营和维持，少不了设置领辖地来做收入来源，这些领地就称为"寺社领"，也就是寺社所拥有的庄园。这一时期，这些私有土地庄园的集中趋势已经一发而不可收。除了上文提到的贺茂神社外，还有淡路国鸟饲庄的石泉水八幡宫庄园、伊予国弓削岛的京都东寺、备后国大田庄的高野山、周防国东大寺、周防国屋代庄等等。庄园领主通过任命代官、杂掌等管理庄园事务，向领地内的民众收取年贡，年贡的主要形式是稻米。收上来的年贡每年都要通过水路运到兵库县或者难波，再转上陆路运输到淀川。用于运送年贡的货船虽然比起遣唐使的船小很多，但这些船可以先装载 100 石左右的货物，在此基础上，再装载乘客。[①] 可见当时这些渔民船主的财力也不算小了。

这些船主不但从事运送贡米等"官方"业务，也没忘记私下进行"地下商品"的倒买倒卖，兼做海盗掠夺商品或其他盗窃赃物的交易。在平安末期的《山家集》[②] 中，西行法师就有过这样的记述：从京都来的商人到真锅岛（冈山县）购买赃物，又进而渡海到盐饱群岛再次购买赃物。[③]

这些来自京城的商人驾驶着商船来到真锅岛和盐饱群岛[④]，把海盗们抢夺到的过往船只上的货物买下来，再带到京都去销售。不过，京都商人的"垄断"经营没有持续多久，因为濑户内海这些海岛上的渔民也不甘人后，纷纷转业做起了商船业主。进入室町时代后，就有越来越多的盐饱群岛上的渔民开始从事商船业。在室町时代，细川一族当上了赞岐国的守卫，成了当地豪族。因为细川氏本来就是足利幕府的管领[⑤]，在京都也有贵族公

---

① 宫本常一「海人の陆上りと商船の発生」，宫本常一『海に生きる人々』，未来社，1964年，107ページ。
② 《山家集》是平安时代末期著名歌僧西行法师的文集。
③ 『山家集·羁旅歌』。
④ 冈山县所属海域中岛屿，属于笠冈群岛；盐饱群岛位于冈山县与香川县之间海域，笠冈群岛南侧。
⑤ 室町时代地位仅次于将军的、辅佐将军统辖幕府政权的职位。

馆，所以在赞岐当地和京都之间往来频繁，不仅有人员的移动，也包括大量货物的运送。当时，负责两地之间水上运输工作的就是濑户内海上小豆岛和盐饱群岛的渔民。这些渔民一边做水上运输生意和商品买卖，一边还兼做海盗，掠夺来往船只上的财物。同时，渔民们热情投身水路运输业也没致使渔业衰退，反而使不少地方呈现渔业、海盗业、海商业、水上运输业齐头并进的繁荣势头。比如濑户内海东端的泉佐野，到了中世就已发展成渔业、商业、农业的兴盛之地。15世纪中叶，这里的渔民甚至横跨整个濑户内海，远赴九州西海岸去进行渔业活动。

四　渔业之乡的半渔半商民

渔业兴盛必然离不开造船、渔网等生产技术方面的社会条件的成熟，但同样受制于很多地理自然条件。先说社会条件，要想终年都能掌握稳定的渔业资源就必须四处捕鱼，不能停留在一地，否则资源肯定会枯竭。因此渔民们需要建造大型渔船，保证长期海上活动的人力和物力能有充足的补给。并且，拉网捕鱼相比单杆钓鱼效率要高得多，能携带大型渔网的渔船本身体型必然也巨大。这样的渔业生产对造船技术的要求通常比较高。再来看自然条件。拉网捕鱼虽然效率较高，但也需要有平坦的海底，海底如果有礁石，渔网就会被拖坏。只有几项条件都兼备，才能出现渔业长盛不衰的景象。濑户内海东部海域大阪湾周边就有不少这样的渔业之乡。大阪湾有着绵长的沙滩，附近海域渔业资源丰富，自古渔民部落众多，这里早在10世纪初朝廷就设立了一个专门给内膳司供应海鲜的机构——"网引御厨"[①]，可见这里在10世纪就已经生产海产品了。

不过即使是渔业兴盛的地区，也不是终年捕鱼，因为鱼类有洄游的周期，一年之中很难保证一直捕捞到同一种类的鱼，并且冬天海上风高浪急，通常无法出海捕捞。所以渔民们一般在渔业的淡季从事一些其他活动，比如把渔船改造成商船，或是从事农田耕种，在没有渔业收入进项的季节里获取一些其他食材或商业收入。关于渔民为何从事商业的原因还有他解。比如民俗学家宫本常一就有个观点，认为正是这些渔业兴盛之地的渔民们，为了满足出海捕鱼的需要，所造渔船体型日渐增大，因此也间接促进了渔

[①] 宫本常一「海人の陸上りと商船の発生」，宫本常一『海に生きる人々』，未来社，1964年，108ページ。

船的商船化。①

不管原因何在，反正到了中世的后期，由官船来从事商船业的情形日渐减少，当时大多数的商船都是由渔船发展而来的，渔民向半渔半商的转变主要发生在这个时期。

淡路岛的渔业之乡大名也可追溯到中世时期。13世纪的古文献《淡路大田文》中就记载着这里有"20余处捕鱼的小港湾"，可见现在岛上的渔村形态早在当时就已粗具雏形。淡路岛上，除了濒临海峡的由良、福良、岩屋等地盛行钓鱼业之外，大部分地区都有很长的沙滩，因此网渔业十分兴盛。用地拉网捕捞鲷鱼和沙丁鱼更是这里的古老传统。不过，这里的渔民们到了淡季同样会利用渔船来行商。淡路岛岩屋浦的渔民在16世纪后期常常乘坐六反帆②大小的渔船穿梭于淡路、播磨、阿波等地之间进行买卖。这些船就被叫作"岩屋舟"③。这些渔船在当时体积都算得上庞大，平日里作为带网渔船，在岩屋海边捕鱼，一到淡季就跑本州和四国之间的各种航线，从事商船业务。

小豆岛是濑户内海上面积仅次于淡路岛的大型岛屿，因此渔民的生业也和淡路岛十分相似。小豆岛自古就是海人部族的家乡。根据《日本书纪》和《古事记》记载，这里自古居住着专靠航海技术和渔业技法来向朝廷纳贡海产品的渔民群体。中世时期，这里的渔民也兼做海盐制造，后来还曾被统治者征用，充当水手。在《小豆岛御用船加子旧记》就有记载，1587年（天正十五年）3月，日本使者出访高丽国的时候，总共征用了这座岛上400余名水手。1590年（天正十八年），在丰臣秀吉征讨小田原的战役中，也征用了51艘船和400余名水手。也就是说，每条船平均配备8名水手，相当于那些携带沙丁鱼渔网的渔船规模。④

---

① 宫本常一「海人の陸上りと商船の発生」，宫本常一『海に生きる人々』，未来社，1964年，109ページ。

② "反"是布的计量单位，"六反帆"就是指由每块大小为一反的帆布、共计六块组成的船帆。"反"的尺寸根据时代的不同以及布料质地的不同而有所差异，作为帆布，一反约宽0.66米，六反宽3.96米。参见以下资料：多田納久义「二十石船の帆走特性」，『淀の流れ』，2002年3月31日，第64号，淀川资料館ホームページ，http://www.yodo-museum.go.jp/nagare/nagare_h13.html，2014年7月20日。

③ 宫本常一「小豆島・塩飽諸島の廻船業」，宫本常一『海に生きる人々』，未来社，1964年，169ページ。

④ 宫本常一「小豆島・塩飽諸島の廻船業」，宫本常一『海に生きる人々』，未来社，1964年，170ページ。

五　家船民

家船民是以船为家的渔民，家船民之名由此而来；同时，又因其常年漂泊于海上，所以也称漂海民。[①] 正如"海上有浮木，飘然去又来，人生恰如斯，相逢亦难哉"这首日本古代歌谣[②]中所吟唱的，家船民就是海上漂浮的木头，是漂泊在海上的生活群体。

民俗学家宫本常一曾把日本古代渔民分为两类，一类是"半农半渔"或"男渔女耕"的上岸渔民类型；另一类是以船为家的家船民等专事渔捞的群体。[③] 由此可见，在日本古代的渔民群体中，家船民是两种渔民系统之一的代表，说明其地位十分重要。这些终年生活于船上的渔民，因为其特殊的生活形态而成为公认的最纯粹的渔民群体。[④] 同时也可以看出，以船为家曾是日本专职渔民的普遍形态，可见家船民在日本海民史上，曾经是一个颇具规模的渔民群体。

江户时代的儒学家贝原益轩所著《日本释名》[⑤] 是日本最早介绍家船民的文献，其对家船民的描述如下："总是以船为家，不住在陆地上，俗称家船。年老之后将船中间部位让给孩子，自己则隐居船首。"[⑥]

目前日本学界公认的家船民定义来自日本渔业经济史学家羽原又吉，羽原又吉将家船民称作漂海民，并通过给出三个限定条件来对这一群体进行定义："在陆地上不直接拥有土地和建筑物；一家共同生活居住于船上；通过采摘以海产品为中心的各种物品，并将其贩卖，以换取农作物的物物交换来维持生计，从不在一个地点长期停留，也不局限于特定海域进行移动，这样的社会群体就称作'漂海民'。"[⑦]

但是，羽原同时也指出，以上定义中所列举的三个条件无一不在随着社会发展而发生着演变。第一，家船民并非自始至终不直接拥有土地和建

[①] 日本渔业经济史学家羽原又吉就把家船民称为漂海民。
[②] 羽原又吉「日本古代漁業経済史」，谷川健一（編）『日本民俗文化資料集成　第三巻　漂海民─家船と糸満─』，三一書房，1992 年，216ページ。
[③] 安野眞幸「長崎開港史：家船の陸上がりの視点から」，『弘前大学教育学部教科教育研究紀要』1998 年 12 月，第 28 号。
[④] 羽原又吉「日本古代漁業経済史」，谷川健一（編）『日本民俗文化資料集成　第三巻　漂海民─家船と糸満─』，三一書房，1992 年，216ページ。
[⑤] 江户时代中期的日语语源辞典，贝原益轩所著，1699 年成书，1700 年刊行。
[⑥] 浅川滋男「東アジア漂海民と家船居住」，『鳥取環境大学紀要』2003 年 2 月，第 1 号。
[⑦] 羽原又吉『漂海民』，岩波書店，1963 年，2ページ。

筑物，有时也会建起海边小屋，充当大型渔具的放置场所，或晾晒海产品；第二，特定条件下，这一群体的老人与孩子会被留在岸上，只有夫妇回到船上，继续漂泊生活①；第三，由于没有固定航线，也不存在限定的活动范围，因此海产品换农作物的交易活动本身充满了随机性，在哪个沿海村落停留、与哪些村民交流、进行怎样的交易都充满了不确定性。这一观点并非羽原一人所有，日本学界在普遍认可这一定义的同时，都指出完全满足这三项条件的家船民群体从来都很少，现在更是无处可寻。②

环濑户内海地区到了中世时期，商品经济有了明显的发展，用海产品换农作物已经变得比较普遍；同时，日本也迎来了海外贸易的繁荣，来自中国、朝鲜半岛等地的海外商船从九州西海岸进入濑户内海，推动了内海社会的商业发展，也为家船民群体提供了活动的舞台，因此使得家船民群体所从事的生业一直处于变化之中。③

家船民中有一部分转变成了捕鲸渔民，还有些则成了海盗。由于家船渔民乘坐的渔船小巧、轻便、快速，非常适合用来靠近体型较大的商船。因而当时有些家船渔民便集群行动，一群小船一起，成群结队打劫大船上的商品。此外，艺予群岛一带多栽种桃树与梨树，一到夏季便繁花盛开，蔚为壮观，入秋后更是硕果累累，引来众多渔船满载水果，在濑户内海沿岸贩卖。水果船靠岸后，会搭上桥板，将水果运进仓库，称重计算价格。因此，有不少活动在这一带海域的家船就把主业从渔业转成了水果贩卖业。④

第二节　海商

濑户内海连接九州北部、四国、本州的西部与近畿地区，自古便是日本列岛海上交通的主干道。古代濑户内海地区的渔民就已经开始用自己的

---

① 野口武德「家船と糸満漁民—水上生活者の移動と定着」，宮本常一、川添登（編）『日本の海洋民』，未来社，1974 年，133 ページ。
② 羽原又吉「日本古代漁業経済史」，谷川健一（編）『日本民俗文化資料集成　第三巻　漂海民—家船と糸満—』，三一書房，1992 年，389 ページ。
③ 宋宁而：《社会变迁：日本漂海民群体的研究视角》，《中国海洋大学学报》（社会科学版）2013 年第 1 期。
④ 宮本常一「家船の商船化」，宮本常一『海に生きる人々』，未来社，1964 年，156 ページ。

渔船从事商品运输和贩卖，长期以来，并没有专门从事海上贸易这一项生业的海民。

到了9世纪，濑户内海上的交通变得活跃起来。经常会有新罗、唐朝等地的商人驾船来到日本列岛，日本也出现了从事对唐和新罗的贸易商人。① 只不过，当时还没有日本商人前往朝鲜半岛和中国大陆。另外，国内海上贸易也有了发展。到了这一时期，承运贡品的船队、运送商品的出租船、运盐船已经在濑户内海上相当活跃。② 然而，这些海民大多依然身兼多种海上生业，很少有单纯靠在濑户内海上做商品买卖为生的。

1240年（仁治元年），宋朝颁布了禁止与日本开展贸易的命令。官方贸易一旦停止，日本与中国、朝鲜半岛之间的走私贸易便日益活跃起来。逐渐地，情形便不再是单有中国和朝鲜半岛的商人去日本，日本商人到朝鲜半岛和中国大陆沿岸来的也慢慢多了起来。不过，自从有了海上商人，海盗便如影随形而至。伴随着日本商人而来的就是"倭寇"。那个年代，许多日本商人就是经由濑户内海而来的，所以，"倭寇"中也少不了濑户内海的海盗。

濑户内海沿岸的尾道港就是从14世纪开始逐渐发展成国际港口的。镰仓时代的武将长井贞重曾经以尾道港"与海盗勾结"为由，派兵袭击过尾道。据说，这是因为当时的尾道正是海盗活跃的港口，而这个港口的商人与海盗群体之间则形成了互相协作的自由市场。实际上，这些拥有船队、掌握着制海权的商人才是尾道港中最有权势的群体，海盗为求安身，自然要和当地商人协作。这样的海商群体，就连当权者也不敢小觑。1336年（延元元年），足利尊氏从京都下九州岛之时，就曾专门停靠尾道，参拜了净土寺，为的就是笼络当地的商人。③

这些在尾道港唱着主角的商人，活动的范围在当时已经远远超出了濑户内海海域。实际上，当时的濑户内海商人就已经和朝鲜半岛之间有了密切的联系。

---

① 网野善彦：《日本社会的历史》，刘军、饶雪梅译，社会科学文献出版社，2012，第111页。

② 网野善彦：《日本社会的历史》，刘军、饶雪梅译，社会科学文献出版社，2012，第112页。

③ 網野善彦「中世瀬戸内海の海民」，森浩一、網野善彦、渡辺則文『瀬戸内の海人たち—交流がはぐくんだ歴史と文化』，中国新聞社，1997年，109ページ。

一 中国海商的活跃、退出与日本海商的崛起

中国唐朝时期，朝鲜半岛的新罗国在唐朝和日本之间进行的中转贸易开始逐渐兴盛。当时的日本正值飞鸟·奈良时代的律令制国家建设时期，唐朝的工艺品、书籍、织物、药材以及珍奇走兽的皮毛通过新罗中转，源源不断地进入日本。日本经过新罗出口到唐朝的物品除了生丝、绢丝织物和丝绵等传统商品外，还出现了一些新变化，就是金银的出口。674年（天武天皇三年），对马地区①开始出产白银。749年（天平二十一年），日本东北地区又开始出产黄金。自此，向中国出口金银并换回其他各种物资的"日本国际贸易模式"②开始形成，并一直持续到17世纪。

"唐—新罗—日本"的中转贸易起初被新罗朝廷独揽，但民间商人的势力也在不断发展壮大，此后这一带的海洋国际贸易被张保皋③所独占。等到9世纪中期，张保皋遭暗杀，其海上贸易的统治覆灭，中国商人便开始自由进入朝鲜海峡，往来于新罗和日本。事实上，直到明朝实施海禁之前，中国商人前往海外的活动基本上都是自由的。尤其是宋朝，对海外贸易实施的是最小限度的规制与课税。中国商船质地优良，商品口碑又好，又允许别国效仿制作，所以唐宋年间，中国商人在东亚海域的活动十分活跃。日本也有史学家指出，正是因为中国商人前往日本的活动太活跃了，以至于日本朝廷都没必要专门派遣使节进献朝贡，因为派遣使节的一个重要作用就是促进两国间的贸易交易，但既然民间贸易已经如此繁荣，再派使节也就多此一举了。当时的九州岛博多港居住的多数是中国商人，说中国商人控制着博多地区的经济也不为过。④

中国商人在日本的通商活动中获得了巨大的利益，也极大地刺激了日本商人。为了分一杯羹，日本商人也开始越来越多地跻身这一海外通商大军的行列，而他们最先选择的海外通商地点就是高丽统治下的朝鲜半岛。1075年（承保二年），日本商人开始拜访高丽，⑤ 并在1145年（久安元年）

---

① 位于九州北部的玄界滩，现在的长崎县所属岛屿。
② 生田滋「海の道と日本列島史」，網野善彦等（編）『海と列島文化 第十巻 海から見た日本文化』，小学館，1992年，343ページ。
③ 也有日文文献将其名写成"张宝高"。
④ 生田滋「海の道と日本列島史」，網野善彦等（編）『海と列島文化 第十巻 海から見た日本文化』，小学館，1992年，351～352ページ。
⑤ 森克己『日宋貿易の研究』，国書刊行会，1975年，324ページ。

开始造访中国。

这一时期，日本的政局变化也为本国商人的海外贸易通商提供了政治上的条件。12世纪前后，日本武士阶级的兴起又一次促进了当时的日宋贸易。前文提到过，平清盛及平氏一族十分热心日宋贸易。平氏一族之后，源氏、镰仓幕府为了打破以朝廷为代表的公家对贸易的干涉，开始对日宋贸易采取自由开放的政策，允许民间商人介入贸易活动。

宋朝之后，13世纪蒙古汗国的崛起使得两国贸易的格局有了较大的改变。由于蒙古汗国曾经在1274年（至元十一年）和1281年（至元十八年）两次攻打日本，给日本列岛带来了极大的冲击，受冲击的对象也包括聚居在博多的中国商人。很多中国商人因为惧怕战争带来的损失以及由此引发的本土居民的抵触情绪，不得不离开博多，掌控日宋贸易的中国商人有很多退出了濑户内海的贸易舞台，也因此赋予了日本商人崛起的机会。

二　从海商到倭寇

海商看似与掠夺来往商船的海盗是不共戴天的敌人，但实际情况却远非如此。在13世纪高丽国内动乱的年代里，日本前往高丽的商船，尤其是来自九州北部对马岛的商船，因为货运到朝鲜半岛之后无法获得足够的谷物带回，因此转眼就变身为海盗，开始掠夺海上的来往船只或沿岸地区。还有来自北部九州的海商干脆直接抢夺各种贸易商品，回到日本转手就开始倒卖。在他们的所获商品中，最值钱的是俘虏，除了能将这些俘虏当作奴隶卖到各地，给人做奴仆外，还可以把他们遣返回国，并讨要赎金，两种方法都能有不少进项。这一时期的倭寇，多是以朝鲜海峡上的岛屿为据点的武装集团，数量多如牛毛。这些倭寇以对马岛、壹岐岛、长崎县北部、佐贺县西北部为根据地①，频繁出没于朝鲜半岛周边海域，展开海上掠夺。

三　亦商亦盗的海民

中世时期，从濑户内海出发前往朝鲜的亦商亦盗的海民中，除了盐饱群岛海民驾驶的船舶体型较大外，其他各浦的船都比较小，至多也就能坐十人左右，但这些海民却也敢于跨越朝鲜海峡，向着半岛大陆进发，掠夺粮食，另外也抓捕大量当地居民充当俘虏。不过，这些前往朝鲜半岛的海民中，也有人是以交易为目的前往的。他们在半岛南岸的茅浦、富山浦、

---

① 生田滋「海の道と日本列島史」，網野善彦等（編）『海と列島文化　第十巻　海から見た日本文化』，小学館，1992年，358ページ。

盐浦等地建造房屋从事海上商品交易，还在枯草岛从事渔业捕捞。到了1475年（文明七年），茅浦有人口308户1713人，富山浦有88户350人，盐浦有34户128人①，可见日本海民前往这里的移民规模颇大。

四 水吞百姓

从织田信长到丰臣秀吉，再到德川家康，中世后期的日本当权者推行的基本都是"农本主义"国策。但如果因此就认定列岛社会是农业国家就完全错误了。"农本主义"政策的确让倒卖货物的商人处于较低的社会地位，没有土地的人也会在社会上受到一定程度的歧视，但这一时期的濑户内海沿岸却确实存在许多没有一寸土地，却十分富有的百姓，这些人也被归入"水吞百姓"之中。"水吞百姓"原本指的是佃农，但实际上他们中的一部分人并不是耕作土地、缴纳年贡的农民，而是航行在濑户内海沿线的船商。这些船商之所以一直没有被视作商人，一个主要原因就是因为他们是渔村中的村民，所以也被归入了农民之列。但实际上，他们大多富有，且认定了赚取财富根本没必要拥有土地，或是觉得持有土地然后再缴纳年贡是一件比较麻烦的事情。比如，上关地区的渔村②村民就被当作"水吞百姓"来管理，但这些人中间其实没有农民，全都是船主、商人和手工艺者等。其实，说是渔村，但这些"水吞百姓"生活的地方倒更像是城市，并且聚居着众多富豪。有日本史学家指出，实际上这样的情况在濑户内海沿岸比较常见，至少还包括尾道、仓敷等濑户内海沿岸的重要城市。③

第三节 海盗

到了中世时期，濑户内海海域出现了一群日本人组成的海上武装力量，他们或穿梭于濑户内海海面之上，成了左右战局的水军；或驶向朝鲜海峡及中国大陆沿海，成了声名狼藉的倭寇。但是，所有这些海盗与水军，都是从在濑户内海从事捕捞、制盐和船运的海民发展而来的。

---

① 宫本常一「和寇と商船」，宫本常一『海に生きる人々』，未来社，1964年，123ページ。
② 上关位于山口县南端长岛，自古以来就是海上交通要塞，也是海外的朝鲜通信使及船商的造访之地。
③ 網野善彦「中世瀬戸内海の海民」，森浩一、網野善彦、渡辺則文『瀬戸内の海人たち―交流がはぐくんだ歴史と文化』，中国新聞社，1997年，128ページ。

一　渔民与海上豪族的水军

水军并不是中世才出现的，这群堪称"海上豪族"的武装力量对日本政治的影响可以追溯到古代。以濑户内海为中心的西日本海域原本就是海民活跃的舞台，弥生时代以来，地方上的豪族依靠从事捕捞、制盐的海民，在广大的内海海域之上进行交易，同时也组织水军，成了海上豪族。[①]

考古学家松元丰胤在谈及赞岐地区的一种面朝濑户内海建造的古坟——积石冢的时候，觉得这类坟墓应该就是为海上豪族水军建造的。松元说："为了扩张大和朝廷的势力，既离不开外来文化，缺乏航海技术也是不行的。这样的话，赞岐的古代豪族不正是利用航海技术深入地干预了朝政吗，而积石冢不正是其表现之一吗？"[②]

历史学家冈田精司则认为，这些古代水军并不是专职的海上武装力量，而是渔民和水军的混合体，因为"仁德·履中时期的天皇的亲卫军是由以淡路岛渔民为代表的渔民们组成的"。福尾猛市郎甚至认为，7世纪以后，推行遣唐使外交的幕后主要人物也是濑户内海的海军，他指出："每次要派遣使团的时候，这些'四船'[③]是命安艺国新造出来的。分乘之上的船匠（修船的木匠）·舵手·水手多达数百人，规模巨大，而这些人只能是内海的海岸居民。仅仅是为了和平外交为何需要派去如此大的船团呢？原因有很多，但我认为主要原因是，为了防备中国大陆沿海出没的海盗团就必须让随时可以转换成水军的大部队同乘。"[④]

我们还能从古文献中零星找到一些类似的记载。比如《日本三代实录》中曾记载了869年（贞观十一年）两男两女四个海盗在赞岐被捕一事。虽然四人都是海盗，但只有男的被处分，而女的则因为是追随丈夫才做的海盗，所以被释放了。民俗学家宫本常一就这一记载做出分析指出："从夫妻共同劳作这一点来看，他们应该是以船为家，结伴居住于小岛和海岬的背阴处，一边以渔业营生，一边因为苦于没有食物而去抢掠海上的船只。"但

[①] 冈野善彦：《日本社会的历史》，刘军、饶雪梅译，社会科学文献出版社，2012，第127页。
[②] 上山春平、森浩一（编）「空海を解く・その思想と背景 IBM 四国空海シンポジウム」，德间书店，1984年，37~38ページ。
[③] 四船是遣唐使船的别称，因通常一行是四艘船而得名。
[④] 福尾猛市郎「瀬戸内の水軍たち」，井上靖、野田宇太郎、和歌森太郎（监修）『文学の旅　14　山陽・瀬戸内海』，千趣会，1971年，185ページ。

只是家庭从事海上掠夺，还不至于变身为成气候的武装集团，所以这中间必然经历了一个"集团化""组织化"的过程，产生了分工和统帅。宫本常一由此判断："可以说是因为渔民相互之间的交通和交流变得频繁的缘故。纯友①就是利用这些渔民发动了叛乱。"②

"集团化"与"组织化"的过程主要出现在南北朝动乱、室町幕府往中国和朝鲜派遣贸易船只的时期，因为当时当权者下令濑户内海海域和九州沿岸岛屿的守护大名以及沿岸的地方豪族来护卫这些前往海外的船只，分散、零星的渔民组成的海盗团体终于有了进一步组织化的机会。中世时期，活动在濑户内海海域的海盗中，比较著名的先后有渡边党、松浦党、藤原水军、村上水军、盐饱水军，以及小早川氏、细川氏、河野氏、大友氏等海盗集团。

随着守护大名对海岸地区统治力度的加强，海盗集团逐渐进化成了这些大名的支配力量。不过，这个转变过程却并非易事。要知道，这些水军是从自由航行海上的渔民转变过来的，和陆地上的领主大名之间关系并不密切，这和陆地上的乡村武士与当地领主之间的关系完全不是一回事。比如说，河野一族就是通过源平时代，以水军为中心壮大起来的武装力量，但他的水军很不安定，以主从制联结起来的关系并不稳定。河野氏的力量一旦衰竭，水军就会不断地离开，成为毛利氏等人的佣兵。历史学家永原庆二认为，这种困难主要是由水军的群体结构特点决定的。他指出："水军就是所有人都拥有一种族团的团结性，有像一匹狼那样行动的倾向。三岛水军③虽然建立起了通过把彼此视为同族而团结一致的帮派性质的组织，但是从与河野氏的主从性质的编制这一点来说，是很不稳定的。水军这种团体，有着无论是哪一边的势力都会依靠的特点。他们应该拥有着独立游击队一样的性格。"④"独立游击队"的说法充分描述出了水军灵活、功利、多变的群体特点，可谓一针见血。

---

① 指藤原纯友。
② 大林太良「海の豪族と水軍」，網野善彦等（編）『海と列島文化　第九巻　瀬戸内の海人文化』，小学館，1991年，37ページ。
③ 因村上水军主要以能岛、来岛、因岛三个岛为基地，因而被称作"三岛村上水军"，或"三岛水军"，曾在中世时期先后听命于河野氏、毛利氏等大名。
④ 永原慶二「大名領国制の構造」，愛媛県文化振興財団（編）『河野氏と伊予の中世』，愛媛県文化振興財団，1987年，89~91ページ。

丰臣秀吉发布海盗禁令后，进入近世，这些组织化的海盗已经再也无法横行濑户内海了，但小规模的海盗行为却在德川幕府的三百年间从未消失。对此，宫本常一曾记述如下："据说在以前，所有的帆船都会在船内煮粥。这是为了对付海盗的袭击。海盗出现的区域大体上是固定的。海盗船用的是最小的船只，看起来正好和渔船一样。只不过他们会突然划近，拿着刀具坐上对方的船去。这时，如果船家发现对方是海盗，就会立即把煮开的粥从海盗的头上淋下去。这样一来，海盗们一般都会因为畏怯而撤退。（中略）帆船内煮粥的风俗一直持续到明治末期。海盗也是一直横行到这个时期。"① 也就是说，直到近代的明治末期，濑户内海上还有很多海盗在活动。尤其是江户时代后期，从大阪向西行驶在濑户内海上的商船上常常装载着大量现金，海盗依然有掠夺的利益所在，因此他们还会继续兴风作浪。但到了大正时期（1912—1926年），汇兑制度的兴起和普及使得商船不必再随身携带大量现金，因此袭击商船、谋取钱财的海盗才最终消失了踪影。

二　古代末期的濑户内海海盗首领

提起濑户内海的海盗，无法不联想到10世纪震撼整个日本王朝的著名海盗藤原纯友。藤原纯友是大宰少贰藤原良范之子，他原本是位于现在爱媛县的伊予国的"掾"，属于律令制下的三等官②，相当于地方总兵官，却在一次前往征剿濑户内海海盗之际，不但没有打击海盗，反而和对方会合，成了海盗的首领。他们在数年之内就拥有了上千艘船，从此横行整个濑户内海，掠夺官府财物，进攻赞岐国，赶走国司，袭击阿波国，把整个濑户内海甚至九州都纳入了自己的势力范围，还威胁到了京都的安全。据记载，藤原纯友之乱竟让京都地区出现粮荒，足见其对当时统治阶层的威慑力之大。

在爱媛县宇和岛市的宇和岛港以西约28公里处，有座南北向的细长岛屿，名叫日振岛，这就是当年藤原纯友的海盗活动据点。这座岛屿上至今残留着城郭、土垒、沟渠等藤原纯友的城塞遗址。从日振岛向东和向北俯瞰平静的海湾，视野极为宽广，可以准确掌握进出海湾和航行在宇和海上的船只动向，确实是十分理想的海上据点，也难怪藤原纯友把城塞建在这

---

① 大林太良「海の豪族と水軍」，網野善彦等（編）『海と列島文化　第九巻　瀬戸内の海人文化』，小学館，1991年，39～40ページ。
② 井上清：《日本历史》，闫伯纬译，陕西人民出版社，2011，第45页。

座岛上。

《日本纪略》[①]中有一段关于藤原纯友的记载，可以看出当时他所率领的水军的盛况："南海盗徒之首藤原纯友，结党营私，于伊予国日振岛聚众，建设船只千余艘，抄劫官物私财。"[②]这一段所描述的正是藤原纯友在936年，拒不服从朝廷的召还命令，以伊予的日振岛为据点再度进行海盗活动的史实。

一般来说，地方守卫眼看在都城的升迁无望，干脆和坐地盗匪相互勾结，甚至南面称王，对抗朝廷这种事并不罕见。但按藤原纯友的身份来说，这件事却有些不可思议。日本濑户内海地方史学家山内让曾提出要对"藤原纯友之像进行再研究"。因为藤原纯友出身名门，与当时政界主流走得很近。藤原纯友之父藤原良范与当时最高权力者藤原忠平是堂兄弟，所以说藤原纯友应该属于出身名流的贵公子，在中央政权中的升迁仕途前景应该是不错的。这样一个人物在当上伊予国太守之后，就和当地匪徒勾结对抗朝廷，很可能有着其他十分重要的动机。山内让指出，藤原纯友之所以成为海盗，很有可能是出于一个重要动机，就是当时律令制国家的官方物资输送体系发生了根本性的变化，海运成了基本的运输手段，由此使得濑户内海在国家经济中的地位大幅提升。正是濑户内海运输业的利益驱使藤原纯友跑到当地，做起了海盗头目。

结合当时的社会发展背景来看，这一观点确实不无道理。在9世纪之前，各地运往都城京都的贡品普遍是由脚夫肩挑陆运来完成的，这也是律令制国家统治地方的一个基本形式。可是自从进入9世纪以来，造船及航海技术逐渐发展起来，海路运输的模式逐渐趋于稳定，海运比起陆运来成本要低得多，官方物资也就开始越来越多地依靠海运来完成了。当时日本的最主要国内海运航线就是濑户内海，因此9世纪以来，濑户内海沿岸逐渐出现了各种各样的运输业者集团。正是考虑到以上因素，山内让才会得出如下结论："其实藤原纯友的手下也是这样的运输业者集团，他在积极扩张自己的地盘，逐渐垄断了濑户内海航运这项国家重要的运输业务，并受到海盗们的拥戴，和贵族公卿也走得很近，成为一支政治势力，因此后来势必

---

① 《日本纪略》是日本平安时代编纂的历史书，编者不详，汉文，编年体。
② 『日本纪略』，承平六年六月某日条。

要谋求符合其势力的历史性新地位。"①

藤原纯友被朝廷镇压后,濑户内海在很长一段时间内没有再产生足以威慑朝廷的海盗集团。不过,由于此后濑户内海的航运发展十分顺利,大量人力与物资往来于这片内海之上,所以到了平安时代的末期,利益驱使之下,海盗活动还是再次猖獗起来,迫使朝廷再行追剿。这一时期,朝廷当权者、武将出身的平清盛成了濑户内海的海盗追捕者。事实证明,这位当朝权臣同样垂涎于内海巨大的航运价值,并深刻洞悉了濑户内海在日本政局中的地位,于是将位于濑户内海中间点的安艺国中的严岛当作自己的据点,设立祭祀海神的严岛神社,再次成为濑户内海的统治者。

三 从濑户内海的水军到倭寇

"倭寇"可能算得上是中世时期最负"盛名"的日本海民了,而其中之最当属来自濑户内海的"倭寇"。我们从各种历史书籍中读到倭寇侵扰朝鲜半岛和中国沿海的史实,因此能了解倭寇这一群体的一些基本特点。比如倭寇无疑属于武装集团,并且其活动行为带有鲜明的侵略和掠夺色彩。但我们仍然需要进一步了解来自濑户内海的那些"倭寇"群体的来龙去脉,群体的成员构成及其产生、消失的社会背景。

13世纪,日本商人越来越多地出现在东亚海域,那些濑户内海上的"海上领主"因为被朝廷授命护送过往商船,因而借机不断发展壮大,集团内部出现明显分层现象,集团的头目被称作"海上领主"。随着海盗集团的势力不断强大,濑户内海上的"海上领主"成了名副其实的海上豪族。到了中世的中期,九州、中国、四国等地的"海上领主"逐渐形成了自己的海上网络。当时,日本通往中国与朝鲜的贸易活动在很大程度上就是被这些濑户内海的海上豪族所控制的。到后来,就连日本与明朝、朝鲜半岛之间的官方贸易也要寻求海上领主的支持,依靠海上领主建立的商业交易网来进行官方贸易。②

拥有海上武装的"海上领主"一旦把自己的势力范围扩展到东亚海域,海上掠夺就变成了迟早的事。随着海盗集团的势力范围不断扩大,这些海

---

① 山内譲「瀬戸内水運の興亡—島々の役割を中心として」,網野善彦等(編)『海と列島文化 第九卷 瀬戸内の海人文化』,小学館,1991年,327ページ。

② 网野善彦:《日本社会的历史》,刘军、饶雪梅译,社会科学文献出版社,2012,第263页。

上武装力量在东亚海域夹杂在海商中间，不时登陆朝鲜半岛及中国沿岸实施掠夺，或是抢夺来往船只，时间一长，便获得了"倭寇"之名。

从时间上看，倭寇兴起于1223年（贞应二年），在元朝之后销声匿迹；直到1350年（正平五年）日本进入南北朝时代，随着南朝势力日渐衰弱，倭寇又重新兴盛起来，并在天授年间进入全盛期，1375年至1380年对朝鲜半岛的侵犯达到219次之多，年均达36.5次。这样的海盗船队规模大小不一，有的船队很小，只有两三艘，有的船队却多达500艘，船上的海盗竟有5000人之多。①

在这一时期，海盗的掠夺目标比较确定，主要就是食物，包括大米、大豆和各种海产品。这主要是因为当时的日本处于南北朝的兵荒马乱之中，尤其是南朝地区食物匮乏，民生潦倒。因此南朝地界上，从吉野山到熊野，经过淡路南部，穿越濑户内海上的诸多岛屿，再到忽那群岛一带，直至九州地区，凡是沿海地区，基本上都是海盗猖獗地带。这一时期活跃在濑户内海上的村上氏与小早川氏、细川氏、河野氏、大友氏等主要海盗团体都互相结为盟好，他们并不占有大陆土地，而是向濑户内海上的过往船只收取费用。处于他们活动地带上的渔民，在这乱世中从事渔业无以为生，大多只能投靠海盗。②

遣明使废止之后，随之而来的就是日本倭寇对中国大陆沿海的侵犯。九州西岸的弱小渔船是不能抵达中国大陆沿岸的，当时，以盐饱群岛船只为主的大型船舶在这一时期的倭寇活动中十分活跃。直至1432年（永享四年），日本再次派出遣明使船。只不过，这一次的遣明使船中属于幕府直接经营的很少，大名和寺院的船占了大半，此后的遣明使船队也基本上延续了这种情况。③

其实，日明之间勘合贸易的兴起与断绝，都与倭寇有关。明朝初期，明太祖朱元璋为了抑制倭寇之患，采取了朝贡与海禁相结合的对外政策，这一政策此后又被几位继任者不断沿袭，使得日明之间的正式贸易一直都建立在朝贡贸易的基础之上。但朝贡贸易完全无法满足日本方面对中国商品的迫切需求，于是，日本的各路势力经常发生对明贸易的激烈竞争，并

---

① 宫本常一「和寇と商船」，宫本常一『海に生きる人々』，未来社，1964年，121ページ。
② 宫本常一「和寇と商船」，宫本常一『海に生きる人々』，未来社，1964年，124ページ。
③ 宫本常一「和寇と商船」，宫本常一『海に生きる人々』，未来社，1964年，125ページ。

终于引发了宁波的"争贡之役",遂使明朝严海禁,断绝了与日本之间的正式贸易。这才使得日本商人转而开展走私贸易,并与中国的海寇商人相勾结,进而从走私转向掠夺,使得倭寇之患愈演愈烈。①

这样的情形延续到明朝中后期,此时,中国东南沿海一带已经出现了旷日持久的"倭患问题",② 并在进入嘉靖年间后变得愈发严重。只是,到了这个时候,"倭寇"从主要首领到基本成员,大都已经变成中国人,尽管也有少部分日本人,但已经不起主要作用了。③ 因此,到了这个时期,"倭寇"已经和濑户内海的海盗水军没有了太大的关联。

四 中世时期濑户内海海盗的活动范围

15世纪,朝鲜王朝派遣使者宋希璟前往日本,作为对足利义满向朝鲜派遣使臣的回礼。从这位朝鲜使者后来所写的《老松堂日本行录》来看,当时他所乘坐的船就是沿着濑户内海前往日本京城的,也因此有了和濑户内海海盗打交道的经历。这段经历后来成了我们了解中世时期濑户内海海盗的重要文献。据《老松堂日本行录》记载,永庆二年(1420年)左右,可见海盗的地方有:对马国的对马岛、筑前国的志贺岛、丰前国的田野浦、周防国的室积、安艺国的高崎、备前国的牛窗、备前国的下津井、备后国的尾道、安艺国的蒲刈。永享元年(1429年)来到日本的朝鲜通信使朴瑞生则举出了对马国的对马、壹岐国的壹岐、筑前国的志贺岛、肥前国的平户、周防国的灶户关④、周防国的屋代岛等海盗猖獗的地区。这些地区的海盗都受到当地领主的管制,如筑前国的志贺岛、周防国的灶户关和屋代岛的海盗由大内氏管制;丰后海贼的首领受大友氏管制;壹岐国的壹岐、肥前国的平户、肥前国的志佐、肥前国的佐志、肥前国的田平、呼子等地的海盗各受其领主的管制。因为各有牵制,所以彼此之间达成了某种程度上的默契。⑤

据宋希璟回忆:"(濑户内海)海边住户全都是海盗,因此即便看到村中的灯火也不觉得安心。"他对这些海盗有着十分生动的描述:"一艘小船如箭般飞速驶来,船上之人或擂鼓,或摇旗,或吹角笛,或鸣金,皆全力

---

① 李金明:《明初中日贸易与倭寇》,《南洋问题研究》1993年第3期。
② 孟庆梓:《明代的倭寇与海商》,《承德民族师专学报》2005年第1期。
③ 林瑞荣:《明嘉靖时期的海禁与倭寇》,《历史档案》1997年第1期。
④ 就是指位于山口县的上关。
⑤ 宫本常一「和寇と商船」,宫本常一『海に生きる人々』,未来社,1964年,122ページ。

备战之相。其人披甲带弓，立于船上。海盗船上①，亦是人多如麻。"② 宋希璟的船队从京都折回时，也必须沿着濑户内海航行。当时船经过一座名为蒲刈岛③的海盗根据地，他发现，这座叫作蒲刈的海岛实际上就是东、西濑户内海的分界点，因为"只要让一个来自东部海域的海盗坐上自己的船，东西两边的海盗都会二话不说地放他过去"。④ 宋希璟观察的结果是，濑户内海上的海盗已经划定自己的势力范围，只要支付给"管理"这片海域的海盗一定的保护费，就能保证一路航行的自由和安全。换言之，从东而来的船上如果乘坐着东部的海盗，西部的海盗就不加任何干涉；同理，从西而来的船坐上西部的海盗，东部海盗也绝不冒犯。⑤

宋希璟还提到，在濑户内海留宿之夜，曾遇到一个"僧侣长相的海盗首领"⑥，发现对方言谈举止和朝鲜人无异，竟能听懂朝鲜语，因此觉得非常高兴。由此可见，当时濑户内海上的海盗已经和朝鲜半岛有了紧密的联系。历史学家网野善彦曾专门就海盗的这一特点指出过，对这些活跃在濑户内海与朝鲜半岛海域的海盗，他们的世界是由不同海域构成的，很难用地域去判断其所属地，他们生活在一个与陆地社会截然不同的社会网络之中。⑦ 一个海盗群体的成员有可能来自朝鲜半岛、济州岛、日本濑户内海与北九州岛海域，再加上中国大陆的江南人士，并且很多海盗都会用两种，甚至三种语言进行交谈。⑧ 因此，宋希璟发现一个濑户内海上的海盗会说朝鲜语并不是稀奇的事。

五　中世时期濑户内海的海上领主

说到海盗，人们通常会想到从事海上掠夺的窃贼。事实上，日本海盗群体的内涵要远超过海上窃贼的内涵范畴，而海盗系统中的一个重要组成

---

① 前文的小船是指海盗的先遣部队，这里的海盗船则是指海盗的主力舰船。
② 樋口淳「老松堂のみた日本」,『日本学研究』,2002 年 10 月,第 11 号。
③ 应该是指蒲刈群岛。
④ 網野善彦「中世瀬戸内海の海民」,森浩一、網野善彦、渡辺則文『瀬戸内の海人たち―交流がはぐくんだ歴史と文化』,中国新聞社,1997 年,112 ページ。
⑤ 网野善彦：《日本社会的历史》，刘军、饶雪梅译，社会科学文献出版社，2012，第 286 页。
⑥ 樋口淳「老松堂のみた日本」,『日本学研究』,2002 年 10 月,第 11 号。
⑦ 樋口淳「老松堂のみた日本」,『日本学研究』,2002 年 10 月,第 11 号。
⑧ 網野善彦「中世瀬戸内海の海民」,森浩一、網野善彦、渡辺則文『瀬戸内の海人たち―交流がはぐくんだ歴史と文化』,中国新聞社,1997 年,129~130 ページ。

部分，就是被称为"海上领主"的统治海民的武士团。海上领主对海民的控制手段显然不同于庄园领主把农民紧紧束缚在土地上的方式，而是通过扣押船只、制定管理船舶的制度、控制流通渠道等方式，来达到控制海民的效果。例如九州西北部海域的松浦党，对拉网打鱼和潜水采摘鲍鱼的"海夫"就采取了控制后者所运木材的产地，来达到管理船只的目的。还有如和歌山地区的盐崎氏，以及和歌山的捕鲸基地太地町的海上领主们，就曾受到足利尊氏的命令，要他们对濑户内海上航行于灶户关①到尼崎之间的船只加强警戒，交换条件是同意他们对出入兵库津关卡的船只每艘另征收一百文的保护费。一旦发现不肯上缴保护费并试图逃走的船只，海上领主们就一起包围该船只，扣押船上的货物。从被扣押方的船只看来，这无疑是海盗的行为。②

海上领主的岗哨通常设在海岬之上，称作"海城"。许多海岛，如能岛、来岛等都设有海城，承担着监测船只通行线路的职责。因此，过往船只需要按规矩向海上领主缴纳礼金和关税，就可以得到航海安全的保障；反之，如果逃避关税或拒绝缴纳，就可能立即被海上领主派来的小船团团围住并遭抓捕。

从14世纪到15世纪，"海盗"这一词语并没有多少负面含义，倒是有不少人觉得被称作海盗是得意之事。比如伊予州镰田关的海盗源贞义就自称"海盗大将军"。③

实际上，无论被称作倭寇，还是海盗，抑或是水军，这个海上武装力量集团都不能脱离海上领主这一社会系统，其实质都是这一系统的组成部分。濑户内海、北九州和朝鲜半岛之间所形成的贸易网络的实质也是濑户内海海域与朝鲜半岛海域海上领主之间的贸易网络。

六 村上水军

中世时期称霸濑户内海的村上水军就是具有较为典型的"海上领主"形态特征的武装集团。从某种意义上说，海上领主推动了日本历史的发展，他们是日本史的重要组成部分。

---

① 即现在的山口县的上关。
② 網野善彦「中世瀬戸内海の海民」，森浩一、網野善彦、渡辺則文『瀬戸内の海人たち——交流がはぐくんだ歴史と文化』，中国新聞社，1997年，121ページ。
③ 網野善彦「中世瀬戸内海の海民」，森浩一、網野善彦、渡辺則文『瀬戸内の海人たち——交流がはぐくんだ歴史と文化』，中国新聞社，1997年，123ページ。

村上水军是日本中世时期活跃在濑户内海上的水军，其势力范围是以艺予群岛①为中心的海域，此后主要分为能岛村上水军、来岛村上水军、因岛村上水军三家。村上水军有着严格的集体主义精神，这一点，从能岛村上水军的总指挥村上武吉的一番家训中可以获得很深的体会。村上武吉在这一家训中说："身为主帅，应正确施行其道。如若合理之至，则诸将皆能思及，故而即使面临生死抉择亦决不至背叛，正所谓当死则死，当生则生，不致违背命令。"② 这一当年的水军之"道"实际上是在讲述水军生存的合理之道，也就是天时地利人和的集体主义精神。

战国时期，提起能岛这座濑户内海上的小岛，就连久经沙场的大名们都会心存恐惧。这座周长仅为约720米的小岛，是当时濑户内海海盗村上水军的聚居之地。能岛位于爱媛县越智郡宫洼町，岛屿周边潮流湍急，是远近闻名的优质渔场。

村上水军的活动最引人注目的时期是日本的战国时期，当时这支海上武装力量就聚集在能岛、因岛和来岛这三座海岛上，他们的头领就是声名远播的村上武吉。村上武吉在1555年（弘治元年）的严岛合战中一举成名。这场发生在濑户内海中部、严岛周边海域的海战是一场以少胜多的经典战役，战役中的一大亮点就是毛利元就一方的村上水军在村上武吉的带领下，强悍地劈开陶晴贤水军，点燃敌船以及向敌船投掷火药，迫使敌方水军弃船登岸溃败。此后，在1576年的木津川口海战中，村上水军又受毛利氏之命，与织田信长的九鬼水军和安宅水军在木津川口狭路相逢，并凭借精熟的操舵技术和焙烙火矢③打败了织田水军。一时之间，这些活跃在濑户内海上的机动武装部队成了可以左右天下势力的军事力量。虽然村上水军在丰臣秀吉统一全国后迎来了命运的终结，但有日本史学家认为，村上水军的战术传统并未遗失，在时隔四百年之后，在明治时期的日俄海战中，

---

① 艺予群岛是濑户内海上一系列群岛的总称，从沿岸两个主要律令国安艺国和伊予国的国名中，各取一字而成。艺予群岛所包含群岛自西向东依次包括安艺群岛、蒲刈群岛、下大崎群岛、上大崎群岛、关前群岛、来岛群岛、越智群岛、艺备群岛、上岛群岛、备后群岛、走到群岛。

② 松冈進「水軍の生活」，宫本常一、川添登（编）『日本の海洋民』，未来社，1974年，140ページ。

③ 日本战国时期所使用的兵器，类似于手榴弹，焙烙状似陶壶，引爆后会燃烧附近的木造结构，导致船只解体。

被出身松山市的日本联合舰队参谋秋山真之所沿用，并取得了胜利。①

　　进入镰仓时代的后期，南北朝的动乱使得原本已经定型的庄园公领制发生了动摇。濑户内海上的岛屿原本已被庄园化，但此时也陷入了动乱之中。到了15世纪中叶及后半期，濑户内海的岛庄园开始明显解体，各地海盗也开始乘乱积极谋求扩张。村上水军就是在这一乱世中脱颖而出。关于村上水军协助毛利元就打败织田信长水军的那场海战，《信长公记》② 中对海盗们行动时的情形有着生动的记载："毛利方水军（指的就是村上水军）将火矢准备就绪，收拢己方的战船，实施投射和焚烧……死者无数，西国船获得了大胜。"③ 海盗们在海战中巧妙地使用火器，行动十分诡异，让正规军队防不胜防，确实是当时濑户内海上的一道"风景"。

　　但即使在这个群雄逐鹿的战国时代，水军也绝不仅仅是战斗集团，而是同时兼顾水路运输业者集团的角色。15世纪中期，因岛的村上氏一族就曾频繁地从事着水路运输活动，将装载着大豆和玉米的船舶从尾道经濑户内海运往堺市，④ 正是这些水运业者逐渐转化成了战国时期左右政局的水军力量。

　　村上水军的覆灭源于中世末期当权者的严厉取缔，丰臣秀吉取缔了濑户内海上的水军，而此后的德川幕府又延续了这一政策，村上水军的辉煌战绩从此被历史尘封。

七　盐饱水军

　　盐饱群岛是著名的盐饱水军活跃的舞台。盐饱水军确实可以算是日本历代各路水军中的特例。他们敏锐、强悍，富于行动力，又有着其他海民都汗颜的精湛航海技巧。他们并不从属于任何藩政权，却总能紧跟时代的潮流，得到历代当政者的青睐，在政权更迭频繁的乱世之中稳固地持续了300年以上的自主自治。

---

① 網野善彦「中世瀬戸内海の海民」，森浩一、網野善彦、渡辺則文『瀬戸内の海人たち―交流がはぐくんだ歴史と文化』，中国新聞社，1997年，125ページ。
② 《信长公记》是一部半传记式的回忆录，主要描写关于日本战国时代名将织田信长与其父织田信秀的生平事绩，由织田信长旧将太田牛一所著。
③ 山内譲「瀬戸内水運の興亡―島々の役割を中心として」，網野善彦等（編）『海と列島文化　第九卷　瀬戸内の海人文化』，小学館，1991年，348~349ページ。
④ 山内譲「瀬戸内水運の興亡―島々の役割を中心として」，網野善彦等（編）『海と列島文化　第九卷　瀬戸内の海人文化』，小学館，1991年，347ページ。

盐饱群岛是位于冈山县与香川县之间的 28 个岛屿的总称，属于备赞群岛的一部分。这里潮流复杂，海中漩涡众多，人称"潮涌之海"。盐饱这个名称最早出现在《藤原忠通书状案》中，根据文献记载，盐饱群岛在平安末期是摄关家藤原忠通的家族庄园之一。[1] 盐饱群岛上的岛民造船技术优良，航海技术精湛，自古以来从事海盗活动。

平安时代末期，武士阶级兴起后，他们就与武士结合，成了在海上兴风作浪的武装集团，这个集团的名字就叫盐饱水军。盐饱水军的历史可谓源远流长，从古代直到近代，都活跃着他们的身影。自从南北朝以来，盐饱水军每每都能成功地与当时的掌权者建立起密切且十分直接的关联。1335年（建武二年），足利尊氏在镰仓举事，盐饱水军就是足利尊氏在海上的最主要支持者；室町时代，盐饱水军支持大内氏，并利用自身优越的航海技术，乘着大内氏在和细川氏争夺向明朝派遣勘合贸易船的特权之际，顺势在对明朝的贸易中大展身手，同时也顺便从事倭寇活动，他们的头目还因此得到了"倭寇大将军"的称号。

到了战国时代，盐饱水军先后追随了织田信长和丰臣秀吉，承担运送食粮的任务。他们航海技术卓越，即使遭遇暴风雨袭击，其他船队纷纷返航，盐饱水军的船队依然能平安抵达目的地。1590 年（天正十八年）丰臣秀吉因感盐饱水军在运粮上的功绩，特赐盐饱诸岛 650 个水手朱印状，并赐 1250 石的领地。此外这些盐饱水军还获得了自治权、渔业权，允许他们对近海渔船征收年贡。[2] 到了江户时代，盐饱水军就成了幕府的御用船夫和御用水军，并对北前船航线的开通做出了巨大贡献。这样的情形一直保持到近世德川幕府的末年。

（一）人名制的自治体制

盐饱最大的特点就是在那个严格幕藩体制的德川幕府时代，成了全国唯一例外的、不属于任何藩政权的自治地方实体，他们所实行的制度被称作"人名制"。这种自治体制具体说来，就是从盐饱群岛的 650 人的居民当中，选出 4 个年长者，组成一个被称作"盐饱勤番所"的政府机构，来共

---

[1] 该文献系奈良县天理市大学附属图书馆藏书。转载自以下文献：山内譲「瀬戸内水運の興亡―島々の役割を中心として」，網野善彦等（編）『海と列島文化　第九巻　瀬戸内の海人文化』，小学館，1991 年，353 ページ。

[2] 山内譲「瀬戸内水運の興亡―島々の役割を中心として」，網野善彦等（編）『海と列島文化　第九巻　瀬戸内の海人文化』，小学館，1991 年，353 ページ。

同协商决定盐饱群岛的政治事务，实行轮班管理，对各浦的庄屋实施自治。这650个获得封地、享有自治的居民不是拥有众多领地和部下的"大名"武士，也不是没有名气的"小名"武士，而是可以世袭的"人名"。换言之，"人名"是一种类似于"大名"的身份地位代名词，拥有这一地位的人可以坐拥一定数量的领地，可以向周边海域的渔船征收年贡，还可以让后代世袭这一地位，可谓极大的特权和荣耀。①

但当权者赋予盐饱水军以这份殊荣显然是有原因的。无论是丰臣秀吉还是德川家康，这些统治者显然都看到了盐饱水军卓越的海运能力，因此才以优厚的待遇命令这些岛上的船夫们成立组织，自行运作，由此更使得盐饱水军的海运优势获得了持续发展的基础。盐饱水军跨越了整个江户时代，直到近代，这一脉络依然在传承着。

盐饱水军的优势不仅在于这些拥有精湛航海技艺的船夫，也包括他们卓越的造船技术。一份名为《兵库北关入船纳账》的文献中，有着1445年（文安二年）1月到1446年（文安三年）1月为止的一年多时间中船舶出入兵库北关②的记录和所交赋税的记录。其中有一条记录显示，以盐饱群岛为船籍所在地的船舶在这一年多的时间里入关达37次。③ 这一年多的时间里，在所有进入兵库北关的船舶当中，按照船舶的船籍所在地来分类，共有来自一百多个不同港湾的各种船舶，如果把这些船舶按照不同港湾船籍地来分类计算入关数，那么37次入港记录是排在一百多个港口中的第15位。以盐饱群岛这样的弹丸之地竟能进入前15%，足见当时盐饱籍船从事水上运输业的频繁活跃程度。记录显示，这些盐饱船运的最多的是盐，其次是大麦、米、豆等。船的吨位也不一，小到三十石，大至四百石，各种吨位的都有。其中，一百石吨位的船舶入关次数就有21次。④ 可见在那个时期的盐饱群岛，使用在当时看来超大型的船舶运输货物已经是常有的事。从当时濑户内海的整体情况来看，这一点是比较特殊的。

---

① 山内譲「瀬戸内水運の興亡─島々の役割を中心として」，網野善彦等（編）『海と列島文化　第九巻　瀬戸内の海人文化』，小学館，1991年，353ページ。
② 摄津国兵库津设有南北两个关卡，北关就是指其中的北部关卡。
③ 山内譲「瀬戸内水運の興亡─島々の役割を中心として」，網野善彦等（編）『海と列島文化　第九巻　瀬戸内の海人文化』，小学館，1991年，354ページ。
④ 山内譲「瀬戸内水運の興亡─島々の役割を中心として」，網野善彦等（編）『海と列島文化　第九巻　瀬戸内の海人文化』，小学館，1991年，354ページ。

（二）盐饱船的商船化

大约在1577年（天正五年），织田信长在丰臣秀吉之前，就已经给盐饱群岛颁发过一次《朱印状》了，织田信长的这份《朱印状》中写道："对进出堺港的盐饱船，无论其在航海或是在停泊，必须与之保持75寻①的船距。如有船只不守此律，则应处罚。"②《朱印状》中所提到的堺港，就是前文提到过的堺市，这里在15世纪中叶就已经是日本重要的海外贸易港了，可见在当时，盐饱群岛的船只已经从岛上渔民的运输船转变成商船。只不过，当时的渔船还只是刚刚步入商船化阶段，船体本身还不算大。在丰臣秀吉征伐九州岛的时候，被派去运送物资的盐饱船共十艘，每艘船能乘坐五十人，船上配备水手五人，③船体大小由此可知。

到了丰臣秀吉统一列岛，日本进入和平时期之后，在大阪湾沿岸、淡路岛、小豆岛、盐饱群岛等地都开始了回船的建造。只不过，这个时期大型回船虽然已经出现，数量却极少。大型回船是在进入近世之后，又过了一段时间，才开始获得大量建造的。

第四节　盐民

在古代的濑户内海海岛上，很早就有了制盐业。此后，海盐制造法经历了最原始的"直煮制盐法"，到古代末期的"藻盐烧制法"，中世的"扬浜式盐田制盐法"，到近世的"入浜式盐田制盐法"，再到近代的"流下式盐田制盐法"，最后被现代"离子交换膜制盐法"所取代，属于濑户内海上最古老的海洋生业之一。④

经历了古代制盐技术的漫长摸索，随着技术的改善及由此带来的效率的提升，到了中世时期，制盐业在濑户内海已然十分兴盛，许多海岛把制盐业当成第一产业。当时，在濑户内海沿岸地区及海岛上，缴纳地租的形式有多种，有的直接缴纳大米等农作物；有一些产纸名地，如备中国则是

---

① 1寻相当于1.8288米，75寻合137.16米。
② 织田信长颁发给盐饱群岛岛民的《朱印状》，目前陈列于盐饱群岛本岛的盐饱勤番所内。
③ 宫本常一「小豆岛・塩饱诸岛の廻船业」、宫本常一『海に生きる人々』、未来社、1964年、171ページ。
④ 几种制盐法的详细解释见"第一章、第三节、三"。

用纸张来缴纳租税的；安芸国的三角野村等村落甚至用铁来交租；而濑户内海上的许多海岛，如小豆岛、因岛、向岛、弓削岛、岩城岛、生名岛等，则是用海盐来交地租。日本学界有些学者认为，像这些用农作物之外的各种物品来缴纳地租的百姓，通常是因为农田太少，没办法，只能烧盐、造纸、炼铁，因此得出结论，说这些地区是农业生产力低下的贫困地区。但近期的研究逐渐推翻了这些观点。比如日本海民史学家网野善彦就指出，像上述这些濑户内海海岛上的居民，自古就是烧盐的专家。比如弓削岛，由于该岛四周潮涨潮落幅度较大，雨水少，日照时间长，地理条件十分适合制盐，因而盐业早在平安时代末期就已实现庄园化生产，并用海盐缴纳地租。弓削岛上的百姓也绝不是无田可种、不得已谋副业的农民，而是专业的制盐民，农业倒沦为了他们的副业。[1]

话说回来，大家之所以会理所当然地认为，用来交地租的就该是大米，实际上也是事出有因的，因为当时的赋税都是以农田为基准来制定的。也就是说，收租的官吏表面上出具的是缴纳米麦的文书，实际上收取的却是盐。比如在弓削岛上，百姓主要从事制盐，又因为自古织网技术卓越，因此兼做捕捞鲷鱼等网渔业，故而这里的海民也被称为"网人"；同时，岛上百姓也把种植米、麦等农作物当作副业。弓削岛上收租的官吏便和当地百姓签订缴纳契约，写明官方将米和麦借贷给这些百姓，称作"盐手麦"和"盐手米"，并规定"来年夏天晒盐时用盐返还"。[2] 其实，这些大米麦子是百姓自己从事农耕副业收获的，却被当作官家借给他们、用以缴纳食盐的名目。契约不仅巧立名目，且极为苛刻，虽说没加利息，但却明文规定，届时如无法缴纳上供的盐，就要用孩子来"抵债"。

渡边则文的《日本盐业史研究》和山内让的《弓削岛庄的历史》都曾介绍过当时弓削岛上的制盐庄园内的庄人们为了请求减免缴纳地租的盐，联名状告国司的政务所官员，后又四散溃逃的情形。山内让的著作中还提到了收取盐庄盐税的地方官们，其中有些实在精明透顶，竟然到伊予国其他地方收购廉价盐，来代替弓削岛的优质盐当作贡品运往京都，转手再把

---

[1] 網野善彦「中世瀬戸内海の海民」，森浩一、網野善彦、渡辺則文『瀬戸内の海人たち——交流がはぐくんだ歴史と文化』，中国新聞社，1997年，95~96ページ。

[2] 網野善彦「中世瀬戸内海の海民」，森浩一、網野善彦、渡辺則文『瀬戸内の海人たち——交流がはぐくんだ歴史と文化』，中国新聞社，1997年，97ページ。

弓削岛的海盐高价卖掉，从中谋利。① 连官员们都想跻身这个行当，甚至不惜冒着上供造假的嫌疑，这足以说明买卖海盐的商业在当时的濑户内海相当盛行。

到了镰仓时代的末期，海盐的商品化发展已经相当迅速，甚至出现许多运送海盐的商船假冒进贡船，以逃避关税的情形；与此同时，一些海民也靠着运输海盐为职业，愈发活跃起来，他们被称作"梶取"，是盐庄的庄园主从当地百姓中挑选出来，专门委以运盐重任的海民。"梶取"不是到了镰仓时代才有的，在古代，地方上运输官方物资时，就会雇佣一些渔民来充当水上运输的徭役；到了10世纪前后，官方物资的运输开始比较固定地承包给这些被称作"梶取"的水上运输业者。② 因为濑户内海上潮流不定，漩涡很多，所以这项任务应该是比较沉重的。

在濑户内海海域中，弓削岛原本就是较早实现了海盐的庄园化生产的地方，因此这一时期就自然成了濑户内海上的海盐运输中心，从弓削岛出发的运盐船一般先向北航行，前往当时囤积庄园物资的集散中心尾道港，或是经停濑户内海上的重要中转港——鞆港③，然后转而向东行驶，一般要经过备赞群岛，横穿播磨滩，进入明石海峡。这条航线和平安时代末期、高仓院一行乘坐游船前往严岛参拜的航线几乎一致，而区别则是，"梶取"掌舵的小型运盐船不同于高仓院所乘大型宋船，航行途中常常会遭遇海难。尤其是播磨滩，属于濑户内海上的海难频发地。加之运盐的季节通常是在完成晒制海盐的夏季之后的秋冬季，在那个时代里，运盐船在途中遭遇风浪，造成海盐货损都是再寻常不过的轻微海难，船毁人亡的悲剧并不少见。海盐运往京都的全程包括海运，以及此后的陆运。一般运盐船会停泊在淀港④，海盐在此卸船，再由人力车运往京都。⑤ 整个旅途大约持续一个月，可谓漫长。

---

① 網野善彦「中世瀬戸内海の海民」，森浩一、網野善彦、渡辺則文『瀬戸内の海人たち――交流がはぐくんだ歴史と文化』，中国新聞社，1997年，98ページ。
② 网野善彦：《日本社会的历史》，刘军、饶雪梅译，社会科学文献出版社，2012，第123页。
③ 现广岛县福山市。
④ 位于京都府京都市伏见区西南部地域，地处淀川水系的宇治川与桂川之间。
⑤ 山内譲「瀬戸内水運の興亡――島々の役割を中心として」，網野善彦等（編）『海と列島文化　第九巻　瀬戸内の海人文化』，小学館，1991年，342ページ。

第五节　捕鲸业渔民

　　捕鲸业渔民也是渔民，但这些秉承特定传统集体捕猎的海上捕捞业者有着绝不同于其他任何海民、当然也不同于从事普通渔业渔民的特点，捕鲸业渔民是濑户内海海民群体中需要单独提到的群体。

　　日本对列岛周边近海洄游鲸鱼加以渔猎的历史已经非常悠久。日本近海暖流与寒流交汇频繁，浮游生物充足，渔业资源丰富，因此是鲸鱼洄游的必经之路。在北海道函馆市发掘出的绳文时代中期（公元前 2500 年）的遗迹中，就发掘出了一种鱼身虎头的名为"鯱"的陶俑。① 据研究，阿伊奴族人②正是对这种陶俑加以祭拜，用以祈求鲸鱼的到来。这样的祈愿形式恰好反映了日本古代捕鲸活动的基本形态。在那些没有发达渔具和捕鱼技术的岁月里，主动出海捕鱼几乎不可能做到，人们只能等待着有鲸鱼接近岸边，然后再一拥而上，将其捕获瓜分，分得的鲸鱼只在小部分人圈子里进行内部消化。绳文时代的遗迹中，还发现了一种特殊的鱼叉，名为"回旋叉"。据考证，这些鱼叉很可能就是用来捕猎鲸鱼的。但《大和本草》却有着不同的记载，说当时捕鲸用的是弓箭。③ 16 世纪后期，日本列岛的海边渔民开始用长矛捕鲸，直到 16 世纪末，鱼叉和渔网才逐渐被利用起来。

　　捕鲸业在南北朝到室町时代末期的这段战乱岁月里开始进入繁荣期，并逐步走向产业化，直至江户初期。反复无常的战争孕育了大量的海盗团体，水军的技战术水准也得以大幅提升。在海战中，驾船技术日益发达；在船上使用枪、矛、叉等武器的技术也日益纯熟，这些都成了捕鲸业发展不可或缺的动力。在南北朝时期的前后，开始有了鱼叉的原型；后来进入室町时代，又逐渐进化出刺网，从而使得古代原始的用手投掷标枪等猎杀鲸鱼方式发生了根本性改变，鱼叉配合刺网的捕鲸法被称为"突取式捕鲸法"。④ 自此，捕鲸变得容易起来，鲸鱼所能带来的利益促使捕鲸活动开始

---

① 石田好数「列島の捕鯨文化史」，網野善彦等（編）『海と列島文化　第十巻　海から見た日本文化』，小学館，1992 年，245～246ページ。
② 生活在日本北海道的少数民族。
③ 宮本常一「捕鯨と漁民」，宮本常一『海に生きる人々』，未来社，1964 年，144ページ。
④ 石田好数「列島の捕鯨文化史」，網野善彦等（編）『海と列島文化　第十巻　海から見た日本文化』，小学館，1992 年，249～250ページ。

日益活跃。

室町时代末期，专业捕鲸人开始从小规模的渔猎活动逐步转向组织化，"突取式捕鲸法"也开始逐渐由镰仓向京都乃至整个西日本地区传播，同时也向关东等全国各地传播而去。尾张国的渔民把"突取式捕鲸法"带到了伊势、志摩、纪州等伊势湾沿岸，进而又到达日本海沿岸的丹后、谢海、但马等地，以及九州、四国等西日本各地。1596年至1615年间，捕鲸船队开始组成各种捕鲸队，以"鲸组"这种大规模的捕鲸集团为单位实施有组织的捕鲸活动。尾张和纪州正是这些"鲸组"的发祥地。① 突取式捕鲸法相比近世时期的网取式捕鲸法远没有如此出名，且技术也较为简单，所以被引进到各地的过程也并没有显著的迹象可循。但无论过程怎样，中世时期的环濑户内海地区很显然已经引进了这种捕鲸技术，并形成了名为"鲸组"的捕鲸队。

"鲸组"的发展繁荣期也要到近世之后才出现，但这样的船队合作捕鲸形式却是始于中世末期的突取式捕鲸法时期。这一时期的主要"鲸组"所在地包括纪州太地浦、高知县的土佐、九州北部玄界滩的壹岐岛和对马岛、九州最西部的五岛列岛有川湾、九州长崎县西南部西彼杵郡的大村、九州岛长崎县北部的平户和生月，以及位于日本海沿岸的丹后伊根浦和长州藩的濑户崎浦及通浦。② 这些地区中，纪州太地浦位于和歌山县南部，属于濑户内海的东端；高知县的土佐位于四国的西南角，属于濑户内海的南部外围地区；九州的几个地区都属于濑户内海的西端。因此，除了位于日本海沿岸的几个地区外，大部分"鲸组"产生地都位于环濑户内海地区，因此，严格来说，这些地方的捕鲸业渔民也应被视作濑户内海的海民群体加以研究。

纪州的太地浦是古代捕鲸的发祥地，那里的捕鲸队被称作"刺手组"，是1606年（庆长十一年）由和田赖元③在泉州堺④的浪人伊右卫门、尾州师崎的传次的帮助下成立的。和田赖元原系武士，他把水军技战术运用到了

---

① 石田好数「列島の捕鯨文化史」，網野善彦等（編）『海と列島文化　第十巻　海から見た日本文化』，小学館，1992年，250ページ。
② 石田好数「列島の捕鯨文化史」，網野善彦等（編）『海と列島文化　第十巻　海から見た日本文化』，小学館，1992年，251～256ページ。
③ 也称和田忠兵卫赖元，一般称其为和田赖元。
④ 即现在的大阪府堺市。

捕鲸活动中，从而开创了捕鲸队的组织化捕鲸法。捕鲸队的成立不仅使纪州太地浦实现了捕鲸的组织化，也最终使得捕鲸业走上了产业化的道路。泉州堺是战国末期到近世初期的水军聚居地，知多半岛的师崎自古就是捕鲸之地。因此，日本渔业史学家石田好数推测，伊右卫门很可能是战国末期的某地水军领袖，而传次则很有可能是一位以捕鲸为生的资深渔夫。①

当时共有五组"刺手组"渔船队活跃在当地近海，从事捕鲸事业。"刺手组"，顾名思义，就是用鱼叉来刺杀鲸鱼，并将其捕获的组织。在和田赖元创立刺手组之时，一个刺手组由四艘到五艘捕鲸船组成，每艘船配有水手七八人。捕鲸船一般船型坚固而轻巧，以便能在波涛汹涌的大海中穿梭自如。这些"刺手组"的主要猎物是巨头鲸，有时为了挑战捕猎体型较大的抹香鲸，会五个刺手组联合出动。但较抹香鲸更大型的白长须鲸和长须鲸等巨鲸显然不在这些刺手组的渔猎范围之内，因为十艘到二十艘小船根本拖不动巨型鲸鱼的尸体。

土佐地区的捕鲸历史出自《土佐藩渔业经济史》中的记载，1624 年（宽永初年），津吕地区②的住民多田五郎在津吕和椎名设置渔场，并在 1629 年前后达到最盛，此后衰落，直至 1642 年被迫停业。在最盛时期成立的鲸组名为"尾池组"。据记载，当时有位尾张人尾池义左卫门到土佐来做代官③，看到海上有出没的鲸鱼，便通报了本国尾张的尾池四郎右卫门。这位富有捕鲸经验的四郎右卫门于 1652 年（庆安四年）率领六艘捕鲸船来到土佐，经义左卫门介绍、当地藩主许可，在海边山上建起瞭望所，侦察鲸群的活动，并在东西两侧各设下鱼箦，在冬春两季轮班监视鲸群，实施捕鲸。这一年冬去春来，他共捕鲸鱼三头。这个鲸组因他们的领袖尾池义左卫门而得名，就叫"尾池组"。④

九州北部玄界滩的壹岐岛是纪州的突取法较早传播到的地区。据《胜本町渔业史》记载，当时这一海域的捕鲸方法是由四到十五艘船把鲸鱼围住，由正面攻击，最后由一群被称作"刃刺"的捕鲸渔民投掷鱼叉制伏鲸

---

① 石田好数「列島の捕鯨文化史」，網野善彦等（編）『海と列島文化　第十卷　海から見た日本文化』，小学館，1992 年，251ページ。
② 即现在的高知县室户市室户岬町。
③ 代官指世族子弟为官者。
④ 石田好数「列島の捕鯨文化史」，網野善彦等（編）『海と列島文化　第十卷　海から見た日本文化』，小学館，1992 年，252~253ページ。

鱼。壹岐岛上封建制度根深蒂固，坚持农业为本，使得当地住民受缚于土地，不得随意出海，所以当地人在捕鲸生产中不过是提供了资本和渔场，实际的捕鲸事业是其他地区的人在共同经营。1615 年至 1624 年（元和时期），有来自播州的横山五郎兵卫组。到了 1624 年至 1645 年（宽永时期），大村藩的深泽伊太夫・义太夫组、唐津藩的明石善太夫组、吉村五郎卫门・山川久悦组也加入进来。1648 年至 1652 年（庆安时期），又有住在长崎县平户地区的吉村庄左卫门组参与进来。1661 年至 1673 年（宽文时期），同是来自长崎县平户地区的网屋总左卫门、吉村、谷川、江口、矶部、兵库县明石的播磨屋、长崎县濑户的松屋、松浦屋、大村的深泽等鲸组也参加了进来。① 这个岛上的捕鲸组后来组成了一个共同的大组，为捕鲸业在进入近世之后的繁荣奠定了基础。

九州其他地区的鲸组中，对马岛由于离壹岐岛比较近，因此得以在 1673 年至 1681 年（延宝年间）从壹岐岛找来了担任"刃刺"的捕鲸渔民，在捕鲸活动中开始采用突取法。在五岛列岛地区，在 1644 年至 1652 年（正保、庆安年间），捕鲸队数量已经超过 10 组。大村地区的突取法捕鲸始于 1673 年（延宝元年）。平户地区有组织的突取式捕鲸法开始得比较晚，大约在 1725 年（享保十年）组建了叉刺捕鲸组。②

由此可知，在日本捕鲸业的古代与中世时期，濑户内海地区捕鲸活动的中心主要集中在濑户内海东、西、南端的伊势湾，南海道沿岸和九州西北海域。这些地区大致从战国末期之后，都先后设立了捕鲸队，进行突取式捕鲸。虽说这些地区的突取式捕鲸法基本都发祥于伊势湾，但又各自因地制宜地对这一方法进行了改进。

中世时期，九州西部有很多以船为家的渔民，但此后，随着捕鲸业越来越兴旺，附近家船组成的渔民部落走向了解体，诸如壹岐岛的小崎浦、五岛列岛最北端的宇久岛的平、小值贺岛的笛吹③这些地区的海人部落都分别到了适合的地区开始定居，家船社会开始日渐解体。自此，在当地的很多渔村中，男性专注于捕鲸，女人则从事潜水。家船民虽然直至近代依然

---

① 石田好数「列島の捕鯨文化史」，網野善彦等（編）『海と列島文化 第十巻 海から見た日本文化』，小学館，1992 年，253～254ページ。
② 石田好数「列島の捕鯨文化史」，網野善彦等（編）『海と列島文化 第十巻 海から見た日本文化』，小学館，1992 年，254ページ。
③ 小崎浦、平、笛吹都是各岛上的地名。

有少量留存，例如濑户、蛎浦和崎户地区，这些渔民也参加捕鲸队，但家船的形态依然保存了下来，只是在上述地区，大部分家船渔民都加入了捕鲸队伍，家船群体到了江户时代的末年已经非常稀少。进入明治时期，大多数家船民都转向了船运业。①

---

① 宫本常一「捕鯨と漁民」，宫本常一『海に生きる人々』，未来社，1964年，148ページ。

第四章 近世濑户内海的海民群体

进入近世，濑户内海的海民群体所从事的海洋生业，早已不仅是谋生的手段，更是发家致富的途径。因此，这片内海中从事贸易、捕捞、海运的各种海民群体之间有了更明确的界限，各个群体内部也有了更细致的分工，更系统的结构。同时，海民的经济活动所产生的越来越大的利益，也使得他们成为各方利益集团争相拉拢、管理和控制的对象。

第一节 渔民

渔民是环濑户内海地区中历史最古老，同时也是发展最充分的海民群体。到了近世时期，渔民的捕捞业已渐趋繁荣，渔民们的活动已经到了需要重新建立规范制度的新时期。

一 趋向繁荣的渔业生产

濑户内海的渔业经历了中世时期的发展后，在步入近世之际，纪伊国[①]渔民已经在渔猎时使用比较高效的沙丁鱼网和鲷鱼网了。当得知濑户内海地区还没有像他们这样先进的渔业技法时，这些渔民便开始向濑户内海西部海域迁移，以期利用自己比当地渔民更为高超的技法，来获得更多的渔业资源。但从结果来看，纪州渔民的西迁正是这些渔业技法向濑户内海传播的过程，濑户内海当地的渔民由于学习了这些技法，开始自主发展渔业技术，从而迎来了近世濑户内海地区的渔业繁荣期。

渔业技法的传播主要围绕鲷鱼网和沙丁鱼网两种网鱼技法展开。庆长（1596～1615年）末年，纪州盐津浦[②]的渔民开始在濑户内海地区的赞岐国

[①] 就是纪州。
[②] 位于现在的和歌山县。

使用鲷鱼网从事捕捞活动，主要地域集中在小豆岛和丰岛①。那个时期，纪州渔民在小豆岛附近海域打鱼还要给岛上的土庄村支付渔场使用费。自1643年（宽永二十年）起，纪州渔民暂时退出这片海域，直至1649年（庆安二年）又有纪州渔民出现。此后，1652年至1657年（承应至明历年间），濑户内海丰岛上的甲生村渔民开始仿效纪州渔民，使用鲷鱼网进行捕捞。不过丰岛渔民的技术显然不过关，尽管预备了大型的鲷鱼网，渔获量依然不高，反而因为筹备大渔网欠下了巨额债务。所以，这段时期，当地渔民总体而言更愿意向纪州渔民出租渔场。纪州渔民因此得以在赞岐国的大槌岛和香西浦之间的榎股，以及大槌岛和小与岛之间的中住濑等鲷鱼资源丰富的渔场从事渔捞生产。②

不过纪州渔民往往要为这种独占经营向当地领主和村落支付价值不菲的渔场使用费，并且还动不动就被当地渔民或领主赶出去。比如纪州渔民在备中国的真锅岛③海域打鱼时，需向当时的岛领主福山藩支付516文银钱④，其中58文是支付给真锅岛的。尽管使用费不低，但真锅岛上的渔民还是觉得让外人在自己眼皮子底下打鱼是件窝囊事，因而拒绝再外租渔场。另外，在备前国的儿岛郡日比村⑤，纪州渔民曾在1618年至1647年（元和四年至正保四年）独占了这片海域的鲷鱼捕捞业。但这段时期过后，当地领主冈山藩下令只准当地渔村捕鱼，于是鲷鱼捕捞权又落到了儿岛郡胸上村渔民的手中。不过，纪州渔民并没有因为捕鱼被禁就此收手，此后也一直有纪州渔船陆续出现在濑户内海盛产鲷鱼的海域。⑥

此外，伊予国大岛的友浦海域⑦，以及位于燧滩中央的鱼岛海域⑧也是17世纪初鲷鱼网捕捞业繁荣地区。特别是鱼岛，在整个近世，直至近代，一直都是濑户内海的鲷鱼网捕捞中心地。这与当地地理环境有关。每年的

---

① 位于现在的香川县。
② 定兼学「紀州漁民の瀨戸内進出」，山口徹（编）『瀨戸内諸島と海の道』，吉川弘文館，2001年，91ページ。
③ 位于现在的冈山县。
④ 货币单位，贯的千分之一。
⑤ 位于现在的冈山县。
⑥ 定兼学「紀州漁民の瀨戸内進出」，山口徹（编）『瀨戸内諸島と海の道』，吉川弘文館，2001年，92ページ。
⑦ 位于现在的爱媛县宫洼町。
⑧ 燧滩是濑户内海中南部海域名称，鱼岛则位于这一海域的中央位置。

八十八夜①这个节气的前后，鲷鱼从远洋洄游至此，经纪伊水道、丰后水道，来到鱼岛附近产卵，渔民因此可以大获丰收。时至今日，濑户内海各地仍然管盛产鲷鱼的季节叫"鱼岛来了"。②

除了鲷鱼网鱼业之外，沙丁鱼网鱼业的传播与兴盛是近世濑户内海渔业的一大亮点。不过，沙丁鱼网鱼业和鲷鱼网鱼业所不同的是，鲷鱼本身价值不菲，因而鲷鱼业才会盛行，而沙丁鱼业的兴盛，则主要是因为中世末期开始，濑户内海及列岛各地大兴棉花种植业，需要大量的沙丁鱼来做肥料。公元1636年（宽永十三年），有位来自纪州盐津浦的渔民名叫平右卫门，他到了濑户内海上位于安艺国的宫岛以南的阿多田岛③，并给当地渔民带来了沙丁鱼大网技术。纪州渔民的这种沙丁鱼网的使用方法十分特殊，要操纵撒网渔船在海面上转圈，再在海中捞取。这种捕捞法可以根据海中沙丁鱼群的实际情况随机应变，因此远比当地渔业技法来得高效。当地领主得知后立即下令，要阿多田岛的渔民学习，称纪州沙丁鱼网是"国之重宝"。当地渔民随即拜平右卫门为师，学习沙丁鱼网，阿多田岛的经济状况也随之好转起来。④

除了纪州渔民之外，还有播磨国的坂越村⑤也是沙丁鱼网向濑户内海的传播源头之一。1636年（宽永十三年），坂越村有个名叫与七郎的渔民，在沿濑户内海向西航行的途中，为了等待潮信停泊在伊予滩上的青岛⑥，发现这里沙丁鱼资源丰富，于是向当地领主大洲藩申请，在此地从事沙丁鱼的捕捞与开发。得到许可后，他就把坂越村的家人连带船工共16户一起迁到了青岛。⑦ 此外，另据记载，宇和海地区⑧的沙丁鱼大网技术是从淡路国的

---

① 阴历立春后的第八十八天。
② 定兼学「紀州漁民の瀬戸内進出」，山口徹（編）『瀬戸内諸島と海の道』，吉川弘文館，2001年，93ページ。
③ 属于现在的广岛县大竹市。
④ 河岡武春「海の民」，平凡社，1987年。转载自以下文献：定兼学「紀州漁民の瀬戸内進出」，山口徹（編）『瀬戸内諸島と海の道』，吉川弘文館，2001年，93ページ。
⑤ 位于现在兵库县的赤穗市。
⑥ 又名马岛，位于现在的爱媛县。
⑦ 武智利博「愛媛の漁村」，愛媛文化双書刊行会，1996年。转载自以下文献：定兼学「紀州漁民の瀬戸内進出」，山口徹（編）『瀬戸内諸島と海の道』，吉川弘文館，2001年，94ページ。
⑧ 位于现在的爱媛县。

福良浦①传来的。②

不过，纪州渔民所带来的先进的沙丁鱼网鱼业也和鲷鱼业一样，遭到过当地渔民的抵触。例如在周防国的屋代岛安下浦地区③，在纪州渔民把沙丁鱼大网技法带来之前的1610年（庆长十五年），有渔户41户，小型沙丁鱼网12张。④ 可见这里原本就有自己的沙丁鱼网渔业，只不过使用的是渔获量较低的小网。到了1638年（宽永十五年），纪州盐津浦渔民也把大网技法带到了此地。大量捕捞的结果是沙丁鱼群不再靠近安下浦，当地渔民随即告到了当地领主荻藩那里。1642年（宽永十九年），藩主下令，禁止外地渔网在安下浦渔场从事捕捞。

二　渔业技法及渔业资源的多样性

近世濑户内海地区的渔业堪称多样化。这个时期，不仅内海地区主要的渔业技法有17种，且捕捞对象的种类也趋向多样化。但无论是渔业技法的日渐细化，还是作为捕捞对象的鱼类资源种类的日见繁多，都可以从渔网的多元化中看出来。

这一时期，濑户内海地区渔民所使用的主要渔网的情况，大体可以归纳如下。第一，鲷鱼围网，顾名思义，主要用来捕获鲷鱼，用于三、四、五月。鲷鱼围网是由网衣和网索构成的长带形或囊形的大型网具，需要两艘渔船固定网的两端，将鱼群围住，逐渐缩小包围圈，最后抽紧网下端的绳索。该捕捞方法主要用以围捕鲷鱼。

第二，沙丁鱼网，主要用来捕获沙丁鱼，用于八、九、十月，这三个月是沙丁鱼的捕获季节，需要根据鱼类洄游情况，灵活调整渔网类型。具体来说，捕获沙丁鱼的渔网主要采用卷网捕捞、刺网捕捞、地拉网捕捞等方法。

第三，沿岸底拖网，用于六月到十月间，捕获鱼类种类很多，在六月到九月间，主要用来捕捞秋季鲷鱼、竹荚鱼、小杂鱼类；在八月到十月间，

---

① 位于兵库县南淡町。
② 『愛媛県史·近世　上』。转载自以下文献：定兼学「紀州漁民の瀬戸内進出」，山口徹（编）『瀬戸内諸島と海の道』，吉川弘文館，2001年，94ページ。
③ 位于现在山口县的橘町。
④ 『橘町史』。转载自以下文献：定兼学「紀州漁民の瀬戸内進出」，山口徹（编）『瀬戸内諸島と海の道』，吉川弘文館，2001年，94ページ。

则主要用来捕捞舌平目①、偏口鱼、章鱼、虾、海鳗等。主要由一个袋状网和两侧的袖网共同组成，袖网两端连接两边的渔船，依靠渔船牵引海底的渔网，以捕获海底鱼类。

第四，近海底拖网，主要用于一月，以及四月到十二月，捕捞牛尾鱼、墨鱼、星鳗、章鱼和小虾等，原理和沿岸底拖网类似，主要在离海岸线较远的近海海域使用。

第五，定锚拖网，使用季节主要是十月到第二年的二月前后使用。这段时间气候寒冷，属于相对的渔闲期，捕捞对象十分广泛，主要包括虾虎、墨鱼、星鲨、短鳍红娘鱼、鳢鱼、海参、鲟鱼，捕捞方法简单说来就是用船锚固定住船，用手拉网。其他的渔网还有很多，例如捕捞泥猛鱼的鲇鱼网、捕捞海虾和海参的拖曳网、捕捞海胆的海胆网等。②

由此可见，濑户内海海域一年四季都能看见从事渔捞的渔民身影，他们使用花样繁多的各种渔网，竭尽所能地对濑户内海的海洋生物资源进行利用。

三　渔民活动范围的广泛性

进入近世时期，濑户内海上的渔民随着渔网技术的改进，捕捞效率逐步提升，渔业资源日渐丰富；并且，随着渔民对鱼类等的洄游习性、潮流的走向有了更多的了解，这样的捕捞生产也有了更多时间上的规定性，少了随意性，渔捞活动中的合作性也大大加强。这一时期渔民活动的另一个特点就是活动领域日趋广泛，并由此催生了更多的批发、运输、物流集散方面的产业形成，并逐步走向规模化和系统化。

近世中期之后，安艺国的渔民成了名副其实的漂泊渔民，他们以捕鱼为业，一年之中的大部分时间都生活在船上，且通常拖家带口，一起漂泊在各个海域之上，捕捞上来的海产品会就近卖给周边村民。虽说这些渔民的户籍始终保留在家乡，但他们的足迹已遍布濑户内海的一百余个村落。③渔业史专家羽原又吉称他们为"漂海民"，可谓实至名归。

不过，漂泊并不意味着自由。实际上，这些漂海民到了各海域打鱼，

---

① 比目鱼的一种。
② 定兼学「多彩な漁法」，山口徹（編）『瀬戸内諸島と海の道』，吉川弘文館，2001年，95~99ページ。
③ 河岡武春「海の民」，平凡社，1987年。转载自以下文献：定兼学「広域な活動と交流」，山口徹（編）『瀬戸内諸島と海の道』，吉川弘文館，2001年，99~100ページ。

还是要给当地支付渔场使用费的。公元1679年（延保七年）7月，小豆岛土庄村的村民就曾给藩主递交过一份请愿书，大体上是说，安艺国二窗浦的渔民们一直都支付捕捞费，在当地捕鱼，今后，当地村民也会支付同等额度的捕捞费给领主，希望禁止安艺国渔民的捕捞许可。① 当地村民的请求没有如愿。村民们请愿之后，安艺国的渔民并没有马上离开，而是在备前国儿岛郡的田井村建了座小屋，一直以这个临时寄居所为根据地，进行简陋的手拖网操作，并向直岛和小豆岛支付税银，以换取捕捞的许可。这个状态一直持续到1683年（天和三年）为止。② 由此可知，漂泊渔民的捕捞行为谈不上自由自在，他们每到一地，都要向当地领主缴纳渔场使用费。

  到了18世纪初叶，情形有了一些改变。当时，江户幕府开始向中国出口干海参，必须依靠渔民潜入海中捕捞新鲜海参上来再晒干。因此，幕府便向全国各地渔村摊派，命令大家完成捕捞海参并晒干的任务，而且只肯以低廉的价格来收购干海参。濑户内海海域的渔村接到任务后便不再允许能地、二窗浦的渔民在当地捕捞鱼类，而是令他们承担捕捞海参的工作，来代替当地完成这项幕府派遣的差事。③ 看得出来，长年漂泊异乡的渔民在当地的地位是十分边缘化的。

  虽然从中世时期以来，家船民以船为家的存在形态，相比居住在渔村的渔民来说，开始显得有些边缘化，但必须说的是，大多数渔民同样在一定程度上具有家船民的漂泊特质，这和渔业捕捞、海鲜贩卖的特点是分不开的。

  由于鱼类具有成群洄游、移动的特性，因此濑户内海各海域每个季节的鱼类资源都不尽相同。比如，使用鲷鱼网中的渔民，在每年的一月前后，主要在周防大岛的安下浦④。到了三月前后，这些渔民则会追随鲷鱼群的移动扩大自己的活动范围，从濑户内海西部海域一直赶到位于内海中部偏东海域的赞岐国高松藩，而获得的海产品也不运回，直接卖给引田⑤当地的海

---

① 「香川県史資料編・第10巻近世史料Ⅱ」。转载自以下文献：定兼学「広域な活動と交流」，山口徹（編）『瀬戸内諸島と海の道』，吉川弘文館，2001年，100ページ。
② 濑户内海历史民俗博物馆馆藏三宅家文书。
③ 定兼学「広域な活動と交流」，山口徹（編）『瀬戸内諸島と海の道』，吉川弘文館，2001年，101ページ。
④ 周防大岛现在的正式名称为屋代岛，是濑户内海上的第三大岛，位于濑户内海西部，属于山口县境内海域。
⑤ 即现在的香川县引田町。

产品批发店，这种景象要一直持续到八十八夜的五月初前后。①

播磨国高砂浦②的渔民曾在17世纪前后来到松前浜打鱼，后曾在1724年（享保九年）被当地渔民驱离。备前国日生浦③的渔民们也曾在1854年（安政元年）到达燧滩④，又在1866年（庆应二年）以150艘的大规模渔船船队，浩浩荡荡来到今治⑤附近海域进行捕捞。而防予群岛⑥的附近海域，则吸引了安艺国的蒲刈、伊予国的岩城岛、备中国的白石岛、赞岐国的伊吹岛的渔民，纷纷赶往这片海域，捕捞沙丁鱼。⑦

就这样，渔民们追随鱼类的移动而四处泛舟撒网。随着造船技术、驾船技艺和海鲜市场需求量的不断提升，他们的活动范围也越来越大。尽管每到一处海域，他们都不可避免地遭遇当地渔民的排斥，但这显然无法阻挡渔民们的行动，毕竟丰饶的渔业资源对渔民有着巨大的吸引力。

到了近世末期的幕末、明治初期，备前国下津井浦⑧的渔民打鱼行船的轨迹几乎遍至整个濑户内海海域。他们东到濑户内海东端的和歌山地区的纪伊国、摄津国，西到内海西端的筑前国与丰后国，主要捕捞鲷鱼和鲅鱼。因为捕捞海域离渔民们的居住地太远，所以捕捞获得的海产品一般有几种出路：第一，就近销往附近的海产品批发市场；第二，有时会有专门收购海产品的进货的回船在渔船附近徘徊，如此便可直接销售给回船；第三，可以用活鱼船把鲜活的海货装好，运往较远处的市场。当时渔民还没有掌握制冰的技术，所以，只要没有活鱼船，就只能运往六公里以内的海产品批发市场。在近世时期，活鱼船对远距离运输海产品至关重要。一艘活鱼船能装载鲜活海鱼一千条左右。备中国真锅岛的渔民直到近世末期，依然依靠活鱼船把海产品销往濑户内海东部的大阪和堺港。真锅岛上还有个名叫传右卫门的村长，当时称作庄屋⑨，手上就有两艘活鱼船，因此得以把鲷

---

① 八十八夜指从立春起的第88天，一般在阳历5月1日至2日，是适于播种的时期。
② 位于现在兵库县的播磨东南部地区。
③ 位于现在的冈山县日生町。
④ 濑户内海中南部海域名称，位于香川县和爱媛县之间。
⑤ 位于现在的爱媛县北部。
⑥ 防予群岛是周防大岛群岛、熊毛群岛、忽那群岛的总称。
⑦ 定兼学「紀州漁民の瀬戸内進出」，山口徹（編）『瀬戸内諸島と海の道』，吉川弘文館，2001年，101ページ。
⑧ 位于现在的冈山县仓敷市。
⑨ 江户时代村落之长的称谓，主要为关西的称法。

鱼直销到江户，一年往返一至两次。往返江户一次的销售额就在黄金 40 两左右。而当时真锅岛上村庄的农耕收入一般只有 68 石，这个村长往江户贩卖鲷鱼的销售金额相当于岛上农耕收入的 10 倍左右。① 可见，活鱼船是决定渔民活动范围，进而赢利程度的一个重要因素。

除了渔船之外，渔具也可以很大程度上左右渔民的活动距离。比如，阿波国鸣门堂浦②渔民驾驶一种名为"Kanko"的小船③，使用"一本钓"的技法④四处渔猎，航迹遍布濑户内海东、西、南部的纪州、九州西北和土佐，几乎把濑户内海转了个遍。这些渔民之所以能行遍濑户内海各海域，主要依靠一种特殊质地的钓鱼线。他们的钓鱼线用的不是藤蔓、蚕丝和麻绳等传统材质，而是近世中期之后才开始使用的天蚕丝。天蚕丝采用的是从中国进口的野生枫蚕丝，比从前使用的材质要强韧得多，所以捕获量也比其他使用普通钓鱼线的渔民要好得多，这才促使鸣门堂浦的渔民不惜行遍整片濑户内海追逐鱼群。因为他们确信，只要到达鱼群所在之处，凭借坚韧的钓鱼线，就一定能有不错的斩获。

不过，到了近世后期，随着沿岸商业，特别是海鲜相关销售业的逐步繁荣，他们的活动又不再局限于依靠渔具优势来四处渔猎，而是开始逐步形成专业出售天蚕丝的流动商贩集团。相比近世中期追逐鱼群的时期，从事逐利行为的渔具商贩的活动空间愈加天高地阔，几乎纵横四海。近世后期出现了很多著名的专门从事一本钓渔业的地区，比如周防国的冲家室岛，其实也是鸣门堂浦渔民把这项技术传播过去的。⑤

四　渔业纠纷的频发

渔业技法一旦提升，必然引发濑户内海的渔民对渔业资源及其所在海域的争夺。这样的纠纷到了近世时期，开始呈现愈演愈烈的态势，而且，这样的渔场主权纠纷主要是围绕一些处于不同"国"之间边境线上的海岛归属问题展开的。

---

①　定兼学「紀州漁民の瀬戸内進出」，山口徹（編）『瀬戸内諸島と海の道』，吉川弘文館，2001 年，102ページ。
②　位于现在的四国德岛县的东北角，鸣门海峡的西侧。
③　濑户内海上的一种小船，长约 7 至 8 米，宽 1.2 米，人工划桨，不带船帆。
④　即用单根鱼线钓鱼的技法。
⑤　定兼学「紀州漁民の瀬戸内進出」，山口徹（編）『瀬戸内諸島と海の道』，吉川弘文館，2001 年，103ページ。

在近世时期，日本的藩国依然沿用了律令制①时代以来的国家名称，但从历史上看，各国的边境线一直在发生着细微的变动。比如赞岐国的小豆岛和备中国的水岛群岛，直到中世的某个特定时期之前都曾属于备前国。可后来，随着幕藩体制②的建立与成熟，国家的统治力量逐步渗透到地方上，各藩的领地相应发生了细微的变动；再加上居住在边境周边地区的居民的生产活动，自然而然导致国境线的一些变化。

在近世时期，划定海上的国境线，通常都要以该海域的岛屿作为依据。通常来说，国境线或是划在岛与岛之间，或是分割某个岛。而这些海岛往往都处于鱼类洄游的通道、渔业资源丰富的海域，所以围绕海岛国境线的渔场使用权争络绎不绝。比如，伊予国的今治藩和备后国的福山藩之间也曾为争夺弓削岛的一个叫作百贯岛的属岛而纠纷不断。大馆场岛③从地理位置上看正好处于濑户内海中部海域的中央，离南北两岸距离几乎相当，之所以在近世被划归松山藩也是渔场使用权纠纷的斗争结果。盐饱群岛也未能幸免。近世初期，幕府裁定盐饱群岛中，只有六口岛、松岛和釜岛归属备前国，其他则属于赞岐国。④

还有很多岛屿由于归属问题争议不下，因而遭到了被瓜分的命运。比如1646年（正保三年），备前国和播磨国的分界问题争议不下，只好拿到冈山藩和赤穗藩的官员大会上去讨论，最后还是争议不下，不得不把位于边境上的取扬岛⑤一分为二；再如广岛藩和岩国藩之间海域的甲岛⑥也为这两个藩国所瓜分；1690年（元禄三年），一座名叫井岛的小岛被幕府裁定应归赞岐国直岛管辖，但仍然难平争议，因此到了1702年（元禄十五年），这座岛的北边一半就被划归了备前国。还有大槌岛也在1732年（享保十七年）被幕府裁定由两个藩国平分，赞岐国和备前国一边一半。

渔业纠纷不断上演，却也并非因为渔民们无理取闹，而是几乎件件都

---

① 日本于七世纪至十世纪，以我国隋唐时期国家体制为原型设立并实施的中央集权的统治制度，八世纪达到全盛期，九世纪末至十世纪因庄园制渐趋发达而失效。
② 指近世日本以幕府将军和藩主大名之间的封建主从关系为基础形成的社会体制。
③ 爱媛县的忽那群岛所属岛屿，位于安艺滩海域，是座无人岛。
④ 定兼学「紀州漁民の瀬戸内進出」，山口徹（編）『瀬戸内諸島と海の道』，吉川弘文館，2001年，104ページ。
⑤ 位于现在冈山县备前市和兵库县赤穗市之间的岛屿，至今这两县的边境仍在该岛之上。
⑥ 位于现在的广岛县大竹市和山口县岩国市之间海域。

事出有因。比如盐饱群岛，之所以有几个岛被划归备前国，实在是因为这些岛就在离备前国沿岸的下津井浦不远之处的海上，如果这些岛一律归赞岐国所有，那么下津井的渔民一出海就要面对其他藩地的渔场，也难怪这里的渔民为了出海捕鱼，整个近世直到近代都和邻藩纷争不断。

再如那座叫井岛的小岛，备前国和赞岐国的争议之地正是旅笼之濑①这一远近闻名的优良渔场，而且这里一直是各地渔民争夺之地。这片渔场以盛产玉筋鱼、石首鱼、银鲳鱼和海蜇而闻名。前文曾说到，安艺国二窗浦的渔民就曾为了在包括旅笼之濑在内的直岛附近海域进行捕捞，和当地备前国胸上村的渔民产生过纠纷。1698年（元禄十一年），幕府在主持藩国地图的修订工作时，虽然该岛一开始被划定给了赞岐藩，但由于备前国所在的冈山藩不甘心这片好容易夺回来的丰饶渔场再次成为他藩之物，因此向幕府内阁做了工作，致使这一纠纷复燃，最后这座小岛不得不被冈山藩和高松藩，也就是备前国和赞岐国②给平分了。直到现在，冈山藩的那一半叫作石岛，而高松藩的那一半则叫井岛。

大槌岛的纷争也是如出一辙。对大槌岛的争夺，其实质是对大槌岛向东延伸的浅滩大曾濑的争夺。这片浅滩是捕捞钓鱼和鲅鱼的优良渔场，所以备前国的日比、向日比、利生村，以及赞岐国的香西浦等地渔民都不遗余力地争夺大槌岛的主权。这场官司最终告到了德川幕府的江户城③，幕府裁定不下，只好把大槌岛南北两分，备前国和赞岐国各一半，以确保大曾濑渔场也可以相应地南北两分，最终使双方相安无事。

还有一些纠纷涉及多方当事人。例如1706年（宝永三年），笠冈群岛南端的飞鸟附近海域就成这样一片各地渔民的争夺之地。这些渔民来自真锅岛、神岛外浦、北木岛和飞岛。这期间，不仅真锅岛的渔民弄坏了神岛外浦渔民的沙丁鱼网，而且纠纷愈演愈烈，最终升级为真锅岛与神岛外浦、白石岛和北木岛的全面对抗。各岛上的渔民都极力主张自己使用这片渔场的正当性，特别是白石岛和北木岛，这两岛上的大部分土地都十分贫瘠，如果不投入沙丁鱼做肥料，就根本不能进行农耕。第二年的九月，幕府官员最后出面裁定，规定了各岛打鱼的地点、可以使用的渔业技法、允许打

---

① 日语发音为"Hatagonose"。
② 冈山藩是进入江户时代后拥有备前国领地的藩国，高松藩则是拥有赞岐国领地的藩国。
③ 即现在的日本首都东京。

渔的时期，以及各岛渔船的数量等。不过，真锅岛上的岛民为了取得渔业权，竟然不惜大量举债向幕府官员行贿，结果虽然看上去对他们颇为有利，但却造成了岛上渔民的沉重负担。再加上这些协定是幕府官员想出来的，难免不符合渔业捕捞的实际情况。比如幕府的裁定要求各岛渔民实施隔天捕捞，但像沙丁鱼捕捞，由于渔网过大，在潮流湍急时根本无法使用，因而一天之内也就一两次捕鱼机会。渔民通常都会在沙丁鱼聚集海域静候三四天，所以隔天捕捞操作起来十分麻烦。

第二节　海商

海商是近世濑户内海海民中发展最醒目、成就最显著的群体。随着近世的到来，日本列岛上成功开辟出了从日本海沿岸到太平洋沿岸的国内贸易航线，为这一群体的发展提供了再好不过的舞台。与此同时，统治者实施的闭关锁国政策和倭寇取缔政策，也使得海商与倭寇彻底分了家。近世的濑户内海海商热衷于国内沿岸航线运输、贸易、中转和批发，濑户内海沿岸及海岛上的港町可谓商贾云集。

一　家船民的商船化

大分县的北海部郡有个海湾叫臼杵湾，臼杵湾中有个叫作津留的地方。这里的人来自广岛县丰田郡的能地，世代过着以船为家、靠着手操网捕鱼的生活。这里的男人从事捕捞，女性则负责贩卖，用头顶着装鱼的水桶拿到附近的村子去兜售。津留的部落基本都是临时搭建，因此通常粗制滥造，十分拥挤。这个部落后来逐渐开始用自己的一种名为"伊萨巴"的渔船[①]充当小型搬运船，当地以船为家的家船民开始了向水运业者的蜕变。

不过，大分津留家船渔民的变化已经算是比较迟缓的。同样是家船民，熊本县天草郡的二江等地的渔民转型就早得多了。二江位于有明海的入海口[②]，与入海口彼岸的岛原半岛隔海相望。二江至今为止，都是天草地区唯一一个潜水渔民部落。这个村落的家船民和其他地区的家船民生活形态相似，同样是以船为家，不过他们也有自己的独特性，那就是主要从事潜水作业。

[①] 日语发音为"Isaba"，无对应汉字，"伊萨巴"是本书音译的名称。
[②] 有明海位于日本九州西北部，横跨福冈县、佐贺县、长崎县和熊本县，是九州最大海湾，天草郡二江正位于该海湾向东海的入海口。

家船民是基本靠手工来从事渔捞生产的渔民，通常都用手操渔网或手工钓鱼，而这里的潜水家船民则是从船上潜入水中采摘鲍鱼和捕捞鱼类。

这里的家船民自古以来就有使用"伊萨巴"渔船、装载鱼类和鲍鱼四处贩卖的传统。到了近世，他们又开始贩酒，把著名酒乡筑后大川地区①酿造的清酒装在"伊萨巴"上，一艘船装载十余桶酒，往来于西彼杵半岛的西海岸与五岛列岛之间行商贩卖。

在濑户内海西部海域，素来多家船海民，通常是一家老小一起上船，但从事的生业却不限于渔业，而是多水运或行商。特别是在广岛县到爱媛县之间的艺予群岛一带，这样的习俗更是长期盛行。

不过，进入江户时代之后，这种以船为家、海上漂泊的生活方式受到了很大的限制。因为德川幕府规定了每片渔场的所属渔村，渔民只能到相应的渔场进行捕鱼，去别的渔村所属渔场打鱼就要付钱给当地渔村。家船民的活动半径由此变小，不少家船民便就近在自己经常活动的海域港口建立分村，从此不再回自己的母村②。

以船为家的渔民通常比较贫困，很少能购置大型渔网，渔获量原本就十分有限，再加上活动半径变小，仅靠打鱼显然已不能维持日常生活开销，于是这些渔民便开始用船做起了生意。他们通常聚集在商船靠港的地方，除了卖鱼，还顺带卖别的食品和日用品。大船靠岸后，他们就驾驶小船围靠过去，进行商品交易。有的时候，他们甚至会在海峡等待过往的大船，等有船驶来就飞驰而去，询问大船上的人员需要什么紧缺物品，还可向他们兜售日用品和食品。一旦成交，他们便将物品放入笼子，用竹竿挑到大船上，大船上的人取走东西，再把钱或其他物品放回笼子里。小船收回笼子，便返回原地，等待下一艘路过的大船。在濑户内海西部海域，来岛、大下、小大下、兴居岛和睦月岛等地海峡就是小船等候大船的重要据点。

还有的家船渔民甚至会为了贩卖商品，专门赶赴濑户内海的特定集市。在中世时期，山口县大岛郡的久贺浦③既是大岛海盗的据点，同时也是渔

---

① 位于福冈县的西南部。
② 这里所说的分村、母村都是建立在港口沿岸水上的聚居区，家船民把自己的家船停泊在一起，就组成了他们自己的村。
③ 即久贺岛，长崎县西部海域上的五岛列岛中的一岛。

场。进入近世之后，海盗据点不复存在，这里成了毛利藩的五大著名渔场之一。这个久贺浦港口的背后经济腹地是久贺村，农业十分发达。但这个地区在做行政规划的时候，把海边地区和腹地农村给区分了开来，使得海边渔民既能享受到经济腹地的繁荣，又具备十分独立的活动空间。时间一长，竟然以久贺浦渔村为中心发展起一个小城市，不少当地渔民慢慢转变成了商人，其中也包括以船为家的家船渔民们。不过小岛地形狭窄，物资缺乏，又鲜有人来光顾购买，在那里坐等买卖上门几乎不可能。因此渔民们就利用自己的"伊萨巴"小渔船，拉上商品，到濑户内海西部沿岸各地，候着祭祀节庆日，或是当地集市之日，露天摆摊。不过，到了近代的明治年间，家人共乘的这种小船被一百石以上的大船"卖船"① 所取代，有时上船的也仅限于男性。他们通常数人同乘一船，像赶场一般穿梭在濑户内海沿岸各地间，专等当地集市或祭祀，乘机做买卖来谋生，成了"赶集商人"。其实这种从家船民转变而来的赶集商人并不限于久贺岛，还有周防国的室积、周防国的上关以及安艺国的音户等古老渔村。从他们的转业情况看来，这些渔民的商业活动开展得挺红火，久贺岛②等地商业町镇的繁华和他们有着分不开的联系。后来，随着商业的兴盛，一些农民也加入了从商队伍，足见这些地区在近世时期，海民的生业异常发达。

二　沿海村落中的商人

金比罗神宫位于香川县仲多度郡琴平町的象头山山腹之中，祭祀的是海上交通的守护神，一直是渔民、船员以及水军寄托信仰、祭祀参拜之地。因为长期有信徒前往参拜，逐渐形成了固定的参拜路线，称为"金比罗参拜路线"，中世末期开始盛行，并于近世的江户时代开始风行于全国各地。这条风行于江户时代的著名参拜路线从冈山城下的大供村起，经过今村、久米村、天城村、藤户村、林村、秆田村、小川村、味野村、赤崎村、吹上村，直至下津井村，此后再经由水路前往海对岸的赞岐国，也就是现在的香川县金比罗神宫。这条路因此被称为"金比罗参拜路线"。③

江户时期，金比罗参拜路线的附近恰好还存在两个比较重要的参拜神

---

① 日语发音为"Baisen"。
② 长崎县以西海域的西部五岛列岛之一。
③ 谷口澄夫「金毘羅往来筋村落の商業進展過程」，魚澄惣五郎（編）『瀬戸内海地域の社会史の研究』，柳原書店，1952年，168～169ページ。

社寺院，供奉的分别是熊野权现①和瑜伽大权现②。其中，熊野权现的供奉之处就在金比罗参拜路线沿途，所以可以顺路参拜；但是要参拜瑜伽大权现就有些绕道，从林村开始就与金比罗参拜路线分叉了，途经田口村、下村，在味野村再次与金比罗参拜路线重合。不过这条绕道路线一样红火，因为瑜伽大权现也是自古知名的海上守护之神，西到九州，东至关东，广为航海业者所笃信。因此这条路线便与金比罗参拜路线一起，成了当时参拜信徒往来的重要路线。于是，从田口村到下津井的海岸，由于信徒往来众多，又是往返于中国与四国之间的重要港湾，所以逐渐成为极其繁华的港口。沿岸建起各色船员旅馆，还有许多贩卖当地特产棉线，以及真田织、小仓织等棉织物③的商家也在参拜道路两侧纷纷建起店面，特别是田口村和下村这两个瑜伽山山脚下的码头，街头更是熙熙攘攘，参拜者络绎不绝，一片码头集市的繁华景象。

其中，位于这条参拜路线上的村落的商业发展尤为引人注目，特别是其中的田口村、下村、吹上村、下津井村这四个村落，有着得天独厚的交通优势，具备天然良港的码头。在这些码头村落中，船业、商业的经营逐渐有了一定的基础，出现了很多来往于各个沿岸村落的"店面商人""竹篓商人"④。后来，这些走街串巷的商人还得到了官方的承认。

村落商人队伍发展的同时，以濑户内海为中心的海运业也开始逐渐发达起来。其实，就在这四个村落里，进入近世之后不久，便出现了一些垄断当地海运业的职业渡海人。金比罗神宫举办法会时，专程赶到濑户内海的游人非常多，这四个村落中的职业渡海人便开始竞争，竞相招揽游客到他们所在村落的码头来乘船渡海，村落商业也因此更趋繁荣。

村落商人的商业活动不仅激发了沿岸村落的旅游业、娱乐业和服务业，更带动了当地的中介业、批发业、仓储业等物流业的发展。据《他国行愿留帐》中的商业资料记载，贞享（1684 至 1687 年）到元禄（1688 至 1703 年）年间，田口村、味野村、赤崎村、下津井村四个码头上的船主们在当

---

① 供奉的是熊野大神。
② 供奉的是阿弥陀如来、药师如来。
③ 江户时代的棉织物。
④ 店面商人就是在村中热闹街市上摆摊位的商人；竹篓商人就是背负竹篓行走叫卖的商人。参见以下文献：谷口澄夫「金毘羅往来筋村落の商業進展過程」，魚澄惣五郎（編）『瀬戸内海地域の社会史の研究』，柳原書店，1952 年，172ページ。

地囤货，把盐、鱼、种子、草席等当地物产积攒起来，销往大阪等内海周边各地及岛屿，再从销售地购入当地的鱼类、蔬菜、茶叶、棉籽、柴、棉花、鲜沙丁鱼和干沙丁鱼，再转手卖到大阪等其他地方，航迹遍布内海沿岸各地，直到九州。① 此外，这些沿海各村的船主兼商人也接受濑户内海以外地区的物资运输业务，他们有时还会兼做水手，搭乘盐饱群岛的回船，向北行驶前往加贺国、越中国、越后国、出羽国、松前国②，向西行驶前往肥前国、丰前国等地，转运大米和其他物资前往江户。总之，"金比罗参拜路线"的沿线村落早在18世纪初，就已经显示出了十分鲜明的商品经济繁荣迹象。这里的村落商人利用交通上的便利、濑户内海中心位置的有利条件，再加上商品作物的生产，把海上运输业及相关商业活动开展得异常红火，并且在此后的岁月里把商业的规模越做越大。

在十七、十八世纪期间，濑户内海的这些村落商人群体不仅有来自当地及岛上的渔民、船夫、船主，也有不少是原本从事农耕的农民，靠着农闲时节出来走街串巷，或沿途设摊，加入"店面商人"和"竹篓商人"的行列。江户时代，德川幕府贯彻农本主义国策，藩国的统治者也颁布各种禁令，通过限定商品的种类、价格和行商的时间等，来控制这种发生在农村和城市之间的商品流动。但即使是从这样的限制中，依然可以明显感觉到村落商人队伍不断壮大，幕府和藩国统治者想极力阻止，却又不得不向现实妥协的时代发展趋势。这一点，从冈山藩颁布的商业统制政策中就可窥知一二。比如，1812年（文化九年）出台的该藩商业全面统制政策中规定③：

第一，现在在做竹篓商人的人和没有明确目的从事经商的人，也要尽量改为做仆人、日工等。……

第二，在西国街道④，或是在临近畿内国家的大道沿线所设立的茶馆，如果是为旅人提供便利的轻型商品，可以照旧销售。

---

① 谷口澄夫「金毘羅往来筋村落の商業進展過程」，魚澄惣五郎（編）『瀬戸内海地域の社会史の研究』，柳原書店，1952年，175ページ。
② 以上国名都是本州日本海沿岸的律令国名。
③ 谷口澄夫「金毘羅往来筋村落の商業進展過程」，魚澄惣五郎（編）『瀬戸内海地域の社会史の研究』，柳原書店，1952年，183～184ページ。
④ 指通过五畿七道中的山阳道的干线道路。山阳道是日本五畿七道的行政区划之一，位于本州的濑户内海侧，近畿地区以西位置，现在的兵库县西部至山口县的濑户内海沿岸的总称。

第三，田地里出产的商品作物和海边所获盐类及其他小鱼贝类，都是土地的产物，在农闲之时允许拿到城下或者最近的城镇去卖。

第四，在町镇上，只允许有"店商"，不允许沿街叫卖。……在码头上，一直从商者可以销售醋、酱油、油、木材、渔具以及其他轻型日用品。

第五，棉织品等旧货一律禁止回收，想把手头商品出售的人，要自己拿到冈山或最近的町镇去自行销售。

第六，对于新提出申请经商者，也认可划拨给其田地予以耕作。

第七，略。

从以上几项条款中不难看出，冈山藩希望尽量对所辖村落中的商业活动进行劝阻，鼓励村落商人从事耕作，给新申请行商者划拨农田，劝其务农或充当庄园的仆从。但是看起来，这里的村落商业已经势不可挡，所以统治者也只能允许商人销售"轻型日用品""为旅人提供便利的轻型商品""想要出手的旧货"等。可见，当时冈山藩已经出现了大量不事农桑、只靠经商度日的村民。

沿岸商业的繁荣离不开水运业者的大量出现，但日益发达的沿海商业地带也进一步推动了这支队伍的壮大，其中就有许多水手是从渔民转业过来的。以岩城岛[①]为例，1794年（宽政六年），岛上就有三四百人，平日里的职业就是充当水手；到了1844年（天保十五年），又有226人选择了到其他藩的船东手下去当水手，还有44人也外出务工，从事其他职业；再如生名岛[②]上的岛民，到其他藩属领地去打工的56人干的全都是出船工作。这些岛民有着十分优越的驾船技术，当时的船东很多都来自大阪，船东们对这些来自艺予群岛的水手评价极高，使得这些渔民的后裔一时间声名大噪。[③]

除了水手外，艺予群岛上的技术工人群体也很有名。儿岛郡[④]味野村出了一个靠贩卖短布袜发家的大地主，名叫野崎武左卫门。这家人在当地滨海地

---

① 位于现在的爱媛县东北部的离岛，属艺予群岛。
② 位于现在的爱媛县东北部的离岛，与岩城岛同属上岛群岛。
③ 渡辺則文「近世における瀬戸内の島々」，森浩一、網野善彦、渡辺則文『瀬戸内の海人たち―交流がはぐくんだ歴史と文化』，中国新聞社，1997年，156ページ。
④ 位于冈山县仓敷地区东南部沿海地区。

带的野崎浜进行填海，并将之开发成盐田，成了当地有名的"盐田王"。这里的野崎盐田也就成了濑户内海首屈一指的大盐田。据这一家族的填海造田记录《新开筑立日耕录》记载，当时的工事用了相当数量的运土船和运石船，在这些运土船和运石船上工作的技术工人除了少数是当地居民外，几乎全被生口岛、伯方岛、岩城岛、大三岛等芸予群岛上来的人所占据。待工事完成之后，又是生口岛和大岛等艺予群岛上的岛民来从事盐田的经营工作。[①] 可以说，没有艺予群岛的岛民，就没有野崎盐田的蓬勃发展。

三 回船商人

与生名岛仅仅咫尺之隔的因岛是近世时期著名的船员名乡。与因岛海上相隔不远处的燧滩之上有座小岛叫鱼岛[②]，从这座岛的山丘上可以看到位于西北方的因岛椋浦地区。时至今日，鱼岛上的居民每年到了秋季还要抬着神舆爬上山丘，面向北方因岛方向大喊"送到椋浦"的口号。这个传统就是源自近世时期，鱼岛上的居民曾集体迁移至因岛的椋浦，去充当水手。在17世纪，椋浦是濑户内海地区数得上的船员据点。1672年（宽文十二年），随着西回航路[③]的开通，回船的水运交易正式在全国范围内形成贸易网络。据说，当时的椋浦船东从日本海沿岸山形县的酒田、越后等地装上贡米，通过这条西回航线经濑户内海运到大阪和江户，"一次航海就能挣回回船的本钱，两次航海就能建起仓库"。[④] 据推测，当时的广岛藩拥有全国最多的千石船[⑤]。据调查，文政年间（1818—1830年），椋浦约有居民180户，其中有一多半人家的年轻劳动力都出海了。[⑥] 回船商人的群体就是由此

---

① 渡辺則文「近世における瀬戸内の島々」，森浩一、網野善彦、渡辺則文『瀬戸内の海人たち―交流がはぐくんだ歴史と文化』，中国新聞社，1997年，156～157ページ。

② 位于现在的爱媛县东北部的离岛，与岩城岛、生名岛同属艺予群岛，处于该群岛的偏东部、香川县庄内半岛和爱媛县高绳半岛之间海域。

③ 西回航路形成于江户时代前期，是1672年由江户商人河村瑞贤奉幕府之命开辟的新航线，具体来说是沿着日本海沿岸从酒田向西，经佐渡小木、能登福浦、下关等地前往大阪，进而绕过纪伊半岛前往江户的海上航线。

④ 渡辺則文「近世における瀬戸内の島々」，森浩一、網野善彦、渡辺則文『瀬戸内の海人たち―交流がはぐくんだ歴史と文化』，中国新聞社，1997年，149ページ。

⑤ 千石船是从中世末期至江户时代、直至明治时代日本国内海运中广泛使用的大型木造帆船，原本只是指满载时能装载一千石大米的大型船舶，不特指哪种固定的船型；但自从进入江户时代之来，由于满载时能装一千石大米的辩才船开始普及，因而千石船成了辩才船的俗称。

⑥ 渡辺則文「近世における瀬戸内の島々」，森浩一、網野善彦、渡辺則文『瀬戸内の海人たち―交流がはぐくんだ歴史と文化』，中国新聞社，1997年，148ページ。

形成的。

（一）盐饱群岛的回船商人

江户时代里，幕府和各藩大名都把领地所征收的年贡米运到大阪和江户去销售，从中谋利。自从河村瑞贤开辟西回航线以来，回船从东北、北陆①开往濑户内海的航线就逐渐兴盛起来。除了年贡米，还有各地的各色特产，也被装上回船，沿着这条航线运到大阪，再由大阪的菱垣回船和樽回船转运到江户。

这里首先要把河村瑞贤开辟东、西回航线的情况做个说明。1671年（宽文十一年），河村瑞贤奉德川幕府之命，成功开辟出东回航线②，把奥州信夫郡③的备粮、称作"城米"④的大米运往江户，走的是从酒田到津轻海峡，再绕至太平洋沿岸直至江户的海上路线。就在此后一年的1672年（宽文十二年），河村瑞贤又接到幕府的第二个命令，要求他把贡米从出羽国的最上郡⑤，经由日本海、濑户内海，再沿着本州的太平洋沿岸运往江户，这就是西回航线。相比东回航线，西回航线显然路途遥远，行程也艰险得多。因此河村瑞贤不敢掉以轻心，专程从盐饱、备前的日比、摄津国的传法、胁浜与河边⑥等地雇来优秀的船夫，租到坚固的回船，再对沿岸地形详加勘察，仔细筹划。

等一切准备就绪，河村瑞贤便于当年把出羽国最上郡幕府领地中的大米装上河运船，运至海边的酒田港，后再装上回船，经新潟、能登半岛，再横渡若狭湾，由下关、濑户内海、大阪，绕过纪伊半岛进而直抵江户。虽说在当时，这样的航行只是一年一次，但海路漫漫，殊非易事。

西回航路的开通又一次提升了濑户内海作为海上通道的地位。这片海域不仅是东亚海域各国通向近畿的通道，此时又担负起了东北、北陆地区及各藩运往大阪、江户的运输大动脉的职责。

那些被河村瑞贤从各地招募来的船夫水手后来就成了这条航线上的运

---

① 本州岛中部地区中面向日本海的区域，一般包括新潟县、富山县、石川县和福井县。
② 东回航线于江户时代前期，早于西回航线一年被河村瑞贤所开发，具体航线是沿日本海沿岸的酒田出发，绕过津轻海峡转到太平洋沿岸直至江户的海上运输路线。
③ 日本东北地区太平洋沿岸福岛县中的一个郡，1968年被吾妻町取代。
④ 所谓城米，原指江户幕府直辖领地上产出的年贡米，后来专指幕府和作为家臣的各藩国的储备军粮。
⑤ 出羽国位于现在的山形县和秋田县，最上郡是位于日本海沿岸的山形县所属郡名。
⑥ 备前国的日比位于现在的冈山县玉野市；摄津国的传法位于现在的大阪市；胁浜与河边都位于现在的神户市。

输业者，不过大部分水手除了运送城米之外，还兼做其他生业，但盐饱群岛的回船船主做的主要就是幕府的城米运输工作。

再回过头来看濑户内海海岛上的情形。江户时期，西回航线的逐渐兴盛促使回船被大量建造，随之而来的就是众多海岛上的渔民转业成为回船水手。但是，近世时期海岛渔民的转业显然是多元化的。有的渔村整体农业化，岛上渔民一边制盐，一边开辟土地，从事农业。不过，这种农业化的渔村并不普遍，因为濑户内海的许多海岛上土地贫瘠，海风肆虐，即使施肥，作物生长也常常不理想。因此，不少海岛渔民选择了外出务工，除了到渔船上当水手赚钱外，也有不少年轻男女到大阪等地的大户人家里当仆役，有的一干就是五到七年；也有些岛上年轻男子选择到武士家去做门徒，甚至到山上砍柴度日。

盐饱群岛中的许多小岛上，情况也是如此。中世时期之前，在盐饱群岛的不少小岛上，岛民们靠着自己的中小型渔船，维持着半渔半商的生活。但进入中世之后，中小型渔船被大型渔船所替代，还经常被政府以公务的名义征用。岛民们不得已，只能把渔船租给政府，靠收取租金来维持生计。政府的需求毕竟有限，但只要政府一有需要，盐饱群岛的岛民必须随叫随到，提供政府所需的船只和人手。据当时战争相关的文献记载："天正年间，对阵萨摩国时，由盐饱船运来军粮，并前往仙台筹措运送军粮和军用物资；天正十八年，盐饱船参与小田原之战；文禄元年，对阵高丽时，征集570人及所持船舶；元和元年，大阪夏之阵时，将军粮由备中运至堺港；宽永十四年岛原之乱时，有25艘盐饱船运送军用物资；在肥后国的加藤氏改易之时，有70艘盐饱船被征用来运送士兵；修建江户城时，20艘盐饱船负责将瓦片由堺港运送至江户；江户西之丸建造时候征用了13艘盐饱船运送建材；在高松藩藩主改易之时，[1] 征用了300名水手到高松37天。"[2] 从这些记录中可知，在整个近世时期，盐饱被幕府征用的次数并不算多，每次征用人数也有限。所以，盐

---

[1] 对阵萨摩国指丰臣秀吉征讨九州岛津氏的战役；小田原之战指丰臣秀吉征讨后北条氏的战役；对阵高丽指丰臣秀吉于1592年发动的侵略朝鲜的战争，也称万历朝鲜战争，朝鲜壬辰卫国战争，元禄·庆长之役；大阪夏之阵指江户幕府征讨丰臣氏的战役，分为大阪冬之阵和大阪夏之阵，总称大阪之阵；岛原之乱指江户时代初期爆发的日本历史上最大规模的武装起义，也称岛原·天草之乱，或岛原·天草一揆；加藤氏改易指熊本藩第二代藩主加藤忠广遭驱逐流放之事；西之丸是江户城中的宫殿；指高松藩第四代藩主生驹高俊生驹高俊遭驱逐流放之事。

[2] 『御軍用御用相勤候次第』。转载自以下文献：宫本常一「小豆島・塩飽諸島の廻船業」，宫本常一『海に生きる人々』，未来社，1964年，174ページ。

饱群岛的岛民们在没被征用时，无疑会自主驾驶回船进行通商。

盐饱群岛的海民手里有船，又是幕府的御用运输业者，既有地位，平日里又没有多少官差工作，而且是近世初期海运航线开辟事业的最早参与者，所以在西回航线开通之后，就立即在这条航线上变得异常活跃。当时，盐饱水军变成了幕府的御用船运输人，地位显然高于濑户内海海域的其他海民。据记载，大量的备前国下津井周边居民被盐饱群岛的回船船主所雇用，前往出羽、越后、越中等地①。1675年（延宝三年），仅仅盐饱群岛中的牛岛就拥有回船75艘。② 1678年（贞享四年），盐饱群岛上的居民中，在回船上从事船夫、水手工作的大约有3460人，大多数渔民都转业当上了水手。1708年（宝永五年），盐饱群岛拥有运送城米的回船101艘，承载能力达42080石。③ 根据但马国今子浦④的码头进出回船记录来看，从1719年到1726年（享保四年到十一年），各地来的船只中，盐饱群岛来的回船最多，共45艘；在总共19艘城米运输船中，盐饱的回船有13艘。⑤

近世期间，盐饱的回船之所以能在濑户内海这条日本最重要水上通道的航运业中占据重要地位，主要可归因于以下三点。第一，就是盐饱群岛自中世的盐饱水军时代起培养出来的卓越航海技术；第二，盐饱群岛相比濑户内海其他地区更为发达的造船技术，当地也因此拥有更多坚固的大型回船；第三，就是幕府赋予他们的特权，盐饱的回船是直接受雇于幕府的船只。

从整个近世时代来看，17世纪后半期到18世纪初期是盐饱回船的最兴盛时期，但等到18世纪中叶前后，这样的繁荣景象就渐趋黯淡了。究其原因，主要是西回航线所带来的巨大利益使得各地回船业主都开始动起了赚钱的脑筋，尤其是日本海沿岸的回船业主，就近装货发货，只要不发生海难事故，跑一趟船肯定收入不菲；偏偏盐饱回船商人又在这一时期逐渐丧

---

① 以上地方都在本州日本海沿岸的东北地区、中部地区。
② 佐竹昭「廻船と航路」，山口徹（編）『瀬戸内諸島と海の道』，吉川弘文館，2001年，112ページ。
③ 山内譲「瀬戸内水運の興亡―島々の役割を中心として」，網野善彦等（編）『海と列島文化　第九巻　瀬戸内の海人文化』，小学館，1991年，357ページ。
④ 即现在的兵库县北部日本海沿岸的城崎郡香住町。
⑤ 山内譲「瀬戸内水運の興亡―島々の役割を中心として」，網野善彦等（編）『海と列島文化　第九巻　瀬戸内の海人文化』，小学館，1991年，358ページ。

失了幕府的特权，再加上第一批回船逐渐老化，不时出现海难事故，盐饱的回船业也不可避免地在近世后期逐渐凋零。那些原来从事水手或者造船工人的人，眼看回船业和造船业日渐衰败，于是纷纷弃岛而去，到大城市里务工去了。

(二) 回船业批发商

说起近世的濑户内海回船业，总不免提及一个群体——回船业批发商。回船船主手里有船，可以承揽海运生意不假，但前提是必须有需要他们运输的货物。尤其是近世中、后期，回船越造越大，如果有大宗货物要运送，满载的回船跑一趟必然可以大赚一笔，但如果舱位多有空闲，前景可就不乐观了。这个时候，就需要有一批商人，手里有钱，可以吃下陆续运到某地的货物，再把这些货物信息提供给大型回船的船主，由他们再装船运往需要货物的消费地。这样的商人就是批发商。到了近世，环濑户内海地区商品经济已经相当繁荣，有钱的商人实在不少，因而成了海商大家族中的一员——回船业批发商。

濑户内海回船业批发商之所以会在近世如此活跃，主要得益于江户幕府的成立。当年，德川家康建立江户幕府，并把政府的中心地从京都向东迁移400公里，转移到了江户城。此后，江户的规模就逐渐发展壮大起来。江户城本非生产型都市，生活物资基本都要从外部运进来。随着城市规模不断扩大，人口日益增加，生活物资的运输就成了江户这座城市发展的重要任务。其中，最重要的生活物资莫过于主食大米。江户时代初期，大米的运输主要依靠陆运，但陆地运输对劳动力的需求很大，危险系数也高，且效率比较低下。而江户城面朝关东平原南部江户湾，水运业的地理优势本来就挺明显，再加上安全、廉价等方面的优势，大米等生活物资的运输开始越来越依靠海运，并且逐渐形成了产业规模，回船业由此发达起来。

海运业对江户城的优势主要表现在以下几个方面。首先是人力成本上的优势。在近世时期，陆路运输对劳动力的需求量很大。本州多山地，很多陆上路程都需要依靠马匹。每匹马至多可运送两袋大米，100袋大米就需要50匹马。就算一个人可以负责驱赶三到五匹马，100袋大米的陆地运输也至少需要10个赶马人。江户时代的初期，江户城人口约40万，以每人一石米来计算，总共就要消费40万石、100万袋大米，总共需要马匹50万匹、赶马人10万人。可见，仅仅是大米一项生活物资，就要动用相当巨大的人力物力，成本之高可以想见。船运则不同，一艘载重500石的船就可装载1259袋大米,相当于625匹马和125个赶马人的工作量。假设物资从大阪运到江户,用马匹运输需要11天的时间,可如果走水路,遇上顺风的天气,运送时间和陆路差不多,却只需要10个劳动力在船上工作。①

再次,是运输安全方面所具有的优势。在当时,海难事故的确经常发生,即使是沿海运输,海难也不少见,但是相比山路运输,海运还是相对安全的手段。比如,当时羽前国②的大米要运到江户,就要由马驮着翻过奥羽山脉,到达阿武隈河流域的岩代地区③,在那里把货装上河运货船送到阿武隈河④的入海口,用小型海上运输船送到松岛湾中的寒风泽岛⑤上,在那里最终搭上大型回船。回船要根据天气选择向南方发船的时间,中途还要经过风险难测的鹿岛滩⑥。如果在这片海域遭遇强劲西风,船就会无法靠岸,十有八九要遭遇不测,只有等来北风或东北风,才能从房总半岛横渡相模湾到达下田⑦,在下田等待南风到来后,才能一举进入江户。仅仅是靠文字描述,就可以感知这条道路的曲折与艰险,尤其是从羽前到阿武隈河边的这一段马匹运输的路可谓九死一生。因此,单纯走海路的危险性显然低于经由阿武隈河的陆路加水路。

为了减少陆路运输对资源的损耗,也为了降低成本,幕府开始采用海运方法,并且由于濑户内海上回船船主、水手船夫大量聚集,大阪等地货运批发商也已日益发展壮大,大阪到江户的这条物资的海上运输线路便成了德川幕府的首选,回船则成了这种物资运输方式的核心。

在17世纪初,大阪和江户两地都出现了许多回船批发商,两地批发商间通常签订契约,大阪批发商囤货、装船,由近畿地区向消费地江户输送物资,经由淡路岛的由良,纪伊半岛的箕岛、田边、串本、九鬼、鸟羽等地,进入远江滩,到达伊豆半岛的下田,再经神奈川的浦贺到达江户,送到江户批发商那里。随着江户城的不断发展,物资消费的需求量不断增加,

---

① 宫本常一「菱垣廻船・樽廻船・北前船」,宫本常一『海に生きる人々』,未来社,1964年,177ページ。
② 位于本州日本海沿岸,包括现在山形县的大部分区域。
③ 位于福岛县西部。
④ 流经现在的福岛县与宫城县,进入松岛湾。
⑤ 松岛湾是位于宫城县沿岸的海湾,寒风泽岛是松岛湾中浦户群岛中的一岛。
⑥ 茨城县东部至千叶县南部太平洋沿岸海域。
⑦ 相模湾是位于神奈川县沿岸的、房总半岛与伊豆半岛之间的海湾,下田位于伊豆半岛南端。

江户城消费习惯也在不断发生改变,这些无一不在牵动着大阪回船批发商。例如,17世纪中叶前后,江户城的清酒消费量不断增加,带动了酒类的运输,顺便带动了醋、酱、油、木棉和零碎生活物品运输的发展。[1] 批发商需要灵活应对,及时找到货源,以便不断迎合日益膨胀的江户城居民的消费胃口,也好尽量多赚取利益。

不过,近世初期过后,濑户内海的播磨、备前、备后、安艺、赞岐等地的回船普遍越造越大,以前一直前往大阪的小型回船慢慢被淘汰。各地的回船船主有了大型回船后,都觉得没必要非去大阪卸货装货。于是,他们不再把货物运往大阪,而是直接开船去了江户。这个时期,往江户城运送物资的回船商人主要来自大阪湾沿岸、淡路岛、小豆岛、盐饱群岛等自古有着航海传统的渔村。大阪作为回船批发业中心的地位一时间有所下降。

也就是在这个时期,东回航线和西回航线开通,日本海沿岸的物资开始源源不断地沿着东、西两条航线运往江户。日本海沿岸地区产出的大米除了用作贡米外,还有剩余的,就作为私人大米来进行销售。像津轻、能代、熊武川秋田、庄内、越后、越中、加贺等平原地区生产的米粮在缴纳贡米租税后,仍有富余可以出手。日本海岸的津轻、能代、雄物川、庄内、越后、越中、加贺、千代川、簸川平原等地一年生产的余粮大体有70万到100万石。除了大米,还有鲱鱼、鱿鱼、大马哈鱼和海带及其他海产品与木材等,都要靠回船运到大阪与江户。[2] 贡米可以从当地直接运往江户城,而销售用的大米和其他货物则必然要经过大阪。因为放眼日本列岛,当时最有钱的商人就聚集在濑户内的大阪及周边地区,所以,即使是运往江户的物资,只要是想销售出去赚钱的,通常都会先运到大阪来,因为这里的商机总是最多的。这样一来,大阪的批发商又一次回到了回船业的中心。

随着盐饱群岛的回船逐渐老化、海难增多,日本海沿岸的回船又登上了舞台,并成了大阪批发商的关注对象。这些日本海沿岸的船主不像盐饱的回船受幕府或批发商委托运货,他们是自己从当地购入商品,运至兵库、大阪等地销售。虽然相比之下,他们所承受的风险要大于仅仅提供运输业

---

[1] 宫本常一「菱垣廻船・樽廻船・北前船」,宫本常一『海に生きる人々』,未来社,1964年,178ページ。

[2] 宫本常一「菱垣廻船・樽廻船・北前船」,宫本常一『海に生きる人々』,未来社,1964年,182ページ。

务的盐饱回船，但由于是自购自销，所以收益要明显可观得多。

大阪的回船批发商看准商机，便伺机买入富余的粮食，囤积在仓库里，等待回船经过便卖给船主。大的批发商一处囤货便可装满一整条回船。小批发商的货装不满一船的，就到各个批发商处奔走联络，直到装满回船为止。渐渐地，一些回船船主看到批发商倒卖发了财，自己也开始想方设法积累资金，尝试着自己承担屯粮、运粮的所有费用，因而也从船主变成了批发商。

这个时代里，先是大阪的批发商中忽然冒出许多富豪，再是盐饱等濑户内海的回船船主争相接力，但这之后，又轮到日本海沿岸的船东，而且无论濑户内海，还是日本海沿岸的回船船主，都出现了船主向船主兼批发商的转变倾向。比如日本海沿岸的加贺国宫之腰地区，有个叫作钱屋武兵卫的家族，原本是个船主，后来越做越大。到了幕府末年，他手上有着几十艘回船可供运输。此时这个家族已成为名副其实的回船批发商，在青森县下北半岛的佐井、牛滝、川内等出产柏木木材的港口，都留下了与当地钱庄签订的贸易合同。[①] 甚至还有些原本一文不名的水手，也因为从事回船业而成为船队领队，进而一跃成为船东。

总之，到了江户后期，驾船掌舵不再是渔民的专利，很多人都开始从事回船行业。在濑户内海的周防大岛和长岛，安艺国的能美岛和仓桥岛、大崎上岛、伊予中岛、大三岛、伯方岛等地，都有许多渔民在这个时期放弃了捕鱼业，跻身回船业者的行列。[②] 由此看来，历史学家网野善彦的推测很有道理，从江户时代的实际情况看，濑户内海沿岸的确有着众多非常有钱的"水吞百姓"，就因为居住地是渔村，所以被当作农民记入文献档案。但实际上，这些百姓一寸土地都没有，都是地地道道的买卖人。[③]

第三节　盐民

盐民是近世时期变化相当显著的海民群体之一。不同于其他海民群体

[①] 宫本常一「菱垣廻船・樽廻船・北前船」，宫本常一『海に生きる人々』，未来社，1964年，182ページ。

[②] 宫本常一「菱垣廻船・樽廻船・北前船」，宫本常一『海に生きる人々』，未来社，1964年，184ページ。

[③] 網野善彦「中世瀬戸内海の海民」，森浩一・網野善彦・渡辺則文『瀬戸内の海人たち——交流がはぐくんだ歴史と文化』，中国新聞社，1997年，128ページ。

的是，盐民的变化主要不是取决于周边社会的发展，而是源自盐业生产技术的进步。近世时期，濑户内海的盐民又把盐田制盐法做了改进，"入浜式盐田制盐法"取代了中世十分盛行的"扬浜式盐田制盐法"。这种新的制盐法需要利用潮汐涨落，将海水引入盐田，再经风吹日晒、海水调和熬制出海盐，而濑户内海上的很多海岛都多晴少雨，潮汐涨落落差很大，十分适合引进"入浜式盐田制盐法"。于是，一时间，濑户内海海域的许多海岛上都出现了大批盐田，濑户内海成了日本列岛的盐业集中性生产地区之一。

一 盐业与备荒粮

近世初期，濑户内海周边及海岛上的盐田总面积占到全国盐田总面积的一半，发展势头十分迅猛。在艺予群岛上，所到之处几乎都是盐田，是名副其实的产盐胜地。1732年（享保十七年），包括濑户内海在内的本州西部地区遭遇蝗灾，发生了严重的饥荒，仅松山藩就有超过3000人饿死。可就是在这个松山藩的领地之内，有座越智岛，岛上共有17个村落，竟然无人因饥饿而死。不仅如此，该村村吏还从岛上的存粮中拨出700袋大米送给松山藩。这个村之所以有余粮，多亏了当时岛上芋薯栽培的普及和盐业的兴盛，因为有盐，所以芋薯便于储存，也才能在歉收粮荒时保证岛民不至于忍饥挨饿。[①]

二 休浜同盟与盐田同盟

不过，近世初期濑户内海制盐业发展的迅猛势头并没有持续多久。由于有利可图，人们争先恐后地开发盐田，结果导致盐田开发过度，以及生产过剩。盐价因此下跌，卖不出去的海盐堆积如山，盐田随即萧条下来。于是当地人开始实施"休浜法"，也就是在工作时间较短的秋冬两季停止盐田的作业。"休浜法"是生口岛濑户田浜[②]的盐业生产者三原屋贞右卫门想出来的。在他的劝说下，安艺国、备后国和伊予国的盐田从业者达成了休浜协定，于每年二月至九月开展制盐生产，十月到第二年的一月期间则停业，"休浜法"因此也叫"二九法"。不过协议在实施后发现问题比较多，所以不到十年就瓦解了。[③]

---

① 渡辺則文「近世における瀬戸内の島々」，森浩一、網野善彦、渡辺則文『瀬戸内の海人たち—交流がはぐくんだ歴史と文化』，中国新聞社，1997年，151~153ページ。
② 位于现在的广岛县丰田郡濑户田町，该町由生口岛和高根岛组成。
③ 渡辺則文「近世における瀬戸内の島々」，森浩一、網野善彦、渡辺則文『瀬戸内の海人たち—交流がはぐくんだ歴史と文化』，中国新聞社，1997年，166ページ。

盐业生产联盟的发展并未因此止步。周防国有个三田尻盐田的盐业经营者名叫田中藤六，他于1771年（明和八年）再次提出了每年三月到八月期间制盐、其他时间休业的"三八法"。田中深知，濑户内海各地的盐田条件不尽相同，所以劝说加盟十分困难，但在他的不懈努力下，安政年间（1854年至1860年），濑户内海地区的主要盐田几乎都先后加盟了。这就是"濑户内十州盐田同盟"。盐田同盟每年都会召集大家商议开会，就盐价和煤炭价互通行情，讨论当年停业休整的程度，并对制盐条件相对较差的盐田适当缩短休滨时间。① "濑户内十州盐田同盟"持续了一百二十余年。这一期间，同盟虽然也遭遇了不少曲折迂回，但毕竟形成了一段较为长期、稳定的发展时期，并且超越了藩属国家。这在江户时代的所有产业中都是绝无仅有的。濑户内的海民世界自成一体的特性已经十分显著。

只是，近世末期的盐业生产联盟并没有维持太长时间。进入近代的明治时期以来，盐成了国家专卖品，盐民自主生产、定价、买卖海盐的时代已然终结，到了第二次世界大战之后盐也还是由专卖公社贩卖。特别是随着1971年（昭和四十六年）《盐业近代化临时措置法》② 的实施，濑户内海上的所有盐田均被废止，从事盐田作业的濑户内海盐民也就此退出了历史的舞台。

第四节　海盗

以村上水军为首的濑户内海海盗在中世，特别是战国时期有着十分辉煌的业绩，成了推动日本历史发展不可或缺的力量。但是，1588年（天正十六年），丰臣秀吉的一纸海盗禁令，却使得这些中世活跃在濑户内海舞台之上的海上武装集团成了官军讨伐的对象。尤其是手握濑户内海上因岛、能岛、来岛制海权的村上水军，在1585年（天正十三年）受到攻击后，最终土崩瓦解。众多小型海盗集团在16世纪末期或被消灭，或转入"地下"。大型海盗集团方面，上层的海盗头目们被内海沿岸有权势的大名收作家臣，比如因岛和能岛的村上水军就被编入毛利的水军，成了毛利氏的家臣；有

---

① 渡辺則文「近世における瀬戸内の島々」，森浩一、網野善彦、渡辺則文『瀬戸内の海人たち―交流がはぐくんだ歴史と文化』，中国新聞社，1997年，166ページ。
② 『塩業の整備及び近代化の促進に関する臨時措置法』，法律第47号。

的被官军追入山中，自己成了一地大名，比如来岛的村上水军，在1601年（庆长六年）最终落脚在九州丰后的山中，被封为14000石的森藩①藩主，成了当地大名。②

海盗在近世失去濑户内海的活动空间，从此黯然失色，退出了历史的舞台，进而销声匿迹，终于无迹可寻。目前，在伯方岛、生名岛、大三岛等地一直还流传着"水军归田"的传说，或许他们凭借自己的航海技术，后来成了水手或船运商人，但这些也只能是猜测，至今仍然缺乏资料可寻。

大分县的森藩是一个三面矗立着近千米山峰的盆地，郁郁苍苍的森林漫布其间。森藩的第一代藩主名叫来岛康亲（1582～1612），他在经历关原之战③（1600年）后被迫辗转流浪，最终依靠其审时度势的判断力，凭借其残存的人脉关系，避免了覆灭的命运，在偏远小国森藩获得了受封领地、残存下来的机会。从第二代开始，森藩藩主改名为久留岛氏，但或许是水军传统的传承，又或许是对于濑户内海的思念情怀，历代森藩藩主在乘船经过濑户内海，前往江户参勤交代的路上，经过大三岛时，必定会去大山祇神社参拜。到了第八代藩主（1787年至1846年）时，干脆把大山积神请到玖珠当地，建起了三岛宫。④ 三岛宫石墙重重相围，蔚为壮观。

第五节　造船业者

造船业者作为一个独立的海民群体受到关注，还是近世之后的事。尽管早在古代，濑户内海就是造船业的发达之地，但造船技艺却一直没有成为一种独立的谋生手段，直到近世，这样的情形才有了很大的改变。

爱媛县今治市附近海域中的来岛曾是当年三岛水军中的一派、来岛村上水军一族的据点所在，如今早已成为世界闻名的造船基地。现在今治市所在海岸线上造船厂所设起重机鳞次栉比，这片当年水军勇士们驾驶小船来去自如的海面，如今正在建造的是巨型的远洋钢铁轮船。在战国时期代

---

① 位于现在九州大分县中西部的玖珠町。
② 渡辺則文「近世における瀬戸内の島々」，森浩一、網野善彦、渡辺則文『瀬戸内の海人たち―交流がはぐくんだ歴史と文化』，中国新聞社，1997年，139～142ページ。
③ 战国后期，发生在德川家康和毛利辉元之间的战役。
④ 渡辺則文「近世における瀬戸内の島々」，森浩一、網野善彦、渡辺則文『瀬戸内の海人たち―交流がはぐくんだ歴史と文化』，中国新聞社，1997年，140ページ。

表了木造船技艺顶峰的安宅船、关船和小早船现如今只能作为模型被安置在博物馆中。木造船这项技艺本身已基本失去了实际应用价值，但造船名地的传统却被这里生活的人世代传承了下来，这才成全了第二次世界大战后日本濑户内海四国沿岸的造船业神话。

1576年（天正四年），村上水军在大阪、木津川口海战中大败织田信长的水军，充分证明了自己卓越的航海技能与造船技术。在这场战役中，村上水军使用了"龟甲船"等最新型战舰，彻底压倒了织田信长的气势，织田因惨败而被激怒，下令利用铁板建造巨舰，以提升战斗力。

战国期间，提升造船技术的动力来自对强大战斗力的渴望，可是进入江户时代之后，改进造船技术不再是为了赢得战争，而是商业利益驱使的结果。物资流动的巨大市场需求催生了远距离航行的大型帆船，千石船和北前船的出现正好迎合了这一需要，成就了江户、大阪日益增长的物资需求，日本造船业也就此进入了一个崭新的时期。

来岛这个村上水军曾经的据点，在进入近世之后，依然是海民活跃的舞台，只不过，这一次的主角从海盗变成了乘风破浪的水手。就在来岛对岸的爱媛县越智郡波方市，江户时代起，这里的海民们就从当地向同属一个郡的菊间市运输黏土。菊间市瓦产业兴盛，黏土是生产瓦片必不可少的原材料。等到了目的地卸货后，再把瓦窑中烧剩的燃料松灰运到大阪。① 海盗的故乡，凝聚着从中世传承下来的造船胜地特有的顽强不息的海民精神。

（一）近世的三种回船

进入近世时期，从事物资运输任务的回船主要有三种：菱垣回船、樽回船和北前船。三种回船代表了近世时期不同阶段中，为迎合不同物资运输任务而出现的种类，也揭示了近世造船业发展的一个重要侧面。

菱垣回船是江户时代中连接大阪等近畿上方之地与江户这一消费地的货船。之所以把这种回船称作"菱垣"，是因为这种回船的两侧船舷处设有防止货物落水的船舷墙，是由菱形木格组建起来的。17世纪初，大阪一带的批发商从大阪出发，把木棉、油、醋和酱油运往江户，为了防止货物从船上掉入海中，就在两侧船舷装上了菱形的栅栏，菱垣回船因此得名。

樽回船主要是从大阪等上方地区向江户运送清酒的货物船，因为酒要

---

① 渡辺則文「近世における瀬戸内の島々」，森浩一、網野善彦、渡辺則文『瀬戸内の海人たち―交流がはぐくんだ歴史と文化』，中国新聞社，1997年，160ページ。

用桶来装，故而得名樽回船，在江户时代中期取代了菱垣回船，成为大阪向江户水运的主要回船。由于菱垣回船需要装载各种货物，等货装舱往往耗费时日。相反，樽回船大多是两百石到四百石装载能力的小船，但也因体积小，而灵活轻便，周期短，船速快。清酒不宜存放，容易变质，需要尽快运输，樽回船简直就是专门被设计来装载清酒的，因而备受酒商青睐，成为运输清酒的专用货船。此后，樽回船逐渐地不单承运酒类，也运送醋、酱油及其他零碎生活物品。最终，樽回船取代菱垣回船，成为水上运输的主力。

北前船则是江户时代到明治时代一直活跃在日本国内航线上的买卖回船。这种回船并不是受货主委托运输商品，而是船主自己就是货主，在航行过程中倒买倒卖商品，赚取利益。起初，江户地区的商人曾一度控制北前船，但此后逐渐被北前船的船主取代。北前船的航线是从北陆以北地区沿着日本海沿岸停靠各港，经本州最西部的下关港进入濑户内海，直至大阪并前往江户。也就是我们上文中提到的西回航线。后来航线又再次延伸到北海道，北前船的船名便由此而来。

（二）造船中心地及其在幕府末期的衰落

近世时期，广岛县吴市的仓桥岛①的本浦地区是远近闻名的造船基地。仓桥岛位于广岛县吴市以南、爱媛县的津和地岛、怒和岛以北海域，本浦大致位于该岛的南部中央位置，北倚尾根山，南面海湾，海岛风景十分优美。

朝鲜通信使宋希璟在他的《老松堂日本行录》中曾提到，仓桥岛是濑户内海沿岸最为警戒的海域之一。② 濑户内海是自古以来日本通往东亚大陆的最重要海上通道，而仓桥则处于这一通道的要冲位置上。正因位置独一无二，所以这里自古就是环濑户内海地区著名的造船基地。

进入近世的江户时代以来，这里已经成为濑户内海上首屈一指的船体建造与修理中心。1780年（安永九年）的《仓桥岛诸职人书出账》记载显示，当时仓桥岛上共有木工头36人、木工287人、伐木工49人、大锯工14人、铁匠35人，共计421人从事造船业。实际的作业过程中，这些木工家

---

① 广岛县吴市所在行政区内的岛屿，属于艺予群岛。
② 佐竹昭「廻船と航路」，山口徹（编）『瀬戸内諸島と海の道』，吉川弘文館，2001年，125ページ。

庭的子女两三百人也参与帮忙，再加上销售木板、木料、铁炭、麻絮、钉子和蓼草等相关职业的人员，在1724年（享保九年）的本浦户籍上登记在册的人口共495户1905人。[①] 仓桥岛的本浦堪称造船之町。

江户时代，本浦地区的社会群体已经出现明显的分层。从1683年（宽永十五年）的《仓桥岛地诘账》[②]记载中可知，整个仓桥岛475个名请人[③]中，本浦地区的就占了300人；如果只算不满一石的名请人，那么整个仓桥岛有215人，而本浦就有162人。此外，这份《仓桥岛地诘账》显示，本浦地区已经出现了"大工""锻冶"等造船木工中带有头衔的工种名称，说明造船业的木工中也有了级别上的差异。[④] 而实际上，当时仓桥岛其他村落并没有如此明显的阶层差别，可见江户初期，这里的造船业已经相当发达。

到了近世末年、明治初期，本浦收到的造船订单已经来自全国各地，北到北海道的渡岛尔志郡三之谷村[⑤]，南抵九州鹿儿岛县的萨摩山川[⑥]，交易圈堪称庞大。造船业的主要客户来自安艺、伊予、周防地区。此外，丰前、丰后、肥前和赞岐地区的客户也相当多。[⑦] 这里直到近世末期一直都是濑户内海西部屈指可数的造船地。

仓桥岛本浦的造船订单不仅来自普通的回船和渔船船主，他们也接藩主的活。江户时期，这里也承接过各藩的御用船和关船等军用船的建造业务，尤其是津和野藩、唐津藩、长州藩、广岛藩、森藩、日出藩、臼杵藩等更是常客。[⑧] 当地的造船木工中不乏能工巧匠，精通军舰建造所需的各流派劈木技术，正是因为当地木工造船技艺十分过硬，这才能获得各藩政府的信任。

除了仓桥岛的本浦外，位于广岛县以东、现在冈山县一带的备前国牛

---

① 佐竹昭「廻船と航路」，山口徹（編）『瀬戸内諸島と海の道』，吉川弘文館，2001年，124～125ページ。
② 即仓桥岛当地的检地账，是政府检测并总结当地田地数量后记录在册的账簿。
③ 在当地的《检地账》中登记在册、有房有田、受当地领主认可的农民，被称为名请人。
④ 佐竹昭「廻船と航路」，山口徹（編）『瀬戸内諸島と海の道』，吉川弘文館，2001年，127ページ。
⑤ 位于现在的北海道乙部町。
⑥ 位于现在的九州鹿儿岛县山川町。
⑦ 佐竹昭「廻船と航路」，山口徹（編）『瀬戸内諸島と海の道』，吉川弘文館，2001年，127～128ページ。
⑧ 佐竹昭「廻船と航路」，山口徹（編）『瀬戸内諸島と海の道』，吉川弘文館，2001年，128～129ページ。

窗地区也是近世著名的造船地。牛窗自古就是渔业部落聚居之所，到了近世更是变身为造船名地。这里主要接收来自备前、备中、备后地区的造船订单，与本浦一东一西，是濑户内海上势均力敌的两个造船业中心。

进入近世后期，濑户内海的造船业格局又一次发生了改变。由于各地对普通回船和渔船的需求量不断高涨，很多渔村、港口开始就近建设造船基地，自行制造船舶，不再专程赶赴造船业中心去下订单。本浦和牛窗这样的造船基地从此江河日下，日益萧条下来。

到了1744年（延享元年），本浦已经陷入慢性资金不足的困境，也就是说，当地造船工头即使拿到订单也没钱购买造船所需木材。不得已，人们只能求助于政府，有的向当地政府广岛藩主借钱，还主动出击，到周防、伊予等地竖起广告牌，公开进行一种名为"船市立"的招投标，招徕购买船舶的竞标者，为的就是可以扩大造船业的队伍，通过规模化的大量生产来降低成本，招徕远地的顾客来这里下订单。在1849年（嘉永二年）8月的一次招标中，共收到2506个投标，并在两天之内就有51艘200石和650石的回船中标并销售，看来"船市立"还是有效果的。[①] 虽然藩主不会轻易许可这种经营方式，但大量订单可以带来规模化生产，为了造船业的生存，当地业者仍然不厌其烦地疏通着关系。

除了上述销售渠道上的努力外，本浦村也在不遗余力地进行着技术层面上的改进。1801年（享和元年），人们在当地海边筑起石墙，修建专门的干船坞。这个船坞的修建在日本造船史上有着特殊意义，进入明治时期后，这里被用作蒸汽船的修理厂，名为宝来船坞。

还有就是依靠政治上的运筹，利用藩主权力来确保自己在当地的造船独占权。换言之，如果当地藩主因周边的"异变"而下达军船建造的命令，即使事出紧急也要优先藩主的订单，立即着手建造，通过这种方法与藩主建立利益关系，成为御用造船商，从而确保自己在造船业中的垄断地位。事实上，到了幕府末年，"异变"真的发生了。1863年（文久三年），国际形势日趋紧张，国内幕藩体制的危机也愈发深化。面对国内外局势，广岛藩藩主意识到必须大力加强本浦作为军事造船业基地的功能，于是注入大规模资金，开设官方造船基地，还从长崎等地招来造船工匠，帮助当地造

[①] 佐竹昭「廻船と航路」，山口徹（編）『瀬戸内諸島と海の道』，吉川弘文館，2001年，129～130ページ。

船；又购入西洋式军舰，命令当地造船基地负责修理；并下令当地造船基地建造人力踩踏的明轮船模型，还进行了下水试验。总之，藩主出于政治和军事上的考量，对本浦造船业施以强大的政府保护。

不过，历史发展的事实证明，御用造船厂只不过是近世末期仓桥岛本浦造船业的回光返照。随着明治维新的成功与此后开展的废藩置县，广岛藩注入当地造船业的资金被广岛县回收，仓桥岛进入了"赤贫度日"阶段。再加上当地工匠已大量外出务工，到其他藩国的领地上去从事造船作业，当地造船业的人力资源正在逐步发生空洞化。1744年（延享元年），外出务工的造船工匠已超过总数的1/3，到了1862年（文久二年），当地六百余名工匠中有三百余人已外出。[①] 传统造船业中心不得不面对重生前的阵痛。

第六节　捕鲸业渔民

捕鲸业者到了近世，也迎来了本群体发展的黄金时期。新开发出来的捕鲸技术运用到捕鲸活动中，很快就使得捕鲸业成了发家致富的有效手段，捕鲸业者的队伍由此大大扩充，捕鲸文化在日本列岛各地日益普及，生根发芽。

一　网取式捕鲸法

突取式捕鲸法是在中世后期到近世前期形成并传播至濑户内海各地的。但由于规模都比较小，所以产业化程度不高，其"商业价值"并未引起人们的足够重视。但进入近世后，另一种著名的捕鲸法——网取式捕鲸法问世，并在列岛各地逐渐普及开来。这种捕鲸法能捕猎大型鲸鱼，并且相比从前的方法显然高效得多，因此不仅逐渐取代了突取式捕鲸法，还帮助捕鲸业成为当时日本一项重要产业。

虽然突取式捕鲸法在濑户内海乃至全国各地的传播没有明显带动捕鲸业的产业化发展，但由于普及范围十分广泛，因而致使日本列岛周边的小型鲸鱼大量减少。到了江户中期，突取法主要的捕猎对象——露脊鲸、灰鲸等小型鲸鱼已经开始减少。人们因此不得不把目标转向座头鲸等大型鲸鱼。可这样一来，专门捕猎小型鲸鱼的突取法这一传统捕鲸技法就难以胜任了，对捕鲸利益的需求促使人们突破传统，开发新技术。正是在这一时

---

① 佐竹昭「廻船と航路」，山口徹（编）『瀬戸内諸島と海の道』，吉川弘文館，2001年，131ページ。

代背景下，纪州太地浦开发出一种鱼叉和渔网并用的大型捕鲸技术——网取式捕鲸法。这种捕鲸技法是在1677年（延宝五年）由捕鲸渔民和田赖治发明的。这个和田赖治就是上一章提到的和田赖元的孙子。和田赖元在中世率先在太地把捕鲸变成一项组织化的产业，自此有了捕鲸队这种集体捕鲸形式。和田赖治则更进一步发明了网取式捕鲸法，使得纪州太地浦的技术迅速在濑户内海各地广泛传播开来。后来和田赖治干脆改名叫太地角右卫门[1]，太地家成了当地旺族。在网取式捕鲸法这一捕鲸新技术得到开发后的第六年，即1683年（天和三年）末年至1684年春，太地浦的网取式捕鲸法终于在实践中见到了成效。那段日子里，太地浦的渔民们取得了巨大战果，捕获座头鲸91头，露脊鲸2头。[2]

网取式捕鲸法简单说来，就是在特定地点事先固定好渔网，再由捕鲸队把鲸鱼赶入网中，待鲸鱼因受网困、游泳速度降低时，再使用鱼叉将其一举捕获。日本渔业史学家石田好数认为，网取式捕鲸法当时在全世界是独一无二的。

和田赖治在太地浦当地引入网取式捕鲸法的过程并不顺利，其中最大的困难要数如何改组原本相互独立的捕鲸队"刺手组"，把他们整合成一个网组同盟。进入近世以来，捕鲸队的捕猎对象已不再是小型鲸鱼，而是体积更为庞大的座头鲸，因此，作业队伍必须做根本性改进，用来驱赶鲸鱼的势子船要大量增加，否则无法对大型鲸鱼形成围逐；抓捕鲸鱼的渔网是特制的，需要专业船只来设置；还有，在制服鲸鱼之后，也需要特定的船舶来把鲸鱼拖回捕鲸基地。总之，要抓捕一头大型鲸鱼，需要各个环节的大量人力物力的通力缜密合作才能完成。

为此，和田赖治把整个太地浦的所有住民进行了重新整合，解散了此前的零星刺手组，开始重新编制捕鲸队的组合。这个过程并不快，捕鲸作业的磨合十分耗费时间，和田赖治本人直至去世前，都在致力于这种网取法的改良工作。他还煞费苦心地建立起完备的组织机构，从1675年（延宝三年）到1699年（元禄十二年）去世为止，花费了二十多年的时间才使得这种技法逐渐趋于成熟。至今，和歌山县的太地町依然是著名的捕鲸之城，

---

[1] 也写作太地觉右卫门。
[2] 石田好数「列島の捕鯨文化史」，網野善彦等（編）『海と列島文化　第十巻　海から見た日本文化』，小学館，1992年，258ページ。

还因为这种"古典式捕鲸法"引起国际社会的注目和批判。

二　捕鲸团队的结构

网取式捕鲸法使得捕鲸活动越来越有利可图,带动捕鲸相关的利益集团规模日益扩大,这一点,在鲸组的发展中得到了充分的体现。鲸组到了近世,发展成了一个极为复杂而巨大的组织,一个鲸组常常拥有 1000 到 2000 个劳动力。不过,这样的鲸组和现代捕鲸公司的组织结构是完全不同的,鲸组本质上是捕鲸渔村中的渔民互助组织。[①]

纪州太地浦和九州等地对网取式捕鲸法的成功引进使得捕鲸业迅速走向产业化,捕鲸业在当时的日本列岛堪称日本的"海洋制造业",足见其就业人员的规模之大。因此,这里有必要对网取式捕鲸法的作业团队结构做一下梳理。

从事网取式捕鲸法的集团主要由六个组织共同构成。

第一,本部,也称总指挥所。当时,和田赖治就是在这里给其他五个组织下达命令的。本部直属的科系包括算账的会计科、炊事班等杂务科、后勤科。

第二,大纳屋,也就是器械科。顾名思义,这里是调整和保管捕鲸用具的地方,所属人员大概有 30 人。其中,全权负责人一名,当时是由和田一族的人来担任,在此之下设一名二把手,再另外配备船木工两至三名,船橹[②]木工两名,锻冶工两名,桶工三至四名,人称师傅的中元一名,负责渔网修理的人员一名,负责鱼叉的人员一名,负责渔网的人员一名,负责挂帆的人员一名,负责安置划桨的人员一名。再加上给以上这些工人打杂的人手七至八名,上了年纪的,或是不能在海边进行沉重劳动的人员叫作"弱人",从事的就是这种打杂工作。

第三,瞭望者,就是监视鲸鱼洄游情况的职务。在太地浦,秋天到冬天正值鲸鱼由东往西洄游的渔期,到了春天则相反,鲸鱼会由西往东洄游。在这些渔期里,太地浦当地设立了三个瞭望所,分设在海边不同山头,用以观察鲸鱼的来往行踪,三个瞭望所之间互换信息之后,再给海上的势子船和网船下达指令。在捕获鲸鱼,或是海上出现紧急援助情况时,瞭望所就会给对面山上的其他瞭望所发出信号,利用旗语、狼烟和吹法螺号等方

[①] 森田勝昭『鯨と捕鯨の文化史』,名古屋大学出版会,1994 年,151ページ。
[②] 拨水使船前进的工具,置于船边,比桨长,用于摇动。

法，提醒对方做好接应准备。瞭望所是实际进行捕鲸活动时最关键的部署。因此，当时瞭望所的总指挥是由和田一族中最有权威的主家族人来担当，每个瞭望所还会给这位瞭望所总指挥配备一位经验丰富的师傅，以及三到五名炊事员。

第四，各种功能不同的捕鲸船及乘坐这些捕鲸船的船员。捕鲸船上的船员被称作"船头""猎夫"，所乘坐的船也分为四种，分别是势子船、网船、持双船、樽船，每条船配备专职刺手一名，担任船长兼渔捞总负责人。

首先是势子船。这是捕鲸队的主力船，主要任务就是在海上布阵，等待鲸鱼到达该海域后实施驱逐，将其赶入网中。为了围堵鲸鱼，势子船有时甚至要开到15公里之外的海面上去布阵，待到鲸鱼闯入阵中，便听从瞭望台的指挥，组成V字编队，巧妙地将鲸鱼赶至布网地点，待鲸鱼被网缠住后，再用鱼叉将其杀死、捕获。势子船全长约10.6米，宽约2米，深73厘米，船上除了配备有最先插入鲸鱼身体的早叉外，还备有差添叉、下屋叉、角叉、三百目叉、手形叉、万叉、柱叉、锚叉、剑叉等大型鱼叉，捕猎工具可谓应有尽有，一应俱全。每艘势子船上共计15名船员，包括担任刺手的船长，担任刺手水手的副船长，以及普通水手，其中还包括8名划桨手。这些船员的地位各不相同，刺手是世袭的，刺手水手相当于刺手候补，一般由刺手的孩子担任。在捕鲸最兴盛时期的1673年至1763年（延宝到享保年间），势子船的数量多达一次25艘；等到了幕府末年的1789年至1830年（宽政·文政年间），美国捕鲸船队进入日本周边海域，进行渔场和渔业资源争夺之际，势子船的数量就减少到了每次14艘；进入明治初期（1780年），鲸鱼数量明显减少，捕鲸业开始呈现不景气趋势之时，势子船的数量便减少到了一次仅7至8艘。①

其次是网船。网船的任务是协助势子船。简单说来，就是布好半圆形的渔网，等着势子船把鲸鱼赶过来之后，让鲸鱼被渔网缠住而失去自由，以便让势子船上的刺手们乘着鲸鱼挣扎难以逃脱之际，用鱼叉插死鲸鱼。网船一般有9艘，每条船上要6名划桨手。其中，1号船和2号船上乘坐13人，3号船及其他所有网船上都只坐12人。

再次是持双船。持双船的任务是把杀死、捕获的鲸鱼夹在两艘持双船

---

① 石田好数「列島の捕鯨文化史」，網野善彦等（編）『海と列島文化　第十巻　海から見た日本文化』，小学館，1992年，260~261ページ。

中间,并系在运过来的横木之上,拖曳到港口区进行处理。持双船的数量为4艘,为的是万一其中两艘遭遇事故,便马上启用备用船,以免误事。每艘持双船上乘坐10人,包括6名划桨手。

最后是樽船。这种船的任务是捕鲸作业完成后,在水面上回收捕鲸所用木桶。捕鲸所用的渔网十分沉重,为了增强渔网的浮力,以便张开网口,除了要用专门的浮子之外,还会在网边系上木桶。但是,一旦鲸鱼被渔网缠住,受到鱼叉攻击,总会奋力逃脱,这时系木桶的网总难免断裂,木桶便漂在海面上了。樽船的任务就是回收这些木桶。这样的船通常只有一艘,船员共8名,6名划桨手,一般都是老人或少年来担任。

除了以上这些各司其职的专门捕鲸船外,捕鲸队还会配有一艘杂货船,用以盛放各种备用道具。

网取式捕鲸队的第五个组织叫作处理科,也叫解体科,顾名思义,就是对捕获的鲸鱼实施解体工作的团队。持双船把鲸鱼搬回来后,处理科就在运回来的鲸鱼尾部套上绞盘的网子,转动绞盘,用大刀将鲸鱼躯体中的皮脂部分和瘦肉部分分开,然后分类归库。皮脂部分运到锅炉房,切成细块用来熬油。当地捕鲸全盛期共有这种熬油用的大锅10口左右,烧火、取油、取肉等工序复杂,都需要大量人力。

第六,筋士科。这个组织其实是直属于本部的,但因为工种特殊,所以也要单列阐释。筋士科的工作是在鲸鱼解体过程中,从鲸鱼的筋骨中巧妙地抽出筋,鲸鱼筋可用于制棉,也可用作上等的弓弦。鲸鱼筋在当时的日本有着极为重要的利益价值,如何获取这份利益,全靠这些渔民中的巧匠。

以上六个组织在捕猎鲸鱼时必须通力合作。这一过程主要由以下环节构成。首先是瞭望所发现海面有鲸鱼的行踪,于是根据鲸鱼喷水的方向来判断其种类,然后发出信号。海上的势子船看到信号,会根据鲸鱼种类不同,出动4至10艘不等的势子船,以及2艘装载着1200米藁网的网船。势子船一旦接近鲸鱼,要用早叉刺之。这种鱼叉上带着箭绳,绳子的另一头在势子船上,这样即使最后鲸鱼沉入海面之下,也可以准确判断它的位置。早叉刺入鲸鱼身体后,势子船便朝着网口的方向尽力驱赶鲸鱼,他们必须把鲸鱼赶到网口之中,以便渔网能顺利将鲸鱼缠住。鲸鱼被网缠住后,势子船要用角叉和三百目叉来叉刺,这些鱼叉上都带着铁钩,鲸鱼被钩住后愈发不能动弹。此后,再进一步用手形叉、万叉、柱叉、锚叉等不断投掷,叉刺鲸鱼直至其气息渐弱。一般来说,小型鲸鱼要用鱼叉20根,大型鲸鱼则需约 100 根。这时，势子船最后向鲸鱼投出剑叉，给其致命一击。待到鲸鱼死后下沉时，持双船就开始工作，两艘持双船把鲸鱼尸体夹在中间，拖到岸上，再由解体科来用长杆刀将鲸鱼分解处理。

以上整个作业过程中，至少有 1000 人参与，网取式捕鲸法堪称海洋制造业，太地浦的捕鲸业由此获得了飞跃性发展。从 1661 年到 1687 年的二十余年间，太地浦的村落人口从 130 户增长至 471 户，足足长了 4 倍，其繁荣景象刚好可用俗语"一鲸富七浦"来形容。像和田赖治这样的捕鲸组主人的生活更是堪比坐拥一国一城的大名。①

三　网取式捕鲸法的传播

网取式捕鲸技法在九州西北海、长州等地急速传播开来。太地角右卫门的这项捕鲸技法后来传到了九州地区，被松岛与五郎这位当地捕鲸业者发扬光大，使得当地的捕鲸业也逐步实现了产业化。松岛与五郎原本是九州大村藩松岛村②人氏，后来成了九州西北海域一个著名捕鲸家深泽仪太夫胜清的继承人、深泽仪太夫胜幸（法名真海）的养子，继承了这家的家业，继续从事捕鲸活动。松岛与五郎名声在外，名望远高于本家深泽家，但事实上，网取式捕鲸法是深泽家从太地浦带回九州的。在松岛与五郎养父所写《深泽家旧记》中有着如下记述。

贞享元年（1684 年），深泽仪太夫法名真海登岛，夜宿于笹川家，为了尝试用网作业和古座屋次郎右卫门一同来的熊野太地浦的角右卫门处，见识到了网组的用法，归国后在壹州③胜本浦组建深泽氏网队捕捉鲸鱼，九州的捕鲸网组至此开始。④

从中可知，九州地区的网取式捕鲸法确实是从纪州太地浦地区学过来的，并且由正深泽家的第二代继承人深泽仪太夫胜幸从太地浦角右卫门那

---

① 石田好数「列島の捕鯨文化史」，網野善彦等（編）『海と列島文化　第十巻　海から見た日本文化』，小学館，1992 年，263～264ページ。
② 大村藩的位置在现在的长崎县大村市，是以肥前国彼杵地区为领地的藩。松岛则是其中位于西彼杵半岛以西 1 公里的五岛滩海域，目前行政区划上属于长崎县西海市。
③ 壹岐国的别称，位于长崎县北部玄海滩海域上的岛屿。
④ 『深沢家旧記』。转载自以下文献：石田好数「列島の捕鯨文化史」，網野善彦等（編）『海と列島文化　第十巻　海から見た日本文化』，小学館，1992 年，257～258ページ。

里学来，回到九州开创了网取式捕鲸法。

这个时期的九州捕鲸业者们都到长州的见岛①附近海域，寻找鲸鱼的行踪，并伺机而动。松岛与五郎也不例外，他从养父那里继承了太地浦的网取式捕鲸法后，就开始在长州见岛海域实践这种技法，自然也就把这种先进的捕鲸法带到了当地。到了1695年（元禄八年），松岛与五郎回到大村藩松岛西泊，在那里开始经营捕鲸业，这一年距离他的养父从纪州太地浦学到网取式捕鲸法仅十年之隔。松岛与五郎不仅擅长捕鲸，还经常向藩主的藩库上缴御用金，②因而获得了150石的俸禄，算得上捕鲸渔民中的成功人士。

捕鲸业在江户时代的中期日趋兴旺，捕鲸队需要更多的渔民部落来协助捕鲸。比如，五岛列岛的有川地区，在开展捕鲸活动的过程中，所招募的从业者都来自渔民古来居住之地的五岛的宇久岛、小值贺岛、大村领濑户、崎户、肥前呼子、筑前野北、钟之崎等地。这些渔民通常擅长潜水，能胜任最残忍的工作，比如挖去鲸鱼的心脏，在鲸鱼头上打洞。此外，在刺杀鲸鱼前，要用渔网套住鲸鱼头。从事撒网套头工作的，并不是上述古老渔民部族的人，而是来自濑户内海赞岐的高见岛、备前鞆、田岛、周防长岛、八岛、牛岛和室积等地的渔民，他们个个是划桨高手，兼又擅长撒网，是这方面的好手。时间久了，周边以船为家的家船民群体就自然逐步解散了，渔民们纷纷投靠捕鲸队，从事这一生财的"海洋制造业"。③

四 鲸鱼的商业价值

鲸鱼的商业价值是多方面的。鲸鱼的肉、内脏、皮均可食用，从室町时代起鲸鱼就是最高级的料理食材之一；鲸鱼筋可加工做弓弦，鲸鱼骨可制成武器、工艺品及日用品，尤其是须鲸的胡须可加工成工艺品的发条或弹簧；鲸鱼油则是制作灯油的珍贵材料。但值得注意的是，在江户时代，鲸鱼最大的经济价值却在于其对农业稻作的贡献，鲸鱼油具备驱赶害虫的功能，作用有点像现代农药。江户时期发展到中期，农业，特别是稻作业长期遭受低温冷害，连年歉收。加之蝗灾泛滥，常常发生饥荒。面对蝗灾，

---

① 位于山口县北部海域，目前行政区划上属于山口县荻市。
② 御用金是江户时代，幕府和各藩为了填补财政上的不足，临时向城镇所在地的住户、农民征收的金银。
③ 宫本常一「捕鯨と漁民」，宫本常一『海に生きる人々』，未来社，1964年，148～149ページ。

当时人们能想到的对策都还十分简陋，除了燃烧火把、敲鼓、在田间巡逻之外，几乎可以说是束手无策。后来，人们在实践过程中发现，鲸鱼油有驱除蝗虫的功效。一旦发现虫害，只要在发生虫害的田地中注入鲸鱼油，就可以有效防止虫害的扩散。鲸鱼油的这一功效广为传播后，各地大名都开始储备鲸鱼油，以确保粮食的产量。因此，从纪州、土佐、九州西北海等捕鲸基地炼出来的鲸鱼油都被运往西日本的农耕区域，就连榨油后剩下的油炸（其实就是鲸鱼的细碎骨头），也被当作肥料运到了西日本地区。捕鲸业因此与濑户内海的农业产生了密切的联系。

　　日本捕鲸业在1818年至1854年（嘉永年间）迎来了全盛期，但这样的繁荣景象并没能维持太久，在19世纪美国捕鲸船进入日本海域之后，日本捕鲸业开始呈现逐渐衰退的景象。

第五章　近代濑户内海的海民群体

近代对濑户内海的海民而言，是一个充满变数的时代。一方面，濑户内海的海民在近代呈现向外发展的趋势，向着其他国家和地区的海域进发；另一方面，日本列岛本身也受到西方国家的冲击，许多传统海洋生业因此面临存续的危机。近代是濑户内海海民发生质变的时期，其存在形态到了这一阶段发生了本质的变化，从事海洋开发的现代化组织最终取代了海民群体，濑户内海及日本列岛的海洋生业发展由此进入了一个全新的阶段。

第一节　渔民

濑户内海的渔民在进入近代之后，成了"走出去"的代表。他们受困于濑户内海日显狭窄的海域，最终有不少渔民选择了向海外渔场进发。但随着战争的结束，渔民们最终还是回归了濑户内海。尘埃落定之后，其存在不再如从前那般受人瞩目，他们的渔业活动大多被显然更具效率的各种渔业公司所取代。

一　加剧的渔场纠纷

濑户内海沿岸及岛屿上渔村众多，在这些渔村中，有一些是从中世时期开始就存在的，但大多数都是在进入江户时代之后，随着濑户内海沿岸的町镇村落经济的飞速发展才成长起来的。上一章已经提到，在进入近世之后，江户时代所实施的幕藩体制下，各藩领地与此前的律令国家的领地范围出现了微妙的偏差，导致各地渔村对自己所属领地及所属海域的主张出现了矛盾。加之濑户内海地区的渔业及其相关产业发展迅速，渔业所带来的利益不断增长，终于在近世引发了一系列的渔场纠纷。

这样的纠纷并没有随着江户时代的终结而告终，反而由于明治政府推行的新政策愈发复杂和激烈。在藩政时期，幕府关于渔场使用权的管理所遵循的是沿岸各藩自治原则，简单说来就是"远海海域是共有渔场"，而"沿岸地带是属于当地渔村的渔场"。这样的自治原则下，虽然出现了上述渔场使用权认定的纠纷，但总体来看，还算相安无事。可到了近代的明治时期，明治政府为了推行"废藩置县"制度，于1875年（明治八年）宣布《海面官有宣言》，布告了海面借区制，宣布海面归日本国家所有，各县渔民要使用渔场，必须向政府租借，并支付租借费。这份名为《海面官有宣言》的布告原文如下：

> 以往人民为捕鱼采藻所使用之海面本属官有，明治八年二月第二十三号布告颁布之日起不再具有以往的使用权，想继续使用者应依据第二十三号布告的例外规定，向所管辖的官厅提出"借用"申请。①

明治政府的本意是确立国家统一管理的新渔场制度，但由于制度设计得十分粗糙，没有规定由哪里的官厅来出具海面使用权的"借用许可"，所以在具体实施过程中各县政府各搞一套，结果导致各地实施规则不一，使得传统的渔场使用秩序陷入了全面的混乱。政府看到新制度导致各地渔场纷争不断，急忙于第二年即1876年（明治九年）宣布废止这项制度，但为时已晚，纷争的火种一旦燃烧起来，便难熄灭，各地渔场纠纷被全面引发。这期间，濑户内海海域较大的纠纷包括冈山县下津井渔民和盐饱诸岛渔民间的纠纷、盐饱诸岛和香川县渔民之间的纠纷，以及爱媛县渔民和广岛县渔民围绕燧滩渔场产生的纷争等。这些纠纷往往要花费数十年的时间才能勉强解决，纷争期间充斥着激烈的冲突，甚至血雨腥风。

新渔场使用制度实施后引发了渔场纷争，受影响最大的是那些原本长年要到外海去捕鱼的渔民，包括从事"一本钓"的渔民②，以船为家的家船民等没有固定渔场、四处漂泊的渔民。其中，从事"一本钓"的渔民受渔场纠纷的影响尤为显著。通常来说，撒网捕鱼的渔获量通常比较大，而单杆垂钓的渔获量则小得多，所以，从事"一本钓"的渔民往往需要钓到当季价值较高的鱼类，才能维持生计，获得足够的利润。正因如此，"一本钓"的渔民才需要比其他渔民更为广阔的海域，以便追随这些高价

---

① 『太政官布告』，第195号。
② 就是用单根鱼线钓鱼的渔民。

鱼的洄游路线，伺机捕获。有时候，他们一整年都在这样的海上追逐中度过。以"一本钓"为生的渔村在濑户内海周边为数不少，其中最有名的就是濑户内海西部海域的冲家室岛[1]。这个直径不超过五公里的小岛，是个不折不扣的大渔村。在明治初期已有住户七百余家，人口超过三千，接近七成的居民是"一本钓"的捕鱼渔家。由于渔民多，所以尽管周边有不少优质渔场，但仍然无法满足渔民的需求，外出到其他县所属海域捕鱼的渔民很多。[2]

明治政府要各处渔民向所属官厅提出申请，在自己县所属渔场捕鱼，本意是要规范渔场秩序，让大家互不干扰。但这项制度在冲家室这种渔村实施时，效果却适得其反，渔民们不但没有被封闭在自己县所属内海中，反而愈发扩张。冲家室渔民在近世时期的活动范围本来就很大。毗邻的爱媛县各岛所在海域自不必说，从东濑户内海的与岛，一直到濑户内海西端的九州福冈县博多，佐贺县的唐津、伊万里，长崎县的北松浦郡大岛、五岛列岛等地的周边海域都在他们的活动范围之内。自从明治维新以来，冲家室渔民到其他海域捕鱼遭禁止进入的事例就屡屡发生。在冲家室渔民递交给山口县政府的一份《请愿书》中，他们提到：自从明治维新以来，爱媛县的青岛、由利岛、二神岛及其临近海域的岛屿都不准他们进入；到1882年（明治十五年），爱媛县大洲地区[3]的沿岸二十个町也都禁止他们入内；除此之外，九州福冈县的博多、长崎县的北松浦郡的所属海域也不许他们进入。如有违反，常常会被没收渔船、渔具和渔获物。《请愿书》上写道："渔业是岛上三千人生活的基本，但如今，因为无法进入渔场捕鱼，失去了活路，岛上民众都已食不果腹，着实困难。"[4] 就这样，为求生计，岛上渔民会为了开拓渔场而不惜远行，与明治政府期望渔民安分守己的愿望相悖，成了濑户内海渔民进入日本以外海域的"走出去"典型。

二 对周边海域及海外渔场的开拓

濑户内海地区的渔民为了避开领地问题错综复杂的内海渔场，只能转

---

[1] 位于现在的山口县大岛郡，属于该郡的周防大岛群岛。
[2] 森本孝「閉ざされる内海・海峡の海へ」，山口徹（编）『瀬戸内諸島と海の道』，吉川弘文館，2001年，168~171ページ。
[3] 位于爱媛县大洲市沿岸，面临伊予滩海域。
[4] 森本孝「閉ざされる内海・海峡の海へ」，山口徹（编）『瀬戸内諸島と海の道』，吉川弘文館，2001年，170~171ページ。

战九州北部及其他管理较为宽松的海域。渔民要开拓外部渔场，单打独斗是不可行的，只有依靠团结一致，组成渔船队，选出其中富有经验和智慧的渔民当领袖，由其负责与当地渔村进行渔业权的交涉。渔船队承诺本船队的打鱼渔船数量、捕鱼期间、捕鱼海域范围等，并严格遵守这些承诺，以此逐渐获得渔场所在地渔村的信任，慢慢确保了自己在当地的渔场使用权。

一开始，渔民们通常把家人留在故乡，自己在渔期出海，渔期结束再归家。但随着渔船队在北九州等地捕鱼权渐趋稳固，渔民们开始考虑举家迁移的可能性。冲家室的渔民从1877年（明治十年）开始，有不少移居到了九州的博多、唐津和伊万里等地，把家人也安顿在了当地。到了昭和时代，又有很多冲家室居民迁到了对马岛南端的浅藻地区①。这一次，迁移的群体不限于渔民，还包括鱼商、运输业者、船木匠等渔业相关业者群体，甚至还包括谷物商、理发师、豆腐店老板等其他商人和手艺人。②

濑户内海渔民的向外流动并没有止步于九州周边海域，而是逐渐加快了对外"扩张"的步伐。明治时代的中期与末期，渔民开始大规模"进军"朝鲜海峡。到了这个时期，渔民向海外开拓渔场已经成为大势所趋，不仅渔民自己渴望更多的优质渔场，政府也在极力促进、鼓动这种行为。1876年（明治九年），日本政府与朝鲜政府签订了《日朝修好条约》③，为日本渔民前往朝鲜海峡，进而迁移到朝鲜沿岸地区创造了条件；到了1897年（明治三十年）明治政府颁布《远洋渔业奖励法》之后，日本渔民前往朝鲜海峡的数量更是大幅增加，一时间，朝鲜海峡放眼望去全是日本渔船。这些渔船队主要来自濑户内海，也包括九州不临濑户内海的各县，以及本州日本海沿岸的岛根县和鸟取县。以1897年为例，日本渔船在朝鲜海峡的数量就超过1100艘，其中，仅捕捞鲷鱼的延绳钓鱼船一种，就有921艘，包括广岛县300艘、香川县300艘、冈山县150艘、山口县120艘、大分县20

---

① 对马岛南部地区名，现在的行政所属是长崎县严原町浅藻地区。
② 森本孝「閉ざされる内海・海峡の海へ」，山口徹（編）『瀬戸内諸島と海の道』，吉川弘文館，2001年，172~173ページ。
③ 也称《江华条约》，因在江华岛签署而得名，是日朝两国之间的不平等条约，严重危害了朝鲜主权。

第五章 | 近代濑户内海的海民群体

艘、岛根县 20 艘、爱媛县 11 艘。①

除了朝鲜海峡，中国沿海渔场也有了日本渔民的航迹。还是以冲家室渔民为例，1920 年后，冲家室渔民前往朝鲜海峡的渔船队开始减少，转而取道中国山东省沿海，在日本政府于 1914 年（大正三年）入侵青岛，获得德国租借地青岛的所谓"权益委让书"之后进入青岛海域；此后，又在 1895 年（明治二十八年）日本通过甲午战争侵占台湾地区后，随即进入中国台湾岛周边海域。此后，冲家室渔民前往台湾岛周边海域的渔船开始逐渐增多。1909 年有 12 艘，1917 年增至 40 艘，1920 年为 60 艘，人数也从 1909 年的 30 人增至 1920 年的 223 人。后来，冲家室渔民甚至带着家人定居于台湾岛北部的基隆和南部的高雄。② 冲家室渔民只是濑户内海，乃至日本各地从事远洋渔业的渔民的一个缩影。从冲家室渔民的活动轨迹中可知，起初，濑户内海渔民对内海以外海域的开拓是由于政府所推行的新渔业制度打破了传统的渔业生产秩序格局，因而不得已向外谋求生路，但随着政府对外扩张的推行，再加上第一次世界大战期间日本经济的高速发展，包括渔民在内的日本各行各业的人们移居中国台湾、朝鲜半岛和中国大陆的越来越多，渔民成了政府海外侵略和扩张政策的追随者、受益者，甚至有时候也在扮演"先遣部队"。

此外，明治时期起的日本海外移民不仅出现在其侵略所到之地，而且出现在太平洋的彼岸夏威夷，而这些移民中依然不乏濑户内海渔民的身影。和此前的海外渔场拓展相同的是，这次移民也是基于日本和夏威夷之间的"官约移民"协议发生的。第一轮"官约移民"发生在明治年间，但当时的移民，并非以开拓夏威夷当地渔场、从事渔业为目的。由于当时的夏威夷正在美国资本的支持下进入砂糖产业的鼎盛时期，为了扩大甘蔗栽培才需要大量劳动者，因此规定日本人移民夏威夷的条件是必须先从事三年的甘蔗田耕作。当时，日本濑户内海沿岸的熊本县、广岛县、山口县等地贫困人口十分集中，因此成了政府主要动员的对象。实际上，也是这三个县的夏威夷移民最多，但由于这几地的渔民大多在忙着开拓新渔场，所以移民

---

① 森本孝「海外への進出」，山口徹（編）『瀬戸内諸島と海の道』，吉川弘文館，2001 年，175ページ。
② 森本孝「海外への進出」，山口徹（編）『瀬戸内諸島と海の道』，吉川弘文館，2001 年，175～176ページ。

到夏威夷去的,很少有地道的渔民。

但进入1885年后,夏威夷的日本移民开始明显增加,1918年已增至10.6万人。当地的渔业无法满足移居此地的日本人的需求,于是,20世纪初,以从事农业为条件的官约移民时代结束,日本向夏威夷的移民进入自由时期,也因此出现了更多移民夏威夷的日本渔民群体。其中就包括很多冲家室渔民。到了1918年(大正七年),在夏威夷的移民中,从山口县大岛郡迁移过去的有3904人,其中,有226人来自大岛郡的冲家室岛。经调查,1918年从事渔业,或鲜鱼贩卖、鱼类制冰等渔业相关产业的人数约占移民的64%。[1] 这一时期,移民夏威夷的日本渔民拥有了比故乡濑户内海更好的渔业技术,他们在这一时期已经换上了汽油发动机的渔船,而大正初期濑户内海上的渔船还是以摇橹为主的。

渔民的移民中也不乏成功人士,例如瓦胡岛的大谷松次郎,就是通过从事鲜鱼贩卖而发家的日本渔民。大谷松次郎在1908年(明治四十一年)移民夏威夷瓦胡岛之前,是濑户内海山口县大岛郡冲家室岛的一名渔民兼船木匠,后来在夏威夷依靠贩卖鲜鱼发了家,第二次世界大战后还成立了联合渔业株式会社,为当地渔业发展做出了很大的贡献。除了冲家室渔民外,同属大岛郡的周防大岛久贺浦和安下庄的渔民移民夏威夷的也很多,人数甚至在冲家室渔民之上。[2]

不过,从第二次世界大战后的发展趋势来看,这些渔民或渔业相关业者虽然为夏威夷渔业做出了贡献,但他们似乎并不满足于一直从事海上作业,而是尽量寻求机会上岸,第二代、第三代渔民大多开始转向商业和政界,从事相对安全的陆地工作。

三 水产业协同组合的雏形

水产业协同组合是第二次世界大战后日本成立的旨在提升渔民和水产加工业者经济地位和社会地位的协作组织。1948年制定的《水产业协同组合法》第二条规定:"水产业协同组合包括渔业协同组合、渔业生产组合、渔业协同组合联合会、水产加工业协同组合、水产加工业协同组合联合会、

---

[1] 森本孝「海から陸へ」,山口徹(編)『瀬戸内諸島と海の道』,吉川弘文館,2001年,178ページ。

[2] 森本孝「海から陸へ」,山口徹(編)『瀬戸内諸島と海の道』,吉川弘文館,2001年,180ページ。

共济水产业协同组合联合会。"① 渔业及其加工业的组织化生产正式启动，濑户内海渔民的渔业生产活动也开始进入组织化、系统化的新阶段。但水产业协同组合并非靠着一纸法律文书便一朝形成，事实上，早在近代初期，渔业及其加工业的协同合作就已经有了雏形。

近代以来，濑户内海的渔业生产已经形成了明确的融资体系和物流体系。正是这样的社会体系把渔民、鱼类批发商和搬运鱼类的水运业者之间紧密联系了起来。在这个体系中，有负责捕捞鱼类等海产品的渔民，有往返于捕鱼地和消费地之间的鱼类批发商，有实际承担搬运职责的水运业者，他们之间逐渐形成了较为固定的关系网，并在不断的鲜鱼贩卖实践过程中形成了一系列常识、习惯、手段和约定俗成的制度。

位于濑户内海东部、阪神地区②附近海域的淡路岛在1897年（明治三十年）成立了渔业协同组合，自此，渔业协同组合开始承担渔民、运输业者和鲜鱼贩卖商及渔业相关业者之间的协调关系，并建立了渔业协同组合主导见证下的中间商投标买鱼这一交易形式。但在此之前，鲜鱼交易早已在相关业者之间，按照一定的规则展开了。在没有渔业协同组合这种现代渔业关系协调者出现之前，淡路岛上的渔民们把捕获的鱼装上渔船，送到通往阪神的海域，去和阪神一带来的名为"出买船"的买家进行现金交易。③ 这种交易基本都是大宗的批发交易，淡路岛上的渔民一般都是小规模作业，所以要依靠岛上的水产加工业者或阪神地区的批发商注入资金，再向岛上渔民统一采购。一来二去，渔民和这些资金提供者就变成了"隶属—支配"关系。

濑户内海中部地区在明治初期，还只是购鱼的中间商和渔民在海上直接交易，到了大正末期，中间商已经开始直接和渔村当地的鱼类批发商缔结特殊的交易关系，由当地批发商直接包买当地所有鱼类，再与中间商做交易。此外，还有从事鲜鱼搬运业的船夫们，要承接当地批发商的鲜鱼运输业务，也需要资金。他们的做法通常是向买家那边的批发商融资，融资只需还本金，不要付利息，待到鱼运到之后，用鱼来还债，还上九成就自动销账。这种融资听上去很不错，但运输业者还是要先支付中介手续费，

---

① 『水産業協同組合法』，法律第242号。
② 以大阪和神户为中心的地域。
③ 三尾裕子「内海の漁民と島々の生活史」，網野善彦等（編）『海と列島文化　第九巻　瀬戸内の海人文化』，小学館，1991年，450ページ。

叫作"问屋口钱",① 所以他们也受批发商的制约。近代濑户内海上的鲜鱼交易,主角一直都是手里有钱的当地和消费地的批发商,渔民和水夫只是这个关系网中的配角而已。这个系统一直持续发挥着社会功能,直到渔业协同组合成立,并开始着手设立和管理市场,确立公平的投标制度为止,才宣告使命完成,退出了历史的舞台。

香川县观音寺市所属伊吹岛的渔业和濑户内海上不少海岛相似,这里的渔民长年来同时进行着多种渔捞作业方式,但沙丁鱼无疑是这个岛上的支柱产业,而沙丁鱼的作业过程较之此前的江户时代,就明显出现了更为组织化的特点。沙丁鱼网是大型渔网,船主们通常是渔民中的大户,不仅拥有自己的渔船,还建起自己专属的沙丁鱼加工工厂。沙丁鱼捕捞期间,船主们把捕捞上来的沙丁鱼运到装满了保鲜所用冰的运输船上,再运到岛上沿海而建的加工工厂中。工厂中有沙丁鱼船船主的亲戚和邻居在等候,他们是专门在沙丁鱼的渔期中过来帮忙制作沙丁鱼干的。一般来说,这样的作业队伍有数十人之多。等到沙丁鱼在工厂里被制成鱼干后,再用船主的搬运船运到对岸的观音寺港小鱼干市场中去贩卖。进入近代以来,这里的鲜鱼贩卖商与渔船船主、渔民之间形成了一种类似现代渔业协同组合的关系,鲜鱼贩卖有了比较固定的渠道、习惯和制度。

沙丁鱼网渔业在伊吹岛上之所以会形成组织化、系统化的贩卖系统,是渔业经营规模化、濑户内海水产物流系统发展以及环濑户内海经济发展的必然结果。但值得一提的是,除了这些大型渔业之外,像"一本钓"、鲳鱼网业、鲷鱼网业等小型渔业也组成了渔业组合,大约有40家渔户加入,当地人称之为"小渔师组合"②。虽然这些小型渔业组合如何分担风险,共同经营,目前还不清楚,但有一点可以确定,就是渔民仅仅依靠加入这一小型渔业组合仍然难以维持全部生计。因此,在沙丁鱼捕捞的渔期,小型渔业组合的男性渔民不少会选择外出务工,女性则会加入沙丁鱼的大型渔业组合,去充当沙丁鱼渔船主的雇工,或到岛对岸的观音寺的食品加工厂去干活,来贴补生计。因此可以说,伊吹岛上的人员流动基本上分为两种

---

① 三尾裕子「内海の漁民と島々の生活史」,網野善彦等(編)『海と列島文化 第九卷 瀬戸内の海人文化』,小学館,1991年,450ページ。
② 三尾裕子「内海の漁民と島々の生活史」,網野善彦等(編)『海と列島文化 第九卷 瀬戸内の海人文化』,小学館,1991年,440ページ。

渠道，一是进入大型渔业组合从事作业，二是到岛外有劳动力需求的渔业相关产业区务工。特别是大型渔业组合，成了这个海岛社会的基础，大部分渔夫及其家庭成员都是依靠与大型渔业组合相关的生产活动来维持岛上生活的。

　　大型渔户的经济基础本来就好，再加上他们在生产作业中需要劳动力时，多半都是动员岛上亲戚来共同完成。从伊吹岛的情况来看，岛上的沙丁鱼渔船主几乎都调动了自己全部的亲戚、亲戚的朋友、养子养女及其亲戚等，来捕捞沙丁鱼，进而加工制作沙丁鱼干，并从事相关副业。统计显示，从明治初期直至第二次世界大战后，濑户内海伊吹岛上的沙丁鱼业都对亲属关系有着很高的依赖性。在沙丁鱼业的海上作业部门86人中，亲戚来当劳动力的有70人，占了81.4%；在沙丁鱼加工部门的99人中，亲戚有70人，占了70.7%。[①] 像伊吹岛这样的近代海岛社会的生产关系网是以沙丁鱼渔船主的亲戚为中心建立起来的。

　　第二次世界大战后，日本为自己的军国主义侵略行为付出了惨重的代价，原本追随政府的侵略步伐进入海外渔场的日本渔民们，也因此失去了这些曾经开拓的远洋渔场，被限制在了国内狭窄的渔场范围内。伊吹岛也不例外，第二次世界大战后，伊吹岛上的渔民也失去了朝鲜海峡等地的渔场使用权，但当地渔民还是把沙丁鱼网渔业、轮机拖网渔业等传统渔业，以及"一本钓"渔业和建网等小型零星渔业坚持了下来。而且，近代以来，渔业协同组合的雏形已经在岛上逐渐形成，所以，到了第二次世界大战后，上述渔业就正式以渔业协同组合的名义开始展开活动。从濑户内海海域的渔业发展实际情况来看，伊吹岛在这片海域很具有典型性。

　　四　家船民的消失

　　早在近世时期，家船民中的一部分就已经转变成了行舟贩卖的商贩。等到了明治末期，濑户内海周边各地以船为家的家船民基本上都完成了向其他职业的蜕变。其中的一个职业就是搬运船。熊本县上益城郡山都町津留地区[②]的家船民转变得比较晚，一直坚持到了明治末期，但最终也把自己的渔船改装成了小型搬运船，并且还在这一行当中干得相当不错。他们的

---

① 三尾裕子「内海の漁民と島々の生活史」，網野善彦等（编）『海と列島文化　第九巻　瀬戸内の海人文化』，小学館，1991年，446ページ。

② 此处所指熊本县的津留地区与第四章第二节的大分县津留地区是两个不同地区。

小型运输船和其他地区的家船民的小船一样，也叫作"伊萨巴"。"伊萨巴"原意专指腌鱼或者鱼干，或是贩卖这些商品的商店。后来，连同搬运这些商品行商贩卖的渔船也被称作"伊萨巴"了。最初，这些小型渔船满载着咸鱼和鱼干到九州的大分县别府一带行商叫卖，换取钱财以维持生计。逐渐地，濑户内海上运输业逐渐兴隆起来，这些渔船也开始运输鱼类以外的商品，来去九州和大阪两地之间进行倒买倒卖。其中，运得最多的就是煤炭。这个过程中，熊本县津留地区有些家船民因此发了家，开始造更大的船。周围的家船民眼见有人因此发达，但凡有些钱的都纷纷效仿；没钱的也想分一杯羹，于是就借钱贷款造船。当地有些传统民间借贷机构，比如"赖母子"[1]，可为家船民提供这一类的贷款。这样发展到昭和初期，搬运船最终替代了家船民传统的小船，有实力的家船民则干脆给原有的帆船装上发动机，来提高运输效率。津留地区的家船民从渔民转变为水运业者，虽然业种变了，但以船为家的形态没有很快发生改变。也正因为这一点，他们从事水运业就有了一些固有的优势条件：一是保留了家船民原有的作业形态——夫妇共乘一条船。由于长年以来，他们驾驶和劳作都由家人自己完成，早已习惯了，因此一般不雇佣船员，运输成本也相应比较低。二是因为长期以来一家人风雨同舟，一旦遭遇海难就等于举家蒙难，所以家船民驾船总是比其他渔民更加小心，对濑户内海上的险滩、暗流总是格外留神，因此海难事故相比其他运输船要更少些。

　　熊本县天草郡的二江等地的家船民不仅转型比津留地区早得多，而且从事的职业也差别挺大。上一章提到过，天草郡有不少潜水渔民，近世以来也一直过着以船为家的生活。近世时期，他们也把自己的渔船充当"伊萨巴"的运输船，用来运送酒肆，因而成名。但同样是在天草地区，面向八代海的部分地区也有家船渔民，采取的也是半渔半商的谋生方式。因此，早在进入明治时代之前，天草郡这两地的渔民就已经在西濑户内海十分出名了。他们所有的家庭成员都住在船上，在渔期扬帆、撒网，顺着海流捕获鱼群；到了冬季，则用渔船装满薪柴，运到八代、熊本等地贩卖，再从

---

[1] 中世时期进入镰仓时代后九州地区的金融机构之一，具体形式是人们聚集结社，形成名为"讲"的民间组织，每人支付少量的粮米或钱币，用抽签等方法来决定给这个组织中的哪位成员进行融资的社会惯例。

当地把生活用品带回家乡，沿途行商买卖。①

进入明治时期以来，这些家船民的渔船开始逐渐趋于大型化，"伊萨巴"成了打濑船②的一种，叫作"卖船"③。从名字的变化就可以看出，这些船已完全脱离了渔业，成为专事商业买卖的商船。只不过，这些商船依旧保留了近世时期以船为家的习惯，漂到哪里都是一家子居住在船上。

到了明治中叶，濑户内海各地开采出很多煤矿，开采煤矿需要在矿坑中支起坑木，防止矿坑发生坍塌，因此对用作坑木的木材需求量很大。这些木材大多依靠"伊萨巴"或"卖船"来运，特别是专业的"卖船"，成了木材的水上运输业主力，也因此促使更多的半渔半商的家船民转变成专业的商船业者。

近世以来，家船民的生活方式一直十分简陋，一切海产品之外的用度全都要靠交换，从淡水、大米、蔬菜、薪柴到一切生活用品，都不能自给自足。再加上，家船民大多采取手工撒网、手工垂钓等捕捞的初级形式，所以渔捞收获没法和其他渔民相比，能用于交换的海产品相当有限，吃穿用度显得简陋也在所难免。他们四处漂泊，沿途所到之处，尽量用钓到、捕到的鱼交换一切生活所需。但进入近世末期，随着沿岸商业的发展，可用于交换的商品大大丰富，家船民逐渐发现，他们不需要再用自己捕捞的海产品来换取生活所需，单靠倒买倒卖，就足以维持生计。因而，近世末期开始，家船民有了以物换物的新动向，他们逐渐从勉强糊口的渔民发展成了行商叫卖的小型商贩。

家船民从近世发展到近代，一直都是濑户内海各种海民群体中比较边缘化的存在。到了近世末期，由于江户幕府的种种限制政策，再加上沿岸商业的发展，很多家船民在发生"蜕变"的过程中，转业成商人和运输业者等，以船为家的形式也发生了很大的改变，真正家人共乘一船的形态已经很少。值得一提的是，尽管家船民的减少是大势所趋，可像九州西部、西北部等家船民比较集中的地域在进入近代之后出现了"反弹"，人数反而有了增加。不过，一则这样的情况只局限于极个别区域；二则历史发展的

---

① 宫本常一「家船の商船化」，宫本常一『海に生きる人々』，未来社，1964年，153ページ。
② 明治时期濑户内海上的一种挂帆的大型渔船。
③ 通常写作假名"バイセン"（Baisen）。参见以下文献：宫本常一「家船の商船化」，宫本常一『海に生きる人々』，未来社，1964年，153ページ。

事实证明，这也只是家船民在当地消失前的"回光返照"而已。

在所有近代九州家船民出现回升的现象中，九州西北角的福冈县宗像市钟崎港最具典型性。这里在近世时期也是一个家船民的重要据点，但等到近世时期捕鲸业在九州兴起之后，村里的男性渔民就开始脱离家船上的一般渔业，转而加入捕鲸组。男性一旦离开，家船的形态便不复存在，原本家船上的女性渔民便改为从事潜水捕鱼。等到江户时代的末期，钟崎地区的家船数量已经寥寥无几。可等到了明治时代，日本传统捕鲸组受到国外捕鲸船队的强烈冲击，捕鲸组随即解散，这时当地家船民的数量才又有所回升。

除了钟崎港之外，九州西部海域的大村和蛎浦也是家船民人数回升的两个典型地区。其中大村地区在近世时期叫作大村藩①，是当时九州地区渔业兴盛的藩国之一，也是家船民集中、活跃的地区。据《大村乡村记》记载，天保年间（1830年至1844年），该藩有家船63艘，人口309人；同时，又据《大村藩史》记载，等到了明治初年（1868年），这里已有家船120艘，人口500余人。前后不过三十年的时间，船数和人数都有了近一倍的增长。②

再来说说蛎浦。近世末年，九州地区家船民比较聚集的区域还有长崎县西海市崎户町的蛎浦乡，蛎浦和大村隔着一道大村湾。和九州西部类似的是，这些地方在进入明治时代以后也发生了家船民人数的迅速增长，甚至像对马岛、五岛列岛的福江岛樫浦等地区还形成了家船民的"船队"，人数堪比一个渔村村落。③

上一章曾提到，九州西北海域一直是捕鲸业兴旺发达地区。可进入近世以来，海外捕鲸队严重冲击了日本本土的传统捕鲸活动，捕鲸组一旦解散，渔民们就要回归自家所在的渔村，原本就是家船民的渔村村民，有可能重操旧业，这才使得九州一些地区的家船规模出现了短期的回升。但家船民的捕鱼基本都是小规模作业，且使用方法原始、简单，这与近代日本渔业规模化、商业化、系统化的大趋势几乎完全背道而驰，因而家船民或是如上文所述，逐渐摆脱以船为家的形态，成为以船谋生的船夫、商贩等

---

① 位于现在的长崎县大村市。
② 宫本常一「捕鯨と漁民」，宫本常一『海に生きる人々』，未来社，1964年，143ページ。
③ 宫本常一「捕鯨と漁民」，宫本常一『海に生きる人々』，未来社，1964年，143ページ。

海民；或是干脆彻底上岸，从事陆上其他职业。总之，家船民作为一个特殊的群体，必然要退出濑户内海的舞台，从海民群体的队伍中销声匿迹。

第二节　捕鲸业渔民

捕鲸业渔民是所有濑户内海海民群体中受到西方国家冲击最明显的一群，环濑户内海地区的捕鲸业原本一直是当地人的骄傲。然而，当这种当地人引以为豪的传统技艺面对西洋先进、高效的捕鲸技术时，骄傲立即转变成了自卑，环濑户内海地区的传统捕鲸技艺显得如此缺乏竞争力。不过，当地的捕鲸业并没有因此消失，而是在经历了痛苦的重生之后，以捕鲸业公司的形象再次出现，并在此后的发展中获得了成功，日本也因此在捕鲸业上成功跻身世界大国行列。只是到了现代，濑户内海的捕鲸业渔民还是不得不接受捕鲸业衰败的事实，尽管他们是如此不乐意去面对这一点。

一　明治时代日本捕鲸业的衰退

1820 年（文政三年）之秋，有一艘"黑船"出现在宫城县三陆南部沿海[①]的金华山海面，在捕获大量抹香鲸后潇洒而去。"黑船"是日本江户时代对大型西洋式远洋船的叫法，这一次进入日本列岛沿岸捕鲸的"黑船"是来自美国东海岸城市波士顿南部岛屿、南塔基特岛上的捕鲸船"马尔萨斯号"。这艘美国捕鲸船由于获得了中国前往夏威夷的商船带去的报告，说日本列岛沿岸有大群抹香鲸出没，才专门赶往三陆地区的金华山所在海域。"马尔萨斯号"经过两年五个月的时间，在日本周边海域收获了 2425 桶抹香鲸鲸鱼油，这才满载而归。[②]

"马尔萨斯号"并不是当时进入日本周边海域捕鲸的唯一外国船，英国捕鲸船"塞壬号"也是那个时期的成功"淘金者"。"塞壬号"在日本沿岸的捕鲸活动也发生在 1820 年。这一年的 8 月，"塞壬号"从英国本土起航，

[①] 三陆指律令制时期的三个行政区划——陆奥、陆中、陆前三国，因而得名"三陆"，包括现在的本州东北地区青森县、岩手县的全部区域，以及宫城县与秋田县的一部分区域。三陆沿海指这些区域在日本海与太平洋沿岸的海岸线，金华山是三陆海岸线南部太平洋沿岸的岛屿，位于现在的宫城县石卷市所临太平洋上。

[②] 石田好数「列島の捕鯨文化史」，網野善彦等（編）『海と列島文化　第十巻　海から見た日本文化』，小学館，1992 年，268ページ。

到了日本近海发现大群抹香鲸，经过两年零八个月的追捕，装了满满2768桶抹香鲸油运回国内。① 日本捕鲸业就此被卷入世界史的激流之中，发生了根本性的改变。

1853年（嘉永六年），美国东印度舰队司令官马休·佩里率领着他的舰队进入江户湾的浦贺地区②。他们的铁制舰船"进退自如，不用橹、桨，出没神速"③，给德川幕府造成了巨大的威慑力。与此同时，佩里还带来了美国国书，要求德川幕府开放日本市场，与美国通商，并在第二年（1854年）与日本正式签订《日美亲和条约》。自此，日本社会正式进入幕府末期。因为美国舰队的司令叫马休·佩里（Matthew Calbraith Perry），所以这一事件被日本学界称为"佩里来航"；也因为佩里所率领的舰队和此前来到三陆的"马尔萨斯号"一样，属于"黑船"，所以此事件也被称为"黑船来航"。

之所以发生"黑船来航"，主要是因为美国迫切需要打开中国及亚洲其他地区的市场。就在1842年的鸦片战争之后，美国就曾强迫中国清政府签订《中美望厦条约》；因此，此次舰队进入江户湾，也是出于同样的目的，强迫日本德川幕府签订了《日美亲和条约》，日本从此被迫开放港口和市场。

但开放日本港口和市场并不是佩里此次来航的唯一目的。当时美国国内正值产业革命时期，各地工厂都在夜以继日地运转着，润滑剂和灯油都是当时重要的工业原料，而抹香鲸的油正是生产润滑剂和灯油的原材料。因此，当时欧美各国都在世界各海域争相捕鲸，自然也不会放过抹香鲸群经常出没的日本周边海域。当时，欧美的捕鲸队采用的方法被称为"美式捕鲸法"或"帆船式捕鲸法"。具体来说，这种捕鲸法就是用100到500吨的帆船来做"母船"，在其上装载几艘小船航行，途中一旦发现鲸鱼行踪，就把小船放下追踪，追到之后随即用捕鲸枪或鱼叉等将其杀死，待到抽走鲸油，取走鲸须之后，再行寻找下一个目标。这样的作业一般要持续一至三年，其间捕鲸船几乎一直在海上，离不开大量薪柴、淡水和食物的供给，

---

① 石田好数「列岛的捕鲸文化史」，網野善彦等（编）『海と列島文化　第十巻　海から見た日本文化』，小学館，1992年，268ページ。
② 现在的东京湾神奈川县横须贺市浦贺地区。
③ 三谷博：《黑船来航——对长期危机的预测摸索与美国使节的到来》，张宪生、谢跃译，社会科学文献出版社，2013，第95页。

因此急需在太平洋上建立物资补给点。日本渔业史学家石田好数就认为，捕鲸才是"佩里来航"的直接目的。①

欧美捕鲸船频繁出现在日本近海捕鲸的现象并没有持续很长时间，到了明治初年，这些捕鲸船便基本消失了踪影。其实，这一现象也不是突然发生的，而是早有预兆。自1820年"马尔萨斯号"出现在日本三陆海域开始，美国捕鲸船在日本近海的数量就大幅上升，到了1843年（天保十四年），数量达到108艘，1846年（弘化三年）进入巅峰时期，达到292艘；此后直到1860年（万延元年）的15年间捕鲸船数量有所下降，维持在平均100艘的水平之上，到了1865年（庆应元年）则下降到60至70艘。②就这样直至明治初期，美国捕鲸船基本消失。

其实，捕鲸船数量骤减的主要理由无非是滥捕鲸鱼造成了日本周边海域的鲸鱼数量骤减；再者，远洋捕鲸的航海活动已经实现了长期化，因此开销大增，带动鲸油的成本上升，加之造船费和劳务费等成本也在不断上涨，捕鲸成本日益提升。相反，国际上的鲸油、鲸须等商品的市场行情却在一路下跌，一反一正的结果，必然致使捕鲸业的经营出现困难。

欧美捕鲸队的离开并不意味着日本本土捕鲸队重获新生，相反，捕鲸业仍然在持续不断地衰退下去。欧美的捕鲸作业终年在海上进行，抓住一头鲸鱼，抽油拔须之后，立即再次寻觅捕猎目标，是机动性、主动性都极强的捕鲸技法。相比之下，当时日本本土的网取式捕鲸法过于消极、缓慢。在欧美"同行"的冲击下，捕鲸队纷纷解散，捕鲸业就此一蹶不振。后来，虽然国外竞争对手消失，但衰退了的捕鲸产业也还是回天乏术，更何况周边海域的鲸群早已因滥捕而濒临枯竭，靠着网取式的原始捕鲸法，要想捕获原本就为数不多的鲸鱼更是难上加难。就这样，到了明治初期，濑户内海周边也就剩下四国的高知县、九州的山口县和长崎县这几个传统捕鲸基地还在勉强维持着，并且这些基地的捕鲸队最终也在此后的近代化进程中解散了。

---

① 石田好数「列島の捕鯨文化史」，網野善彦等（編）『海と列島文化 第十巻 海から見た日本文化』，小学館，1992年，268~269ページ。
② 石田好数「列島の捕鯨文化史」，網野善彦等（編）『海と列島文化 第十巻 海から見た日本文化』，小学館，1992年，269ページ。

濑户内海各地的捕鲸业渔民由此陷入了贫困和饥荒之中，和近世时期"一鲸富七浦"时的盛况已是天壤之别。万般无奈之下，捕鲸渔民只能另寻出路，除了本章上文曾提到的做回一般渔民的老本行之外，也只有移民海外。到了近代，濑户内海上的渔民本来就面临"僧多粥少"的窘境，所以做回老本行继续在濑户内海海域当普通捕捞渔民谈何容易，因而才有了上文提到的大量渔民随着政府的"官约移民"政策进行移民，或是追随政府的侵略步伐，跑到殖民地的周边海域去开拓渔业。

据考证，太地浦这一著名捕鲸基地所在的和歌山县，在1890年（明治二十三年）到1892年（明治二十五年）的三年间海外移民人数达到1341人。其中，仅太地浦所在的东牟娄郡在1890年就有113名渔民出国移民，1898年（明治三十一年）达到1156人，人数增加了约十倍。①

二　捕鲸公司的诞生

日本的捕鲸业在经历衰退之后并未就此消失，而是随着捕鲸公司的诞生，迎来了自己的重生，捕鲸业开启了产业的近代化历程。

捕鲸业的近代化带有十分明显的政府主导特色。从近世末年到明治初期，日本开始学习欧美先进的捕鲸技术。只不过，导入新技术的不是捕鲸渔民或捕鲸队的头领，而是藤川三溪和关泽明清等政府官员。政府之所以介入，主要是因为当时日本周边海域的情形依然很紧张，虽然欧美的捕鲸船退出了，可鄂霍次克海和千岛群岛等日本以北海域还是有外国船只出没，在捕捉海獭和海狗等小型海洋哺乳动物。政府认为，国内捕鲸船和国外捕鲸船"遭遇"的可能性依然很高，需要未雨绸缪。另一个原因则更深远，发展携带枪炮武器的西洋式捕鲸船等于是在为国家发展海军的后备力量，正符合当时明治政府所推行的"富国强兵"和"殖产兴业"思想。基于这两个原因，捕鲸业得到了明治政府的重视，可惜这些自上而下的努力没有成功，捕鲸业的近代化还是主要依靠民间力量来自主完成。

到了1899年（明治三十二年），日本人也开始创办自己的民间捕鲸公司，创办人是本州西端、濒临西濑户内海的山口县人，名叫冈十郎。他于当年在原先的长州藩捕鲸基地，也就是山口县的仙崎地区创办了日本远洋

---

① 市原亮平「移民母村の漁業構造と人口問題―和歌山県東牟婁郡太地町の実態調査報告－1－」，『関西大学経済論集』1959年1月，第8号。

渔业株式会社，并开始引进挪威的捕鲸技术。冈十郎这么做，一方面是听从了福泽渝吉的建议，但更主要的是受到了俄罗斯人的刺激。原来俄罗斯人这些年一直在本州北部的日本海近海捕鲸，还成立了俄罗斯太平洋捕鲸公司，捕猎了还不算完，还要把鲸鱼肉出口到日本国内。冈十郎觉得不能再听之任之，于是决定创办自己的公司，并亲自驾驶捕鲸船"第一长周丸"到朝鲜半岛近海去捕鲸。①

挪威式捕鲸法是挪威人斯班德·福音（Svend Foyn）发明的。简单来说，就是在120吨左右的钢铁船的船头安上捕鲸大炮和绞盘，②一旦发现鲸鱼就用汽船跟踪，发射带有粗绳子的鱼叉，将鲸鱼拖到船舶的近旁加以捕获。这个捕鲸法和撒网捕鲸的方法相比成本低，捕获率高，所以在明治中后期迅速普及开来。

创业绝非易事，"第一长周丸"还遭遇了沉船。不过到了1904年至1905年（明治三十七至三十八年）前后，这家捕鲸公司还是取得了不错的业绩，捕鲸业的企业化尝试迈出了第一步。

日本在日俄战争③中获得了胜利，也缴获了俄罗斯太平洋捕鲸公司旗下的捕鲸船，并且向民间开放出售这些船。这一举措真正激活了民间的资本，一些原本和捕鲸毫无关联的人物，比如有钱的议员，也开始对投资捕鲸公司产生了兴趣；再加上原本就一直资助本土捕鲸队的老板也参与入股，一时间，大大小小的各色捕鲸公司在原本的捕鲸基地如雨后春笋般冒了出来。原本的捕鲸基地主要集中在瀬户内海东端的和歌山县、南端的高知县，以及西端的长崎县和山口县等地。到了1908年（明治四十一年），这些传统捕鲸基地成立了12家公司，准备了28艘捕鲸船，开始围着日本列岛沿岸实施捕鲸。

不过，这样做的结果是，没过多久日本沿海洄游的鲸鱼又一次遭到了滥捕的命运，冈十郎这个日本远洋渔业株式会社的创办者觉得有必要保护日本沿海的鲸鱼资源，所以后来想办法把许多新成立的捕鲸公司都给兼并了。此时，日本远洋渔业株式会社也已经更名为东洋渔业株式会社。此后

---

① 石田好数「列島の捕鯨文化史」，網野善彦等（編）『海と列島文化 第十巻 海から見た日本文化』，小学館，1992年，271ページ。
② 森田勝昭『鯨と捕鯨の文化史』，名古屋大学出版会，1994年，326ページ。
③ 指发生在1904年2月8日至1905年9月5日的日本与俄国为争夺朝鲜半岛与中国东北地区所发生的战争。

又经过了反复的整合、兼并，冈十郎的东洋渔业株式会社已经成为日本国内垄断性的捕鲸公司。1934年（昭和九年），这家公司进一步更名为日本捕鲸株式会社，并且完成了一项具有里程碑意义的创举，公司从挪威购进捕鲸船的母船和附属船共五艘，第一次进入南大洋[①]居然就"战果"颇丰，仅仅用了五十几天的时间，就捕获包括白长须鲸12头、长须鲸83头、座头鲸4头、抹香鲸1头在内的鲸鱼合计213头。[②]

日本捕鲸株式会社后来和共同渔业株式会社合并，成了日本水产株式会社捕鲸部，以南大洋为中心，以长崎县五岛列岛和宫城县牡鹿半岛的鲇川港为基地，进行长期捕鲸活动。

虽然东洋渔业株式会社在日本国内几乎处于垄断地位，和歌山县和高知县的几家捕鲸公司还是顽强生存了很长一段时间，试图避免被收购兼并的命运。但这样的情形也只是维持了几年之久，到了1918年（大正七年），后者还是被山口县下关市一个名叫中部几次郎的鲜鱼中间商所开的林兼商店给收购了。被林兼商店兼并的捕鲸公司包括土佐捕鲸株式会社、大东捕鲸株式会社、藤村捕鲸株式会社和远洋捕鲸株式会社。林兼商店在造出了日本最早的国产捕鲸船母船"日新丸"之后，于1936年（昭和十一年）10月也涉足南大洋捕鲸活动。这个公司后来发展成大洋渔业株式会社的捕鲸事业部，和东洋渔业株式会社一样，也把南大洋捕鲸业作为本公司捕鲸事业的核心任务。[③]

此外，还有极洋捕鲸株式会社，这个公司的创始人名叫山地土佐太郎。山地土佐太郎出身于四国的高知县，在创办捕鲸公司之前，一直在神户的明治物产公司、山地汽船公司等地从事海运业。1918年（大正七年），山地创办了苏门答腊护谟拓殖公司，开始研究油脂资源的开发，因而开启了他的鲸油研究之路。1936年（昭和十一年），他向时任农林大臣的岛田俊雄上书力谏，指出鲸油固然贵重，鲸鱼肉的蛋白质对国民健康同样重要，因而向政府提出了"苏门答腊拓殖"构想，请求政府许可他的申请，允许他的

[①] 又称南冰洋或南极洋（Southern Ocean），指围绕南极洲的海洋。
[②] 石田好数「列島の捕鯨文化史」，網野善彦等（編）『海と列島文化 第十巻 海から見た日本文化』，小学館，1992年，272ページ。
[③] 石田好数「列島の捕鯨文化史」，網野善彦等（編）『海と列島文化 第十巻 海から見た日本文化』，小学館，1992年，272ページ。

捕鲸船队到当地进行捕鲸。当时正值第二次世界大战前夕，山地土佐太郎在他的申请中还提出，可以在战时把他们公司的捕鲸船转为战舰，这个提法受到了海军高层山本五十六等人的赏识。于是，1937年，政府同意了山地的捕鲸队开往南大洋进行捕鲸活动，只不过附加了一个条件，就是必须单设一个捕鲸公司。这个条件当然不成问题。就在当年8月，极洋捕鲸公司成立，并由山地土佐太郎担任社长。[①]

1936年至1937年也是世界各国"进军"南大洋的时代，日本也跻身这一行列，和世界各国一起，在南极洲附近海域分享捕鲸这场盛宴。可惜这样的状态并没有持续多久，全球就陷入了第二次世界大战之中，捕鲸活动不得不随之中断。

虽然战争暂时中断了日本公司的商业捕鲸活动，但在南大洋的捕鲸经历使得日本人对鲸鱼商业价值的认识有了很大的改变。他们开始了解到，须鲸的须除了可以做成传统工艺品，还可以加工成塑身内衣、鞋拔子、鱼竿尖、茶几等；鲸鱼软骨则可入药；鲸油能用来提炼肥皂、人造黄油、甘油、炸药等；鲸鱼骨可做肥料；鲸鱼瘦肉除了直接食用，还可以做成火腿、香肠、肉罐头等；抹香鲸的牙齿可制成管子、刀具、纽扣、麻将牌；抹香鲸的油则是高级酒、口红、化妆水、护肤霜、香皂等物品的原料；鲸蜡还是钟表油和机械油的原材料。凡此种种，不一而足。[②] 总之，与世界列强一起在南大洋"分享"捕鲸开拓事业的经历，使得日本捕鲸公司充分领略了鲸鱼浑身都是宝的真谛，同时，也促使他们在第二次世界大战后不惜顶着国际社会的压力，继续这一项一本万利的事业。

三 国际社会捕鲸管制机制的发展

虽说本书主要关注的是濑户内海海民到近代为止的发展，但是由于捕鲸业目前仍然是国际社会十分关注的主题，因此这里还要再占用一些篇幅，对进入现代之后的日本捕鲸业发展做一些必要的交代。

日本捕鲸业的近代化进程被第二次世界大战打断，战后又受到了国际管制机制的较大影响。其实，国际公约对捕鲸活动的管理从第二次世界大

---

① 石田好数「列島の捕鯨文化史」，網野善彦等（編）『海と列島文化　第十巻　海から見た日本文化』，小学館，1992年，273ページ。
② 石田好数「列島の捕鯨文化史」，網野善彦等（編）『海と列島文化　第十巻　海から見た日本文化』，小学館，1992年，274ページ。

战前就开始了。1931年，世界上就诞生了第一个《捕鲸管制公约》（Convention on the Regulation of Whaling），为公海上人类共有的一种海洋资源建立了国际制度；第二次世界大战之后，捕鲸活动在世界范围内获得了全面的秩序调整。1946年12月2日，华盛顿捕鲸大会上，《国际捕鲸管制公约》（International Convention for the Regulation of Whaling）获得通过，并由15个国家共同签署①。《国际捕鲸管制公约》在前言部分标明了这项国际制度安排的宗旨是"谋求适当地保护鲸类并能使鲸鱼业有秩序地发展"。② 此后，1948年，根据这项公约的规定，成员国又建立国际捕鲸委员会（International-al Whaling Commission, IWC）。日本也于1951年加入国际捕鲸委员会。但这一时期，有关捕鲸管制的国际制度安排基本上还是以"维持捕鲸业的有序发展"为核心展开的，因此，国际捕鲸委员会甚至被称为"捕鲸者俱乐部"。直到1982年国际捕鲸委员会的第34届年会上通过了"商业捕鲸禁令"，1985年至1986年的渔期过后，母船式捕鲸在世界范围内全面禁止；1986年之后沿岸捕鲸也遭到禁止。③ 自此，捕鲸管制才进入了真正意义上的"管制"时期。

日本捕鲸业经历了战争前夕在南大洋等海域的活跃顶峰时期，到战争期间的停滞时期，直到战败后，被封锁在了日本领海范围之内。但此后，借着二战后日本国内食物匮乏的名义，日本捕鲸船还是开到了领海之外的海域进行捕鲸活动。这个时期的日本捕鲸活动可大致分为两类，一是母船式捕鲸，就是近代从欧美国家学来的、一切操作均在渔场海面上进行的捕鲸，活动范围远至南大洋和日本以北海域；二是沿岸捕鲸，就是在日本领海范围内捕鲸，又可细分为大型鲸鱼捕猎和小型鲸鱼捕猎两种。

首先是以大洋为活动范围的母船式捕鲸业。到了1961年（昭和三十六年），日本战后捕鲸业进入全盛期。这一年的渔期里，在南大洋捕获白长须

---

① 15个国家分别是阿根廷、澳大利亚、巴西、加拿大、智利、丹麦、法国、荷兰、新西兰、挪威、秘鲁、南非、英国、美国和苏联（参见孙凯：《捕鲸的国际管制及其变迁》，社会科学文献出版社，2012，第86页）。
② 1946年《国际捕鲸管制公约》，前言部分。
③ 石田好数「列島の捕鯨文化史」，網野善彦等（編）『海と列島文化　第十巻　海から見た日本文化』，小学館，1992年，280ページ。

鲸1144头，长须鲸8912头，座头鲸211头，鳁鲸1773头，抹香鲸1552头，共计13592头。在北洋捕获白长须鲸70头，长须鲸1452头，座头鲸9头，鳁鲸4头，抹香鲸1800头，共计3335头。[①] 此后，由于管制不断强化，捕鲸配额不断减少，到了1976年（昭和五十一年），日本的六家捕鲸公司进行了又一轮合并，大洋渔业公司、日本水产公司、极洋水产公司、日本捕鲸公司、日东捕鲸公司和三洋捕鲸公司合成日本共同捕鲸株式会社。在1986年（昭和六十一年）捕获了1941头小长须鲸后，日本共同捕鲸株式会社于1987年（昭和六十二年）因《商业捕鲸禁令》开始实施而宣告解散。不过，日本仍然在以"调查南大洋鲸鱼种类资源"的名义，每年捕获300头小长须鲸。[②]

在沿岸捕鲸业方面，以大型鲸鱼为捕捞对象的沿岸捕鲸业和大洋上的母船捕鲸业情况差不多。第二次世界大战后的日本捕鲸公司、日东捕鲸公司、三洋捕鲸公司，分别在宫城县鲇川、和歌山县太地、千叶县和田、岩手县山田、东京都的小笠原母岛等地设置基地，进行捕鲸。这三家公司在1961年（昭和三十六年）共出动33艘捕鲸船，捕获鲸鱼2960头，其中白长须鲸2头，长须鲸71头，座头鲸4头，鳁鲸782头，抹香鲸2101头。[③]不过，沿岸捕鲸同样因为管制强化的缘故，捕鲸船队和捕获鲸鱼量都在此后大幅度减少。直到20世纪80年代，三家公司都开始解雇从业渔民，废弃捕鲸船和处理场，最后关门大吉。

小型鲸鱼的沿岸捕鲸业情况稍有不同，这种捕鲸业以江户时代网取式捕鲸法盛行之地为自己的捕鲸基地，在1951年（昭和二十六年）就迎来了本行业的全盛期。这一年，全国共68艘小型捕鲸船进行了捕鲸活动，捕获了小须鲸334头，拜氏鲸242头，巨头鲸618头，虎鲸66头，其他34头，共计1294头。[④] 现在，日本沿岸小型鲸鱼的捕获量由政府根据国际

---

① 石田好数「列島の捕鯨文化史」，網野善彦等（編）『海と列島文化　第十卷　海から見た日本文化』，小学館，1992年，280ページ。
② 石田好数「列島の捕鯨文化史」，網野善彦等（編）『海と列島文化　第十卷　海から見た日本文化』，小学館，1992年，281ページ。
③ 石田好数「列島の捕鯨文化史」，網野善彦等（編）『海と列島文化　第十卷　海から見た日本文化』，小学館，1992年，281ページ。
④ 石田好数「列島の捕鯨文化史」，網野善彦等（編）『海と列島文化　第十卷　海から見た日本文化』，小学館，1992年，281ページ。

捕鲸委员会规定的捕获配额来进行管理，虽说数量极为有限，但并未完全断绝。

尽管日本加入了这些管制捕鲸活动的公约，但这并不意味着日本开始"顺从"国际规则，打算做个捕鲸秩序方面的守法者；相反，国内水产业公司及其相关利益集团关于捕鲸的巨额商业利益、国民长年来形成的鲸鱼食文化，以及列岛社会对捕鲸活动所具有的传统的文化认同感，都促使日本在国际捕鲸委员会中采取反对国际捕鲸管制的立场和态度。

为此，日本一方面在国际社会上不断主张，完全禁捕鲸鱼没有科学依据，强调一些鲸种类的存量相当大。因此，即使在1982年国际捕鲸委员会通过"商业捕鲸禁令"后，日本依然在不断致力于提出反对意见，还巧妙地钻了《国际捕鲸管制公约》制度设计上的"漏洞"，利用其中关于"科研捕鲸"的相关规定自行决定"科研捕鲸"所需数额。[①]"商业捕鲸禁令"在某种意义上变成了一个政治问题，完全不符合《国际捕鲸管制公约》所规定的基于"现有最佳科学研究"的要求。

日本的捕鲸利益集团在国内为了保护本国捕鲸业，政府、捕鲸公司、捕鲸渔民，甚至代表这些群体利益的各政党都在奔走呼吁，希望唤起更多的关注，博得更多的理解和同情。但是，反对捕鲸的国际大趋势已不可逆转，"商业捕鲸禁令"颁布后，母船式捕鲸已在1986年渔期过后遭禁，沿岸捕鲸业也在同年被禁，后来虽然因为日美之间签署了非正式的《日美捕鲸协议》，日本的沿岸捕鲸得以延缓两年，但最终还是在1988年被禁。2014年，国际法院又做出判决，认定日本每年在南极海域的捕鲸活动并非出于"科学研究"目的，必须停止。[②] 该项判决结果意味着日本自1987年起在南极海域持续进行的"调查捕鲸"活动今后将难以为继。[③]

现在，日本政府每年会分配给每个捕鲸基地以固定的配额，来捕获鲸鱼。捕鲸渔民也不再是从前那样，捕获鲸鱼全归自己，而是政府出钱雇佣他们捕鲸，捕到鲸鱼归政府，渔民还要把所捕获鲸鱼的大小、年龄等信息一并汇报给日本相关部门。无论日本政府及各界怎样不甘心，千年捕鲸业无疑已走到了尽头。

---

① 孙凯：《捕鲸的国际管制及其变迁》，社会科学文献出版社，2012，第114~115页。
② 潘俊武：《国际法院叫停日本南极捕鲸》，《中国海洋报》2014年4月29日。
③ 谢宗睿：《南极鲸鱼禁捕 日本极度失望》，《光明日报》2014年4月8日。

第三节　造船业者

濑户内海的造船业经历了近世的繁荣发展，步入近代之后，也成了最早直面西方国家冲击的行业之一。当佩里把美国军舰开进江户湾时，西洋式的舰船给日本传统和船建造业带来的冲击无疑是巨大的，但造船业作为一项相对后起的海洋生业，却显示出极为旺盛的生命力。在濑户内海诸多海洋生业之中，造船业的转型是比较顺利的。濑户内海地区造船业不仅顺利转型，而且还把这份优势一直保持到了第二次世界大战之后。日本之所以能在"二战"后成为世界一流的造船业大国，与近代时期濑户内海造船业的成功转型有着密切的联系。而其中的造船业者，则无疑是这次成功转型最主要的见证人。

一　造船之町

濑户内海自古以来就是海运业和造船业的繁盛之地，进入近代，造船业在实现近代化的过程中，也把长期形成的传统优势继承了下来。早在近世后期，位于濑户内海中部位置的广岛县内造船基地，就已经能自主修建西洋船只了。近世后期的这份优势没有变成昙花一现的历史，广岛县把这份产业优势一直延续了下来。直至现代，日本成了世界第一造船国，而广岛则成了日本的造船业中心。

广岛县安艺郡仓桥岛村本浦桂浜的造船业是江户时代国内首屈一指的造船业基地，1736年至1743年间（文至宽保年间），这里在藩政府的资助下建起了一千多平方米的巨大船坞。这里在幕府末年至明治初期修理了大量船只，一般都是趁着涨潮时分将船推入船坞，等到平潮的时候再将入口堵住。在此期间，船坞也曾经过了多次维修，费用都是由仓桥岛村的所有村民共同负担的。1882年（明治十五年），本浦人友泽半三郎在当地借地建造了能够维修西洋式帆船的宝来船坞，这里也因为修理西洋船只而成了远近闻名的西洋式船坞。

二　民营造船业的发展

环濑户内海地区还有一些造船所，进入近代伊始也和仓桥岛的造船基地一样是官营的，但此后，这些官营造船产业逐渐被转让给了民间，也成就了不少近代以来发家致富的民营造船公司。比如神户地区在1869年（明治二年）建成了一个"兵库制铁所"，后来这个制铁所改名为"官营兵库造船所",1887年(明治二十年)这个官营的造船所被转让给民间人士川崎正藏,因而才有了后来著名的川崎造船所。①

濑户内海上也有一些海岛,因近代以来造船业发展迅速而成为名闻遐迩的造船岛,比如因岛②就是其中之一。1898年11月,因岛上的土生村中,一个名为土生船坞合资会的组织成立,这个合资会后来改组成了因岛船坞株式会社;1901年,岛上的三庄村也成立了一家名为备后船坞株式会社的公司。这两家公司借着日俄战争中舰船需求量大增的机会,一时间盛况空前,不过随着战争结束,马上陷入了不景气之中。1908年,因岛船坞株式会社正式休业整顿,1911年被大阪铁工所收购,成了大阪铁工所的因岛工厂。到了1914年,第一次世界大战开战后,大阪铁工所的因岛工厂也因此又一次进入空前的繁荣期,工厂规模也不断扩张。1916年工厂占地已超过六万坪③,1917年员工人数达6420名。④ 1919年,大阪铁工所的因岛工厂和同在因岛上的备后船坞公司合并,因岛也因此成为近代钢铁船之岛。

同一片海域中,还有另一座岛屿,也是因造船而闻名。大崎上岛的造船业一开始是因木造船业而发达起来的,后来才逐渐发展成钢铁船的造船岛。这个岛在明治末期造船业相当不景气的时候,还拥有23家造船所。后来,第一次世界大战期间,大崎上岛乘势而上,25所造船所鳞次栉比,极其繁荣,特别是丰田郡东野村的木江地区,繁荣景象被喻作"黄金之港"。⑤

三 官营造船业的崛起

1894年(明治二十七年)8月,中日甲午战争爆发,广岛县由于造船业基地的优势突出,再加上作为濑户内海航道中枢港口的战略位置而一举成为明治政府及其海军的士兵、物资运输的第一基地。也是在这一年,山阳铁道开通至广岛。此后,政府又用了两个多星期的时间,突击铺设了宇品线铁路。基础设施建设迅速到位后,广岛立即转变为士兵物资的集散中

---

① 千田武志「瀬戸内の鉱工業」,山口徹(編)『瀬戸内諸島と海の道』,吉川弘文館,2001年,164~165ページ。
② 备后国所属海域中岛屿,现在属于广岛县尾道市。
③ 相当于约0.198平方公里。
④ 「広島県史・近代 二」。转载自以下文献:千田武志「瀬戸内の鉱工業」,山口徹(編)『瀬戸内諸島と海の道』,吉川弘文館,2001年,165ページ。
⑤ 高橋衛『広島県における造船工業の発展過程』,広島商工会議所,1976年,18ページ。

心，汇聚到广岛的军用物资和军士人员，就此源源不断地途经宇品港①，运往朝鲜半岛和中国大陆。

明治时代中，"富国强兵"和"殖产兴业"成为明治维新改革的核心目标。"强兵"在那个时代的主要标志就是"建设强大的海军"，而"建设强大的海军"离不开强大的造船业。因此，明治时期前期，造船业中的"官营"比重相当大。比如广岛县吴市，1886年（明治十九年），明治政府以吴港"海水深，且四周被山岛相围，对于军事防御、舰艇出入和造船生产是再适合不过的"为由，决定在吴港设立第二海军区的镇守府。吴镇守府的官厅建立之后，造船部的工程就正式启动。1891年，第一个船坞获得建造，就是这个船坞在中日甲午战争中主要承担了日本海军舰艇的维修保养任务。1897年10月8日，造船部被改组为造船厂；10月27日，该工厂建造的第一艘军舰"宫古号"正式下水。1898年12月14日，第二个船坞又开始建造。1903年又建立了吴海军工厂。原本的区位优势，再加上政府资金、技术的重点支持，以及官营造船所的地位，使得吴海军工厂无论在规模上，还是在技术上都已成为名副其实的日本第一造船工厂。到了1940年（昭和十五年），被称为"日本海军技术集大成者"的巨舰大和号等五艘战舰下水。此后，这里的海军工厂又陆续制造出航空母舰7艘、巡洋舰11艘、驱逐舰22艘、潜水艇59艘，以及其他种类的舰艇25艘。② 吴港的海军工厂已经真正成为"帝国海军第一制造所"。

另一方面，1912年1月15日，在距离吴港中心地约8公里的贺茂郡广村③，政府又建起了吴港海军工厂的广村分工厂。1923年4月1日，广村海军工厂独立运营，专门负责航空器和发动机的制造、维修和研发工作。

日本的近代造船业推动了日本的海外贸易和经济的增长，一定程度上成为"殖产兴业"的助推力，但造船业近代化更大的"贡献"则是对"富国强兵"的推动。濑户内海造船业的发达，不仅把这片曾经以建造菱垣回船、樽回船和北前船等商船而闻名日本列岛社会的海民世界变成了海军军舰和武器等战争机器的生产基地，更把以广岛为中心的濑户内海沿岸变成

---

① 宇品港是位于广岛县广岛市南区海边的港口，当时从广岛火车站运出的军用物资就是通过火车转运到广岛市南部的宇品港再经水路运往东北亚地区的。
② 千田武志「経済の発展と埋め立て―広島湾を例にして―」，山口徹（編）『瀬戸内諸島と海の道』，吉川弘文館，2001年，159ページ。
③ 即现在吴市的广町。

了培养和输送士兵、战争物资的军事区域，这片原本充满挑战、活力和商业气息的海民世界就此变成了战火硝烟弥漫之地。

吴港的两个海军工厂在造船、航空器、火炮等方面的技术上已经在日本出类拔萃，在世界上也已属先进。但随着第二次世界大战的结束，海军工厂所积累的财富随着硝烟一起化为无形。虽然这里的技术和制造业基础设施为"二战"后日本造船业复兴提供了条件，也为日本20世纪六七十年代的经济高速增长做出了贡献，但这里在近代时期所制造的兵器，给世界带来了杀戮和苦难，无数人因为这里的技术所制造的武器而丧生，这终究是世界所难以忘记的。

第四节 濑户内海海民群体的"归宿"

濑户内海的各类海民群体在近代之后的发展呈现较大的差异，有的群体规模大幅削减，有的转变了存在的形态，有的在时代浪潮中彻底销声匿迹。但可以肯定的是，濑户内海的海民作为一个从事海洋生业的社会群体，在进入现代之后，已经不复存在了。因此，这里有必要辟出一节，来对濑户内海海民群体进入现代之后的"归宿"做个必要的交代。

一 渔民的回归

渔民群体并没有在进入现代之后消失，而是至今仍然存在并致力于濑户内海渔业的生产，以及濑户内海沿岸渔村的发展。进入明治时代之后，一些日本官员、留学生和相关人员被政府派遣到欧美各国对列强各国的各个方面进行考察。这些人回国后，把海外的渔业知识和技能也引进到了日本，从而给日本渔业带来了根本性的改变。包括濑户内海在内的列岛各地渔村中，开始出现当地居民的大规模集资，并建立起当地的渔业公司。随着渔业公司规模日渐扩张，越来越多的渔民开始进入渔业公司工作，渔民群体的作业形态发生了根本性转变。[①]

另一方面，在进入近代之后，濑户内海上的许多渔民苦于渔业纠纷日益加剧，于是在政府的号召下，向着海外渔场进军，进入朝鲜半岛、中国大陆和中国台湾周边的渔场，掠夺当地渔业资源，最终随着本国政府侵略

---

① 水产厅『水产白書 平成21年度』，水产厅ホームページ，http://www.jfa.maff.go.jp/j/kikaku/wpaper/index.html，2014年7月22日。

战争的失败，于第二次世界大战后退缩回濑户内海海域。"二战"后食物匮乏，海产品成了日本国民获取食物的重要来源，大规模生产的需求之下，渔村中的渔民纷纷进入渔业公司，从事规模化生产。① 如今的濑户内海沿岸，渔村依然随处可见，但个体渔业无疑已经衰落下来。渔民家庭中，子承父业的越来越少，渔捞技能的传承面临危机，渔村中的住民高龄化日益严重，个体渔民的渔业不景气。② 个体渔业的不景气，又导致渔业协同组合贷给渔民的款项无法收回，从而导致渔协债台高筑。③ 而曾经是渔民聚居之地的各个海岛上，情况更不乐观，人们纷纷外出务工，渔村中空化程度日益加剧。濑户内海的渔民群体虽然存续至今，但近世时期的盛况已一去不返。

二 捕鲸业渔民的归宿

早在幕府末期，濑户内海周边的捕鲸队就已经开始受到西洋捕鲸船队的冲击，许多捕鲸业渔民重新做回普通渔业渔民，或是移民海外。经历阵痛之后，日本捕鲸业渔民开始引进西方捕鲸技术，成立了自己的民间捕鲸公司。经过反复兼并重组，日本开始跻身捕鲸大国之列。第二次世界大战后，日本捕鲸业顶着国际捕鲸管制机制所带来的压力，依然以"科学调查"之名继续着"商业捕鲸"之实，并且把"商业捕鲸"变成某种意义上的政治问题。但在反对捕鲸的世界大趋势中，日本的千年捕鲸业在近世时期的繁荣景象早已一去不返。

三 海盗的消失

海盗是濑户内海几个主要的海民群体中最早销声匿迹的。海盗消失在濑户内海上是源于近世当权者的严厉取缔。16世纪末，濑户内海上的小型海盗集团大多被灭；一些大型海盗集团的头目投靠了地方势力，成为大名的家臣，也有一些遁迹山林，当然也有转入"地下"的。这些零星的海盗群体在近世期间，依然在濑户内海上干着海上掠夺的勾当，只是再不敢像中世时期那样明目张胆。实际上，这一时期，海盗等于已经退出了历史的舞台。

四 海商的行踪

近代以来，随着明治维新的成功，日本在"富国强兵""殖产兴业"的

---

① 勝川俊雄『漁業という日本の問題』，NTT出版株式会社，2012年，184ページ。
② 若林良和『水産社会論—カツオ漁業研究による「水産社会学」の確立を目指して』，御茶の水書房，2000年，7ページ。
③ 勝川俊雄『漁業という日本の問題』，NTT出版株式会社，2012年，184ページ。

国策指引下开始了产业近代化的进程，濑户内海沿岸的广岛等港口成为重要物资流动中枢，而濑户内海地区的纺织业等轻工业、造船业等重工业、矿石开采精炼等化工业也因此得到了迅速的发展。但与此同时，近世时期濑户内海海岛上那些盛极一时的港町，最终因为没有经济腹地的支撑，难以匹敌沿岸港口，因而迅速萧条下来。此外，近代以来，濑户内海的交通网络发生了很大的改变，濑户内海上的岛屿到沿岸之间、濑户内海两岸之间的渡轮等交通线路逐渐获得了建立与整合，濑户内海上的岛屿原本具有很大的地理位置优越性，因而受到来往客商的青睐。但近代化交通网络的设计，使得这些岛屿的优势荡然无存。近世海岛上港町的繁荣景象再难维系。濑户内海海域的中转型商业模式因此渐趋衰落，并最终消亡。

明治维新之后，日本实施了对外开放，锁国时代国内海运贸易一枝独秀的局面一去不返，海外贸易时代来临。"殖产兴业"的国策带动了日本各项出口产业的系统化、规模化发展，一个"小小"的濑户内海再也不能满足全国各地日益膨胀的海外贸易需求。海商的海运及商品贩卖活动开始被更为规模化、系统化的企业组织活动所取代。海商作为一个独立群体，逐渐融入组织化的商业活动中，海商活动彻底演变成一项公司活动。

五　盐民的追忆

濑户内海的盐业到了近代之后的种种变化，主要是受到日本政府的政策影响的结果。近世时期，濑户内海海岛上的盐民掌控着海盐的生产、运输、销售各个环节，但到了明治时期，情势突变。明治政府为了实施对外扩张，需要确保财政源头，海盐销售的利润可以为政府带来不菲的财政收入，因而被实施了专卖制度。直到第二次世界大战后，海盐销售依然要通过国家专卖公社这一渠道进行。此后，随着全新制盐技术的开发，再加上20世纪70年代初《盐业近代化临时措置法》的实施，濑户内海上的所有盐田均被废止，濑户内海的盐业生产活动就此进入了全新的时代，近世的盐民群体就此成为追忆。

六　造船业者的精神

濑户内海的造船业也是一个受国家政策影响极大的行业，进入近代之后，濑户内海地区的一些造船厂借着国家对舰船建造的军需而迅速发家致富。此后，广岛附近成了海军军舰和武器等战争机器的生产基地，给世界带去灾难，也给自己招致灭顶之灾。不过，这一地区到了第二次世界大战之后，借助近代以来的造船业基础，在"二战"后日本政府"贸易立国"

政策的号召下，再次获得复兴的生机，使得日本的造船业再次位居世界前列。现在的濑户内海四国地区，是日本重要的造船基地，有着巨型船舶修理建造基地。这些宏伟景象和近世时期仓桥岛上的造船之乡早已不可同日而语。那些近世时期的能工巧匠的手艺，如今也只能作为一项民俗文化遗产，化作回船的模型标本，静静地停留在濑户内海地区的民俗博物馆里。沧海桑田的变迁之中，一脉相承的唯有造船工匠精益求精的匠心与不屈不挠的精神。

以上濑户内海海民的归宿可以概括如下。有的海民得以在时代变迁中存续下来，但他们中的大多数人都进入了相关领域的公司等现代海洋社会组织中，原先自发、随意、合作模式简单的群体性生产行为由此转变成了系统化、规模化的公司行为，群体特有的生产文化在这一"融入"过程中逐渐消失；有的海民在时代的浪潮中销声匿迹，变成了曾经存在的一种海民民俗文化，被保留在史料、传说和博物馆的陈列室中，静静地供人追思回忆，任凭人们遥想当年海民在濑户内海上的种种事迹。

第六章　濑户内海海民群体之于
日本社会的意义

我们用了五个章节的篇幅，把濑户内海海民及其所处环濑户内海地区从古代和中世，到近世再到近代的发展历程做了一个比较系统的梳理。鉴于我们的能力与所掌握资料之限，想必会在这一梳理工作中漏掉一些重要的信息，也可能因为思考不够缜密，而造成某些判断的偏差。但是，我们至少可以说，目前为止的工作可以为读者把握日本濑户内海海民群体的发展过程，提供一系列关键环节上的重要信息，以助我国学界进入日本研究领域中一些尚待开拓，且不能算不重要的领域。有鉴于此，我们认为，有必要在临近结尾的第六章中，在经历几个章节的细节描述之后，再次回归整体，对濑户内海海民群体之于日本社会的意义做出尽可能客观的评价。

第一节　濑户内海海民群体的变化特点

对濑户内海海民之于日本社会的意义进行评价有个必要的前提，就是需要再一次从各阶段的海民群体发展的"细节"中跳出来，观察这一变化过程的"整体"，对濑户内海海民群体的发展过程所呈现出的变化特点来一次系统的梳理。唯其如此，才能清晰地认识到这一群体从整体上对日本社会的哪些方面造成了比较深远的影响。

一　活动范围不断扩大

从古代、中世，到近世、近代，濑户内海海民群体最显著的变化莫过于活动范围的不断扩大。

濑户内海渔民的活动范围变化是最清晰不过的。濑户内海沿岸自古就有一些独立的渔业部落，进入中世后又出现了一些专职渔村。这些渔业部落和渔村相比周边地区，都属于比较特殊的存在。部落民和村民都是不事农桑的专职渔民，他们凭借自己出色的驾船技艺和潜水技能，为皇室、有权势的神社和当朝权贵提供海产品，活动范围仅限于部落与村落的周边。进入中世之后，专职渔村在濑户内海边广泛发展起来，渔民从事捕捞不再满足于周边海域，活动范围开始扩展。随着渔网的改进，渔业技法日臻完善，渔民对鱼类洄游、生长的路线、规律都比从前更为熟悉，因而会驾船驶入其他渔村所在海域，从而造成了日益严重的渔业纠纷。等进入近代，渔业纠纷加剧，许多渔民就此走出濑户内海这片海域，进入朝鲜半岛、中国大陆和台湾岛周边海域，甚至远赴夏威夷，成了日本近代海洋移民的开拓者。

　　海商的活动半径也有着明显的变化。在古代，大多数海商不过是渔民兼职从事的职业而已。到了中世，日宋贸易所带来的巨大利益促使平清盛等当权者做出种种努力，吸引中国商人把贸易商船从九州地区开进濑户内海，并抵达东部海岸。濑户内海沿岸港口因此获得整顿，朝廷对民间贸易的管制放松，日本商人借机崛起，濑户内海沿岸各地陆续出现了繁华的港口；同时，濑户内海的海上商人还率先驶出濑户内海，先是驶向朝鲜半岛，继而又向着中国周边的广袤海域进发。"倭寇"之所以在东亚海域活跃起来，与海商有着密切的关联。进入近世后，随着锁国令的颁布，幕府开始禁止建造用于海外贸易的大型船舶，于是海商开始致力于拓展国内海上贸易的空间。在河村瑞贤等商人的探索努力之下，东回航线和西回航线成功开辟，日本国内贸易航线获得大幅度扩展延伸，濑户内海成了连接日本列岛沿岸各地贸易的中枢通道，阪神地区也因此成了日本本州地区的贸易中枢。海商把自己的活动范围从濑户内海局部沿岸扩展到整个环濑户内海沿线，再扩展到了日本列岛沿岸。

　　海盗与水军的活动范围也是变化的。古代从事海盗营生的主要是渔民，规模既不大，活动范围也相当有限。但从古代后期到中世时期，水军的情形发生了很大改变，先后出现了藤原纯友水军、村上水军、盐饱水军等濑户内海上的著名海盗集团。战乱年代中，濑户内海的沿岸基本都是海盗猖獗地带，包括上述水军在内的主要海盗团体往往互结盟好，划定各自活动海域，向过往船只收取保护费。朝鲜使者宋希璟的《老松堂日本行录》所描述的正是这一时期的情形。同时，海盗的船只还和贸易商船一起，驶向朝鲜半岛和中国沿海。只要官方贸易一停止，海盗和走私贸易就立即在东亚海域活跃起来。海盗的活动海域扩张过程直到进入近世后，才因为当权者的海盗取缔政策而止步。

其他各类海民群体的发展也有着类似的变化，随着渔业捕捞技术、航海技术、造船技术等海洋开发能力的不断提升，濑户内海的海民从内海一隅驶向整片内海，再从内海驶向外海，是必然的趋势。只不过，作为一个聚居在内海沿岸及海域之上的群体，他们的活动范围必然受到种种时代因素的影响，不会无限制地发展下去。从这个意义上说，他们的活动只是人类向海洋进发的一个微缩模型。在全面走向海洋的时代中，他们必然要为更大规模的群体和组织所替代。

二 生业不断分化

海民这个群体概念本身就是以"从事以海为生的某种特定职业"为标准来定义的，而濑户内海的不同海民群体也是以"所从事的不同海洋生业"来分类的。但是，从濑户内海渔民的发展历程来看，这些类型并不是从一开始就全都存在的，相反，海民群体正是在不断的职业细化过程之中实现群体内部分化的。

渔业几乎可以算是所有濑户内海海民群体最初的谋生职业，濑户内海地区最早期的海民来自沿海的渔业部落。此后，一些渔民为了谋生，开始一边打鱼，一边行舟经商；或是一边打鱼，一边从事海盐生产；也有的在打鱼的同时，做起了掠夺过往船只的海盗。这些渔民在从古代向中世的转变过程中，抓住时机，逐渐转变成不再打鱼、只贩卖商品货物的专职的海商；或是放弃了渔捞活动，专干海上掠夺的勾当；也有海盐生产技能卓越的，海盐生产成了主业，渔业反而成了副业。渔业本身也有了分化，一些作风强悍、驾船技术和鱼叉投掷技能出色的渔民，在进入中世之后，成了专门捕猎鲸鱼的捕鲸业渔民。有的渔民原本就常常单独打鱼，长年不回村落，于是干脆以船为家，一家人居于海上。时间长了，这些人和其他渔民的区别日益明显，成了漂泊海上的家船民。

海盗群体形成之后，也仍然在不断发生分工的细化和群体的分化。中世时期，在濑户内海上实施掠夺的基本上都叫水军，但这些水军同时也是水上运输业者。藤原纯友之所以从海盗的镇压者变成海盗头目，一般被认为是因为这个政治人物看到了垄断濑户内海海上运输所带来的利益；村上水军主要是作为海上的战斗力而存在，但是在没有战争的时候，海上运输一直是他们的主业；盐饱水军战时虽然也为各路军事集团效力，但所从事的一直都是军用物资的海上运输，直到近世，他们更是直接转型，做起了海上运输的回船商人，从水军群体中脱胎换骨。

海商群体也在发展过程中不断发生更细化的分工。中世时期发展壮大起来的濑户内海的海上商人群体，到了近世时期，出现了拥有回船的船商、专门从事倒买倒卖的中介商；有只在濑户内海上做短线贸易的海商，也有专门跑西回航线等长线贸易的海商。

这里不得不指出的是，尽管濑户内海海民群体在自己的发展历程中，不断地实现着业种的分化、细化，但更大的分化显然出现在近代之后。随着日本明治维新的成功，政府对"富国强兵"和"殖产兴业"国策的推行，日本在造船业、海运业、物流业、渔业、捕鲸业等各个海洋生产实践的领域中都开始了大规模的资本积累，以及系统化的社会生产，公司等现代组织形式开始取代海民群体，成为海洋生产实践的主流形式，濑户内海的海民身处这一时代潮流之中，同样身不由己。他们的群体是在各阶段社会发展的过程中逐步分工、细化而来的，因此，最终同样要随着时代的剧变，接受新一轮社会分工的洗礼，并被分工更细致、更有效率、更具规模，且显然效果更佳的组织所取代。

三　规模化、体系化与组织化

濑户内海海民群体在所从事的谋生职业上不断发生着分化、细化，在不断分化中形成的各类海民群体又在成员人数上不断趋向规模化，在成员结构上不断呈现组织化与系统化的趋势。

渔民群体中分离出海商、海盗、捕鲸业渔民、家船民等，使得居住在渔村之中、从事普通渔业的渔民在中世之后形成了一个相对稳定、独立的群体。然而，从事普通渔业的渔民群体内部依然在发生着变化。进入近世时期，随着渔业技术、渔网等捕鱼工具的细化而产生沙丁鱼业渔民、使用单线钓鱼的"一本钓"渔民、使用渔网集体捕鱼的渔民等。渔具专业化、细分化的根本原因还在于濑户内海海域渔民规模的不断增长，以及捕捞技能的日益提升。特别是网渔业的发展，经常是一个海岛合作打鱼，集体出船，先出领袖，代表本渔船队与其他渔村进行交涉，实施团队捕捞的情况在这一时期越来越普遍。

捕鲸业渔民自从形成以鲸鱼为捕猎对象的较为独立的群体之后，也在不断发生着船队规模的扩张和内部分工细化的现象。中世时期，濑户内海周边海域的捕鲸业渔民所使用的"突取式捕鲸法"只能捕猎体型较小的鲸鱼，因此，这一阶段，尽管捕鲸队已经有了"鲸组"这类渔业组织出现，但人员规模有限，分工相对简单。直到进入近世之后，"网取式捕鲸法"大大改进了捕鲸效率，渔民开始捕杀大型鲸鱼，鲸鱼业在一定程度上实现了产业化，"鲸组"随即也变得复杂起来，这个群体逐渐变成了集负责指挥的本部、负责管理器械的大纳屋、负责监视鲸鱼行踪的瞭望者、负责解体的处理科、负责抽筋的筋士科，以及负责驱逐、围捕、设网、搬运和回收捕猎工具的各类捕鲸船及其船员，整个团队超过千人，堪称海洋制造业，规模不可谓不大。

海盗内部也是如此，从零星打斗的散兵游勇，到"建船只千余艘"的藤原纯友水军，发展壮大十分迅速。不仅如此，海盗群体的内部分层变化也十分明显。中世时期，海盗组织中，上层的海盗头目投靠地方势力，成为海上领主，海岬上建起了海城，成了名副其实的海上豪族，平日里只需指挥下属，便可坐收保护费，不用辛苦；而下层海盗很多都是没有生路才投奔海盗的贫穷渔民，少不了跑腿卖命，辛苦奔波。战国时期的村上水军等海盗组织都纪律严明，有着自己的生存之道，与早年的海盗在规模、分工、活动方式上有着很大的区别。

从濑户内海海民进入近代的整体发展情况来看，环濑户内海地区的海洋开发活动到了近代之后，开始实现了真正意义上的组织化。换言之，无论是渔民的渔捞生产，鲸组的鲸鱼捕猎，海商的海上运输贸易，盐民的盐田晒盐等这些濑户内海海民世代所从事的海洋生业，在进入近代之后，都逐渐由更为高效、更具规模、技术更为先进、组织结构更为系统化的现代企业组织所取代。海商所从事的海运贸易被海运公司及其背后的商社、金融机构、物流公司等所取代；盐业销售被国家的专卖机构所垄断；渔民的渔业活动到了第二次世界大战之后，也被渔业公司逐渐替代，渔民纷纷进入渔业公司工作；捕鲸公司则早在进入近代之后，便取代了有着千年捕鲸传统的鲸组活动，开始了现代化的商业捕鲸。

四　异质性逐渐消失

上文阐释了濑户内海海民如何在发展的过程中，逐步实现不同群体之间的职业分化以及群体内部的不断细化的过程。但是，濑户内海海民的这些特征，归根结底，是随着环濑户内海地区的社会发展而产生的变化。换言之，濑户内海海民群体变化的实质，是在逐步"融入"环濑户内海地区的社会之中。

古代时期，濑户内海上的渔民不过聚居在几个渔业部落之中，对当时的日本社会而言，他们最显著、最主要的贡献就是为遥不可及的皇室和神社祭祀提供海产品来做祭品。而对周边社会的百姓来说，他们的存在却是几乎可有可无的，他们既无害，也无益于社会，只能被视为一种特殊的生存形态。

到了中世时期，渔业技术的进步使得渔捞所获日渐丰硕，海产品和其他诸如纸张、铁器等手工制品一样，成了可以代替农作物缴纳租税的物品，濑户内海地区开始出现非从事农业生产且相当富裕的普通百姓，渔业成了一种可以让普通民众致富的职业。不仅渔业，海商业更是如此。日宋贸易的兴盛，使得古代末期到中世时期的朝廷历代当权者都意识到，经由濑户内海进行的海外贸易活动可以为统治者带来巨大的利益。与此同时，藤原纯友等濑户内海上的海盗水军的活动显然也已极大地撼动了各方政治势力，这些濑户内海上的海民已经成为当权者不能忽视，进而是必须要刻意安抚、收降、拉拢的对象了。

进入近世，德川幕府实施锁国政策之后，国内政权倒的确变得相对稳固，社会和经济发展非常显著。随着德川幕府所在的江户城规模不断扩大，人口日益增加，这座城中的消费需求也与日俱增。此时，环绕日本本州沿岸的东回航线与西回航线成功获得开辟，正好迎合了江户城对大米、海产品、清酒、海盐及其他日用品的巨大消费需求，濑户内海顺理成章地成为西回航线的干线航道，大阪地区也因此成为日本海沿岸转往江户城各种商品的中转集散地、中枢港区。因此，这一时期的回船商人、批发商人的货物中转贸易互动正好契合了社会的需求，因而发展欣欣向荣；造船业与海上贸易一荣俱荣；而盐民在濑户内海海岛上的盐田生产，又恰好可以满足当时社会日益增长的海盐需求；渔民的渔业技法提升、渔获量的增长也恰好是当时的社会饮食生活所急需的。濑户内海的海民群体在近世的发展，几乎就是应社会需求而发展变化的。濑户内海海民群体从古代到中世再到近代的发展过程，实际上就是海民的海洋生业全面融入环濑户内海，进而是整个日本列岛经济、社会生活的过程，是海民从特殊到一般，从对周边社会具有"异质性"到与周边社会产生"均质性"的变化过程。

同理，进入近代，濑户内海海民群体的种种变化，也是应社会需求的变化而产生的。明治维新以来，日本政府实施的开放国策，迅速引发了社会资本的积累，大规模生产带动了消费需求的日益提升，致使一直以来由海民所承担的海运贸易、货运物流、批发集散、渔业生产等行业产量，已经无法满足日益膨胀的社会需求，导致海民的职能必然为更加系统化、规模化、高效化的公司等现代组织所替代。海民融入这种新型社会系统的过程，也正是他们进一步与周边社会融合的"均质化"过程。

第二节 濑户内海海民群体之于日本社会的意义

通过上文对濑户内海海民群体在几个不同历史阶段的发展特点的归纳，我们现在可以尝试着对这些海民之于日本社会的意义做出评价了。

一 濑户内海海民的活动改变了濑户内海在日本列岛中的地位

濑户内海海民群体的活动，一直在以自己特有的方式，推动濑户内海在日本列岛中的地位发生着转变。换言之，濑户内海在日本列岛中地位的转变，某种意义上是由海民带来的，正是海民的种种活动使得濑户内海逐渐成为日本列岛的中心地域。

濑户内海虽然自古就是日本与外界的交流通道，但在航海技术落后、用于交换的农产品及其他产品不够富余的年代里，渔民们无法确保在暗流汹涌、航道狭窄、海岛众多的濑户内海上的行舟安全，渔捞所获也无法实现与周边百姓所生产农作物的稳定交换。一句话，古代的濑户内海渔民群体是一个不折不扣的边缘化存在，因此，濑户内海的重要性也不算高，这片内海当时的主要功能是使得日本朝廷能获得主要来自中国的各种海外舶来品，此外就是为神社供奉海产品，以供祭祀所用。

进入中世之后，濑户内海周边地区商品经济日渐发达，日本商人借着日宋贸易的时代契机迅速发展起来，濑户内海沿岸的港口因此日渐繁荣。平安时代的朝廷当政者开始意识到这片内海所蕴含的巨大商机。我们已经知道，这一时期，藤原纯友水军的发展其实也和海运业密切相连，朝廷权臣平清盛正是看到了这些，才对濑户内海产生了格外的兴趣，不仅大修沿岸港口，整顿航道，还对位于濑户内海中部沿岸的宫岛之上的严岛神社特别关照，多次引朝廷重要政治人物前来参拜，还一手创建了严岛神社的海神祭祀——管弦祭，硬是把京都平安贵族在湖面上聆听管弦丝竹的娱乐项目给移植到了濑户内海中部海面上，为的无非是加强对濑户内海地区海盗等海民的控制，一来稳定政局；二来可以把海上贸易所带来的利益牢牢掌控在手中。

进入近世以来，德川幕府以江户城为自己的政治根据地。随着幕府政局的稳固，这座城中的居民日益增多，规模日渐扩张，从而带来了城中百姓的消费需求。濑户内海的海商在东回航线与西回航线上日益活跃的航运与交易活动，使得濑户内海一举成为日本经济的中枢航线，也使得大阪地区成为当时日本列岛首屈一指的中枢港口。与此同时，锁国令与禁教令之下，海外贸易的渠道并未完全断绝，而是依然有所保留，并且通过九州与濑户内海，源源不断地借着海民的活动，向濑户内海沿岸各藩，以及日本列岛各地输送而去。濑户内海沿岸各藩能成为明治维新中倒幕势力的中坚力量，自有海民的一份功劳。

　　从到近代为止的日本历史来看，濑户内海的海民群体，一直在以自己特定的方式，推动濑户内海地区从日本列岛的边缘性存在，一直走向中心。

二　濑户内海海民的活动改变了日本社会对海洋的认识

　　在古代，从绳文时代到弥生时代，海民群体或居于濑户内海之滨，或聚于海岛之上，过着以海为生的生活，与从事陆上生业的百姓显然有着截然不同的生存形态。对周边社会来说，他们只是聚居于渔业部落中有着特殊技能的特定群体。

　　然而，日本的自然环境却赋予了海民改变日本社会海洋观的机会。试想，如果环濑户内海地区有着广阔的平原、大量可供耕作的土地或放牧的草原，大部分百姓就完全可能以农耕、畜牧为生，不需把目光过多地投向这片暗流汹涌、航道狭窄的内海。但是，这里的自然条件决定了环濑户内海地区的百姓做不到这一点。濑户内海地区的陆地少有平原，可用于农耕的平地极其有限，百姓不得已，只能在山上造田，因而濑户内海两岸多见梯田。此外，内海两岸遍布山林，本州的南北方向上，山峦阻隔，交通十分不便；九州北部沿岸更是山地直逼海岸，断崖临海，沿岸根本无路可走，交通唯有依赖船舶。[1] 环濑户内海地区的自然环境显然是不利于百姓农耕畜牧、安居田园的。

　　这一切自然而然地促使沿岸的地方豪族开始转向海洋，他们看到了从事捕鱼、制盐和海上交通的海民群体。在地方豪族的眼中，控制这些擅长航海技艺的特殊民众对他们发展自身势力有着种种好处，平日里海民的海上交易可以带来经济利益；战时，海民组成水军，可以抵御外来的海盗。

---

[1]　安野眞幸「長崎開港史：家船の陸上がりの視点から」,『弘前大学教育学部教科教育研究紀要』1998年12月，第28号。

在百姓眼中，从事采集海藻、贝类，捕鱼钓鱼，用土器制盐，进行海上运输等海洋生业，和纺织、制铁、制作木器等生业一样，只要可以用于交换，就可以切实维持自己的生计，自然也是乐意为之。

进入古代末期的平安时代，濑户内海的重要性愈发凸显，成了首都近畿地区的政治势力不能忽视的存在。这里的海盗水军不仅已成长为足以撼动朝廷政局的军事、政治力量，也因为海上商人的贸易活动活跃异常，使得内海沿岸及海岛地区成为商品经济的繁荣地带，连朝廷上的政治人物都要想方设法控制濑户内海的贸易和从事贸易、运输及拥有海上武装力量的海上领主及他们的水军。此后，战国时期，日本列岛进入了堪称群雄逐鹿的年代，水军再一次以自己卓越的航海技艺、水上战斗技能和灵活迅捷的移动方式，使当权者充分意识到拥有海上战斗优势，对争夺天下何等重要。与此同时，环濑户内海地区的商业也有了很大的发展，各种商品的经营出现了专业化趋势。这一时期，社会观念发生了悄然的变化，一些地方开始对工商业给予积极评价，反而瞧不起农业这种辛苦行业。这显然与日本长期占统治地位的农本主义思想相违背。[①]

如果说，中世时期濑户内海海民群体的活动受到日本社会上下的关注，主要是因为其在军事上、政治上的重要性；那么进入近世之后，海民群体的活动更多的是向日本社会传递出濑户内海在经济上的重要性。17世纪后半期，日本列岛社会进入了相对安定和平的时期，经济领域发生了巨大的变化，呈现新的发展。随着流通业的发展，大阪与江户之间的物资流通活跃了起来，两地的钱庄生意十分兴隆。拥有物资集散中央市场地位的大阪，和消费量巨大的城市江户之间形成了庞大的物资运输体系。濑户内海的回船船主、回船批发商、渔民船夫等已经成了这条国内物流中枢系统上不可或缺的力量。这个时期，社会生活受海运业的影响之深，恐怕早已使得社会各阶层对海洋的重要性有了切身的体会。海洋之于日本社会，已经不再是重要与否，而是早已变得缺之不可。

综上所述，日本列岛四面围海，岛屿众多，少平原，多山地，自然环境决定了日本百姓不能一味务农。尽管历代当权者多实施农本主义政策，一心劝诫百姓务农弃商，但终究无法如愿。古代开始，日本社会上的生业

---

① 网野善彦：《日本社会的历史》，刘军、饶雪梅译，社会科学文献出版社，2012，第287~288页。

就已经相当多元；从中世到近世，更是愈发多样化。百姓既然不把农耕视作应该从事的本职工作，又看到濑户内海的海民群体这样终年活跃在海上，从事捕捞、贸易、制盐、运输，且其中发家致富者大有人在，对海洋之于生活的益处便有了越来越多的认识，海洋显然已成为日本国民心目中的重要谋生之所。必须看到，列岛百姓所拥有的"海洋生业之于社会生活必不可少"这一海洋观，正是日本进入近代，得以在西方列强的威胁之下一举完成明治维新的社会基础。

三 濑户内海海民的活动为明治维新的成功奠定了基础

进入近世之后，环濑户内海地区随着商品经济的发展、社会分工的细化，开始逐渐形成特有的商业模式。而这一模式为明治维新的改革，特别是其产业经济的改革奠定了重要的基础，也为日本进入明治时代后形成的集海运、商社、物流、金融等产业于一身的财阀经营模式建立了基本的框架。近世以来，无论是幕府，还是各藩，都已经不可能再压抑商品经济的发展，而大阪和江户两地发展势头又尤为迅猛。

首先，全国各地已经形成相互依赖的生产分工格局，全国性的市场已经开始萌芽，而这一生产销售系统的中枢就是大阪与江户。这里就以棉纺织业为例来进行说明。近世时期，国民生活所必需的衣料棉布，就是以近畿地区为中心，在全国范围内开展生产的。从18世纪中期起的半个世纪内，在大阪市场上市的皮棉供货量增幅就达41倍，棉花为7倍，籽棉为5倍。植棉、轧棉、弹棉、纺纱、织布等各工艺流程在各地之间分工明确，并互相依赖。另外，既然是生产衣料棉布，棉纺织业就必须要与印染业相结合，因而又与蓝靛、红花等染料生产相互依赖，颇有些"一荣俱荣，一损俱损"的味道。按照历史学家井上清的观点，近世时期，商品经济的主要动力已经不再是贡赋的商品化，甚至也不是领主、武士的消费，而是农工商各界百姓的全国性分工与相互依赖的发展。[①] 换言之，商品经济之所以会源源不断地运行下去，主要是因为全国各地间高度互相依赖的生产分工，以及初具雏形的全国性市场。而全国性的生产销售格局之所以会形成，主要得益于近世时期，环濑户内海地区繁荣的海运贸易所建立起来的"大阪—江户"之间的物流体系。

其次，就是对海外贸易的需求。近世的德川幕府为了对基督教实施禁

---

① 井上清：《日本历史》，闫伯纬译，陕西人民出版社，2011，第180页。

压，对海外贸易实施统制，颁布了锁国令，但海外贸易的窗口并未完全堵上，而是留下了阿依努、琉球、对马和长崎四个贸易窗口。除了北海道的阿依努外，幕府通过对马与朝鲜半岛，通过琉球与中国大陆，通过长崎与中国大陆及荷兰保留着贸易关系。[①] 虽然幕府极力想把日本列岛与海外交通的网络置于国家管制之下，但实际上，通过以上四个窗口开展的跨海贸易与交流却非常活跃，走私贸易也相当兴盛，琉球、对马和长崎都处于环濑户内海地区，因此也为濑户内海的商人们提供了很大的走私贸易便利。幕府不仅没能实现全面的国家管制，反而让环濑户内海地区的各藩看到了海外贸易所蕴藏的巨大利益，激起了这些藩对幕府锁国的不满，终于使得这些藩在幕末成了倒幕派的中坚力量。

再次，货币、信用经济的兴盛。商人们一边从事海外走私贸易，一边又因对外交流的限制而愈发在濑户内海及列岛各地活跃起来。当时，海上运输业、商业、造船业、物流业的社会系统获得了空前的完善、整备；与此同时，货币、信用经济也因此兴盛。以大阪和江户为例，17世纪后半期，两地的钱庄都非常活跃，其业务以金银铜钱的兑换为主，也包括办理商人资金预存、开具各种票据等。如位于江户、大阪与京都的三井两替屋，大阪的鸿池、天王寺屋等，都在为商人们提供预存资金和开具票据的服务；同时还与商人资本结合，将钱贷给商人和大名等，积累了巨额财富。信用交易和市场经济在这一时期有了空前的发展。[②]

总之，正是近世时期商人们以大阪与江户为两大物流集散中心、以濑户内海为运输中枢航线所进行的贸易活动，为日本列岛带来了一系列的变化，形成了全国性的市场、全国性的生产分工与互相依赖，激发了货币与信用经济的活力，并为对外开放积累了必要的地方社会力量。同时，我们也应看到，集物流业、商社、海运业、金融业、制造业等产业于一身的财阀经营模式，也正是在这一商品经济的发展过程中孕育产生的。出身于土佐藩、发家于大阪的日本邮船公司及其三菱财阀，正是这样一个集各种产业功能于一身的政商财阀。也正是在三菱、三井、住友等大型财阀的助推

---

① 网野善彦：《日本社会的历史》，刘军、饶雪梅译，社会科学文献出版社，2012，第310页。
② 网野善彦：《日本社会的历史》，刘军、饶雪梅译，社会科学文献出版社，2012，第319页。

之下，才有了日本近代资本主义的迅速积累与发展。日本跻身世界大国之列并最终走上扩张道路，从其源头来看，也有着濑户内海海民们活动的身影。

四　濑户内海海民的活动推动了环濑户内海各藩势力的扩充

濑户内海海民的活动不仅为明治维新奠定了社会经济的基础，并且，环濑户内海地区的各藩也借着海民的商贸活动，特别是对外贸易活动，逐步扩充力量，推动经济发展，实施政府改革，终于成了幕府末年的"雄藩"，成为倒幕派的中坚力量。

在江户时代末期，幕府经历了一系列的改革失败，逐步丧失了对全国各地的政治主导权。与此相对，位于环濑户内海地区的各藩，也就是与对外贸易有着一定关联的各藩领内，却出现了新的发展动向。这些藩积极利用各地特色，大力发展本藩的工商业与贸易，任用优秀人才，引进欧美先进军事技术，推进本藩的改革。例如，位于九州南部的萨摩藩，就在当时利用与琉球的贸易关系，把日本北方的特产经由琉球出口到中国大陆，从中谋取暴利，还利用欧美技术建造船舶及其他设备，以强化军事实力。再如本州西部的长州藩，一方面加强纸张与蜡的专卖制度，另一方面充分利用回船交易，增强本藩的财政势力；位于九州西北部的佐贺藩也对陶瓷器实施专卖，并引进欧美的军火工业；[1] 四国的土佐藩则与长崎、兵库地区的商人合伙，加强回船业等商业活动，目的也是为了强化其财政。又因该藩一直承担长崎防务之责，因此，从很早就引进了枪炮以及与海军有关的近代技术。[2]

总的来看，以上各藩在幕府末期的主要动向可概括为：垄断特定领域的贸易，获取巨额利润，以强化本藩财政及军事力量。以上各藩借机崛起，而与此同时，幕府却忙于应对西方列强，以至于焦头烂额。1853年（嘉永六年），佩里率领的美国东印度舰队来到江户湾的浦贺，要求幕府"开国"。此后十余年，时代为之一变。日本分别与美国、荷兰、俄罗斯、英国和法国等欧美列强缔结了不平等的通商条约。在这样的时代背景下，讨伐幕府的倒幕运动终于轰轰烈烈地展开，长州藩与萨摩藩这两个实力最为强大的

---

[1] 网野善彦：《日本社会的历史》，刘军、饶雪梅译，社会科学文献出版社，2012，第325页。

[2] 井上清：《日本历史》，闫伯纬译，陕西人民出版社，2011，第190–191页。

"雄藩"结成萨长同盟之后，倒幕运动终于大获进展，并最终推翻了幕府的统治，日本从此进入了一个新纪元。当然，明治政府也因此成为长州藩与萨摩藩两派势力的天下，这又为此后日本政府的一系列侵略扩张行动埋下了祸种。

五　濑户内海海民文化已成为日本重要文化遗产

我们在上述几项中，尝试探讨了濑户内海海民对历史上的日本社会所产生的影响，特别围绕几个重要历史环节，对其影响进行了比较集中的探讨。濑户内海的海民由日本社会的历史所造就，在日本社会的历史中生存，同时，又以某种方式影响着这个国家的历史发展进程。那么，时至今日，濑户内海的海民对日本社会而言，又是一个怎样的存在？这一古老的群体是否还在以特定的方式影响着日本社会的发展？

濑户内海海民经历了古代、中世、近世到近代的各阶段发展演变。他们曾经是古老的渔业部落中驾舟出行的海民，也曾驾驶海上战船，拼杀在濑户内海的弥漫硝烟之中；还曾扬帆远航，成为东亚海域的淘金者与掠夺者；更曾穿梭在濑户内海沿岸港口之间，成为精明的回船商人；他们曾因捕猎鲸鱼而富庶一方，成就了"一鲸富七浦"的传说。然而，这种种热闹而壮烈的片段，都已成为过去。今天的濑户内海，海面平静，白浪点点，海岛点缀在蓝天碧海、白沙青松之间，沿岸绵延的山林安静、祥和却又寂寞无声，濑户内海的海民，似乎已停下曾经匆忙的脚步，陷入了静静地思考。今天，濑户内海海民对于日本社会来说，更多的是对过往的追思，和将这份追思沉淀之后，结晶形成的璀璨的海洋民俗文化遗产。

濑户内海的海民文化，已化为一份珍贵的文化遗产，静静地诠释着它对今天的日本社会所具有的价值和意义。这样的海民文化形态多样，种类繁多，这里只能列举目前为止比较受人瞩目的几项。首先是船文化。曾经纵横濑户内海的和船，正是生长于内海之滨的造船业者们的手艺杰作，包括作为战船的安宅船、关船和小早船等，以及作为商船的北前船、菱垣回船、樽回船等。如今这些和船早已成为博物馆中的展示品，除了一些特定的祭海仪式外，已经从现实生活中消失了。但和船却成了濑户内海的一道独特风景，一个重要的精神图腾，向人们展示着当年海民卓越的航海技艺和勇敢的水手精神。

其次，是海神祭祀文化。濑户内海上的海民有着对海神的各种信仰，金刀比罗宫、住吉大社和严岛神社都是坐镇濑户内海沿岸的著名海神神社。

在这些海神的祭祀仪式中，尤以祭祀宗像三神的严岛神社及其管弦祭①最为出名。时至今日，管弦祭依然在每年的仲夏之夜盛装登场，吸引国内外上千名观众，在夏夜的月光之下，共同追思当年平清盛与平安皇族、贵族们行舟濑户内海之上，前往严岛神社拜祭的情形。这幅平安末期的华丽画卷之上，同样留下的还有驰骋濑户内海的海民们矫健的身姿。

再次，海岛文化。濑户内海的许多海岛上居民已经面临高龄化、中空化，人口越来越少，但海岛所特有的自然景观与生活方式已经受到社会的关注，并正在被打造成一种具有浓厚濑户内海空间特色的海洋文化。这里每年一度举行濑户内海国际艺术祭，地点就设在星罗棋布的各个海岛之上。海岛上的古老民俗、著名的历史遗迹、当前的岛民生活、现代的建筑艺术等，都通过海岛这一空间，获得了一次又一次巧妙的构思，被串成濑户内海海民文化的脉络，与世界各国的游客慷慨分享。② 海民的文化已经与濑户内海国立公园的美景融为一体，成为一项世界文化遗产，矗立在濑户内海之上，静静地对过往船只与游人诉说着濑户内海海民的种种往事。

行文至此，关于日本濑户内海海民群体的倾诉必须要告一个段落了。但这并不是说，通过这六章的阐述，我们已经完成了对濑户内海海民像的勾勒，或者说，我们至少已经能够把握濑户内海海民的来龙去脉了。事实恰恰相反，这两项工作都还只是刚刚开始，这片海域的古老海民还有太多需要关注的领域，需要考证的环节。然而，也正是为了在今后能够更深入地洞悉和挖掘海民群体的各方各面，我们首先必须努力为这一专题设立一个比较清晰的研究框架和研究思路，这正是本书的目的所在。濑户内海的海民群体到了近现代之后，开始逐渐"消失"，但人类群体之于社会的意义并不在于是否存续至今，而在于这一群体曾经在某个特定的历史时期存在过，并且，也曾以其特有的方式和特有的力量改变过历史的进程。从这个意义上说，濑户内海海民群体对日本社会的影响力至今仍然存在，值得挖掘的主题实在太多。日本海民群体的研究，任重而道远。

---

① 姜春洁、宋宁而：《功能主义视角下的日本祭海仪式变迁——以濑户内海管弦祭为例》，《中国海洋大学学报》（社会科学版）2013年第5期。

② 室井研二等『瀬戸内海観光と国際芸術祭』，美巧社，2012年，序言2ページ。

参考文献

一、日文参考文献①

秋道智弥（編著）『海人の世界』，同文館，1998 年。

秋道智弥『海洋民族学—海のナチュラリストたち』，東京大学出版会，1995 年。

秋道智弥『なわばりの文化史—海・山・川の資源と民俗社会』，小学館，1999 年。

秋道智弥『紛争の海—水産資源管理の人類学』，人文書院，2002 年。

秋道智弥『鯨と日本人のくらし—人びとは鯨とどうかかわってきたか』，ポプラ社，1994 年。

秋道智弥『イルカとナマコと海人たち—熱帯の魚撈文化誌』，日本放送出版協会，1995 年。

浅川滋男『離島の建築　日本の美術406』，至文堂，2000 年。

浅川滋男「東アジア漂海民と家船居住」，『鳥取環境大学紀要』2003 年 2 月，第 1 号。

網野善彦『日本論の視座—列島の社会と国家』，小学館，1990 年。

網野善彦『日本社会再考—海民と列島文化』，小学館，1994 年。

網野善彦『海民と日本社会』，新人物往来社，2009 年。

網野善彦『海の国の中世』，平凡社，1997 年。

網野善彦『中世民衆の生業と技術』，東京大学出版会，2001 年。

網野善彦（編集）『日本民俗文化大系　第六巻　漂泊と定着—定住社

---

① 按作者姓氏假名排序。

会への道―』、小学館、1984 年。
　網野善彦等（編）『海と列島文化』（全 10 巻・別巻 1）、小学館、1990～1993 年。
　石野　博信『古代の「海の道」―古代瀬戸内海の国際交流』、學生社、1996 年。
　『岩波講座　日本歴史』（全 23 巻）、岩波書店、1962～1964 年。
　『岩波講座　日本歴史』（全 26 巻）、岩波書店、1975～1977 年。
　『岩波講座　日本通史』（全 21 巻・別巻 4）、岩波書店、1993～1996 年。
　井上靖、野田宇太郎、和歌森太郎（監修）『文学の旅　14　山陽・瀬戸内海』、千趣会、1971 年。
　市原亮平「移民母村の漁業構造と人口問題―和歌山県東牟婁郡太地町の実態調査報告 -1-」、『関西大学経済論集』1959 年 1 月、第 8 号。
　伊藤亜人「漁民集団」『講座比較文化第 6 巻　日本人の社会』、研究社、1976 年。
　伊藤亜人「漁業集団とその活動」『日本民俗文化体系 5　山民と海人』、小学館、1983 年。
　魚澄惣五郎『歴史地理の研究』、星野書店、1937 年。
　魚澄惣五郎『日本中世史の研究』、星野書店、1944 年。
　魚澄惣五郎（編）『瀬戸内海地域の社会史的研究』、柳原書店、1952 年。
　大島襄二編『魚と人と海―漁撈文化を考える』、日本放送出版協会、1977 年。
　大林太良『海の道海の民』、小学館、1996 年。
　大林太良『東と西海と山　日本の文化領域』、小学館、1990 年。
　大林太良『神話と民俗』、桜楓社、1979 年。
　大林太良『海の神話』、講談社学術文庫、1993 年。
　大林太良（編集）『日本民俗文化大系　第五巻　山民と海人―非平地民の生活と伝承―』、小学館、1983 年。
　沖浦和光『瀬戸内の民俗誌―海民史の深層をたずねて』、岩波書店、1998 年。
　河岡武春『海の民―漁村の歴史と民俗』、平凡社、1987 年。
　香川大学瀬戸内圏研究センター『瀬戸内圏の地域文化の発見と観光資源の創造』、美巧社、2010 年。

勝川俊雄『漁業という日本の問題』，NTT出版株式会社，2012年。

勝川俊雄『日本の魚は大丈夫か―漁業は三陸から生まれ変わる』，NHK出版株式会社，2011年。

門田修『漂海民―月とナマコと珊瑚礁―』，河出書房，1986年。

門田修『海が見えるアジア』，めこん，1996年。

門田修『海のラクダ―木造帆船ダウ同乗記』，中央公論社，1998年。

金柄徹『家船の民族誌―現代日本に生きる海の民―』，東京大学出版会，2003年。

菊池勇夫『飢饉の社会史』，校倉書房，1994年。

忽那祐三『来島 村上水軍の実像（中世伊予、瀬戸内の歴史研究）』，セキ，2013年。

黒嶋　敏『海の武士団　水軍と海賊のあいだ』，談社，2013年。

北川建次，高橋衞，印南敏秀，関　太郎，佐竹昭（編集）『瀬戸内海事典』，南々社，2007年。

柴田勝彦『漂民―海洋民族から潜水漁民まで』，創言社，1975年。

地井昭夫『漁師はなぜ、海を向いて住むのか？―漁村・集住・海廊』，精興社，2012年。

新村出（編）『広辞苑　第三版』，岩波書店，1983年。

白幡洋三郎（編著）、合田健（監修）、瀬戸内海環境保全協会（編）『瀬戸内海の文化と環境』，神戸新聞総合出版センター，1999年。

杉浦昭典『海賊たちの太平洋』，筑摩書房，1990年。

瀬戸内水軍散歩編集委員会『瀬戸内水軍散歩24コース』，山川出版社，2002年。

谷川健一（編）『日本民俗文化資料集成　第三巻　漂海民―家船と糸満―』，三一書房，1992年。

高野　澄『歴史を変えた水軍の謎』，祥伝社，2012年。

武光誠『海から来た日本史』，河出書房新社，2004年。

武光誠『水軍国家ヤマトの誕生』，学習研究社，1990年。

地方史研究協議会（編集）『海と風土―瀬戸内海地域の生活と交流』，雄山閣，2002年。

鶴見良行『海道の社会史』，朝日新聞社，1987年。

中西聡『北前船の近代史―海の豪商たちが遺したもの』，成山堂書店，2013 年。

中西聡『海の富豪の資本主義―北前船と日本の産業化』，名古屋大学出版会，2009 年。

永原慶二『日本の中世社会』，岩波書店，1968 年。

永原慶二『日本中世の社会と国家』，日本放送出版協会，1982 年。

永留久恵『海神と天神―対馬の風土と神々』，白水社，1988 年。

永留久恵『海人たちの足跡―環対馬海峡の基層文化』，白水社，1996 年。

『日本歴史大系』（全 5 巻・別巻 1），山川出版社，1984～1990 年。

『日本民俗文化大系』（全 14 巻・別巻 1），小学館，1983～1987 年。

『日本の社会史』（全 8 巻），岩波書店，1986～1988 年。

野本寛一『庶民列伝　民俗の心をもとめて』，三創，1980 年。

野本寛一『海岸環境民俗論』，白水社，1995 年。

野口武徳『漂海民の人類学』，弘文堂，1987 年。

羽原又吉『日本漁業経済史』，岩波書店，1952 年。

羽原又吉『漂海民』，岩波書店，1963 年。

葉山茂『現代日本漁業誌―海と共に生きる人々の七十年』，昭和堂，2013 年。

樋口淳「老松堂のみた日本」，『日本学研究』2002 年 10 月，第 11 号。

藤津清治「士族就産会社としての「セメント製造会社」設立頃の株主」，『一橋論叢』1968 年 6 月，第 59 号。

三浦圭一『中世民衆生活史の研究』，思文閣出版，1984 年。

三杉隆敏、榊原昭二編著『海のシルク・ロード事典』，新潮社，1988 年。

宮本常一『日本の離島　第 1 集』，未來社，1960 年。

宮本常一『海に生きる人々』，未来社，1964 年。

宮本常一『日本の離島　第 2 集』，未來社，1966 年。

宮本常一、川添登（編）『日本の海洋民』，未来社，1974 年。

宮本常一『忘れられた日本人』，岩波書店，1984 年。

宮本常一『瀬戸内海の研究：島嶼の開発とその社会形成、海人の定住を中心に』，未來社，1992 年。

宮本常一『日本人のくらしと文化』，河出書房新社，2013 年。

村井章介『海から見た戦国日本—列島史から世界史へ』，筑摩書房，1997年。

村井章介『国境を超えて—東アジア海域世界の中世』，校倉書房，1997年。

室井研二等『瀬戸内海観光と国際芸術祭』，美巧社，2012年。

森浩一、網野善彦、渡辺則文『瀬戸内の海人たち—交流がはぐくんだ歴史と文化』，中国新聞社，1997年。

森田勝昭『鯨と捕鯨の文化史』，名古屋大学出版会，1994年。

森克己『日宋貿易の研究』，国書刊行会，1975年。

安野眞幸『港市論—平戸・長崎・横瀬浦』，日本エディタースクール出版部，1992年。

安野眞幸「長崎開港史：家船の陸上がりの視点から」，『弘前大学教育学部教科教育研究紀要』1998年12月，第28号。

柳田国男「家船」，谷川健一（編）『日本民俗文化資料集成　第三巻　漂海民—家船と糸満—』，三一書房，1992年

山内譲『中世　瀬戸内海の旅人たち』，吉川弘文館，2003年。

山口徹（編）『瀬戸内諸島と海の道』，吉川弘文館，2001年。

吉田孝『律令国家と古代の社会』，岩波書店，1983年。

吉田伸之『近世巨大都市の社会構造』，東京大学出版会，1991年。

若林良和『水産社会論—カツオ漁業研究による「水産社会学」の確立を目指して』，御茶の水書房，2000年。

若林良和『カツオの産業と文化』，成山堂書店，2004年。

渡邊洋之『捕鯨問題の歴史社会学—近現代日本におけるクジラと人間』，東信堂，2006年。

二、中文参考文献①

彼得・裘得・安奈森：《中世纪的日本大名——大内家族对周防国和长门国的统治》，王金旋译，江苏人民出版社，2011。

村井康彦、王勇、葛继勇：《从遣唐使船到唐商船——9世纪日中交流的演变》，《郑州大学学报》（哲学社会科学版）2008年第5期。

戴季陶：《日本论》，东方出版社，2014。

---

① 按作者姓氏拼音排序。

高洪等：《30年来中国的日本研究概况——中华日本学会2011年年会暨学科综述研讨会发言摘要》，《日本学刊》2011年第3期。

葛继勇：《从遣唐使研究到赴日唐人研究》，《郑州大学学报》（哲学社会科学版）2008年第5期。

宫崎正胜：《航海图的世界史：海上道路改变历史》，朱悦玮译，中信出版社，2014。

井上清：《日本历史》，闫伯纬译，陕西人民出版社，2011。

姜春洁：《功能主义视角下的日本海神信仰研究》，《广东海洋大学学报（人文社科）》2012年第2期。

姜春洁、宋宁而：《功能主义视角下的日本祭海仪式变迁——以濑户内海管弦祭为例》，《中国海洋大学学报（社会科学版）》2013年第5期。

李薇：《"接地气"的日本研究——评张建立著〈艺道与日本国民性〉》，《中国社会科学报》2014年2月12日。

李金明：《明初中日贸易与倭寇》，《南洋问题研究》1993年第3期。

林瑞荣：《明嘉靖时期的海禁与倭寇》，《历史档案》1997年第1期。

孟庆梓：《明代的倭寇与海商》，《承德民族师专学报》2005年第1期。

三谷博：《黑船来航——对长期危机的预测摸索与美国使节的到来》，张宪生、谢跃译，社会科学文献出版社，2013。

宋宁而：《日本海民群体研究初探》，《中国海洋大学学报（社会科学版）》2011年第1期。

宋宁而：《社会变迁：日本漂海民的研究视角》，《中国海洋大学学报（社会科学版）》2013年第1期。

上田信：《海与帝国：明清时代》，高莹莹译，广西师范大学出版社，2014。

网野善彦：《日本社会的历史》，刘军、饶雪梅译，社会科学文献出版社，2012。

王勇：《从遣隋使到遣唐使》，《郑州大学学报（哲学社会科学版）》2008年第5期。

王金林：《遣唐使的使命》，《日本研究》1998年第3期。

王建友：《三渔问题与渔民市民化研究》，武汉大学出版社，2014。

尾藤正英：《日本文化的历史》，彭曦译，南京大学出版社，2010。

武寅：《日本研究的新时期与新任务》，《日本学刊》2010年第4期。

杨栋梁:《中国的日本研究新动态》，载莽景石主编《南开日本研究》，世界知识出版社，2010。

礒崎初仁、金井利之、伊藤正次:《日本地方自治》，张青松译，社会科学文献出版社，2010。

中西进:《日本文化的构造》，彭曦译，南京大学出版社，2013。

三、网络参考文献

「瀬戸内海とわたしたち」，環境省ホームページ，http://www.env.go.jp/water/heisa/heisa_net/setouchiNet/seto/index.html，2014 年 7 月 19 日。

「瀬戸内海—日本最大の閉鎖性海域」，瀬戸内海環境保全協会ホームページ，http://www.seto.or.jp/setokyo/kankou/panf/seto_heisakaiiki.htm，2014 年 7 月 19 日。

水産庁『水産白書　平成 16 – 25 年度』，水産庁ホームページ：http://www.jfa.maff.go.jp/j/kikaku/wpaper/index.html，2014 年 7 月 22 日。

附录一

表 1　濑户内海海岛一览表[①]

序号	岛名	所属群岛	所属县
1	友岛	—	和歌山县
2	伊岛	—	德岛县
3	大毛岛	—	德岛县
4	岛田岛	—	德岛县
5	高岛	—	德岛县
6	淡路岛	—	兵库县
7	沼岛	—	兵库县
8	家岛	家岛群岛	兵库县
9	男鹿岛	家岛群岛	兵库县
10	坊势岛	家岛群岛	兵库县
11	西岛	家岛群岛	兵库县
12	鹿久居岛	日生群岛	冈山县
13	鹤岛	日生群岛	冈山县
14	头岛	日生群岛	冈山县
15	大多府岛	日生群岛	冈山县
16	鸿岛	日生群岛	冈山县
17	长岛	—	冈山县

[①] 本表所列海岛仅为濑户内海海域主要海岛及其所属群岛，并非该海域所有海岛。此处的濑户内海海域指狭义的濑户内海海域，即纪淡海峡、鸣门海峡、关门海峡和丰予海峡所包围形成的海域，详细内容参见本书"第一章、第二节、一"。

续表

序号	岛名	所属群岛	所属县
18	前岛	—	冈山县
19	黄岛	—	冈山县
20	黑岛	—	冈山县
21	犬岛	犬岛群岛①	冈山县
22	石岛	—	冈山县
23	青岛	—	冈山县
24	釜岛	儿岛群岛	冈山县
25	松岛	儿岛群岛	冈山县
26	六口岛	儿岛群岛	冈山县
27	高岛	笠冈群岛	冈山县
28	白石岛	笠冈群岛	冈山县
29	北木岛	笠冈群岛	冈山县
30	真锅岛	笠冈群岛	冈山县
31	大飞岛	笠冈群岛	冈山县
32	小飞岛	笠冈群岛	冈山县
33	六岛	笠冈群岛	冈山县
34	上水岛	水岛群岛	冈山县
35	下水岛	水岛群岛	冈山县
36	大槌岛	—	冈山县（北侧）·香川县（南侧）②
37	小豆岛	—	香川县
38	小丰岛	直岛群岛	香川县
39	丰岛	直岛群岛	香川县
40	直岛	直岛群岛	香川县
41	向岛	直岛群岛	香川县
42	家岛	直岛群岛	香川县
43	屏风岛	直岛群岛	香川县
44	牛首岛	直岛群岛	香川县

① 另包括冲鼓岛等四个无人岛。
② 大槌岛的北半部属于冈山县，南半部属于香川县。

续表

序号	岛名	所属群岛	所属县
45	男木岛	直岛群岛	香川县
46	女木岛	直岛群岛	香川县
47	大岛	—	香川县
48	柜石岛	盐饱群岛	香川县
49	岩黑岛	盐饱群岛	香川县
50	与岛	盐饱群岛	香川县
51	小与岛	盐饱群岛	香川县
52	牛岛	盐饱群岛	香川县
53	本岛	盐饱群岛	香川县
54	广岛	盐饱群岛	香川县
55	手岛	盐饱群岛	香川县
56	小手岛	盐饱群岛	香川县
57	高见岛	盐饱群岛	香川县
58	佐柳岛	盐饱群岛	香川县
59	粟岛	盐饱群岛	香川县
60	志志岛	盐饱群岛	香川县
61	伊吹岛	—	香川县
62	股岛	—	香川县
63	仙醉岛	—	广岛县
64	走岛	走岛群岛	广岛县
65	田岛	备后群岛	广岛县
66	横岛	备后群岛	广岛县
67	百岛	备后群岛	广岛县
68	加岛	备后群岛	广岛县
69	向岛	—	广岛县
70	岩子岛	—	广岛县
71	细岛	艺备群岛	广岛县
72	因岛	艺备群岛	广岛县
73	佐木岛	艺备群岛	广岛县
74	小佐木岛	艺备群岛	广岛县
75	生口岛	艺备群岛	广岛县

续表

序号	岛名	所属群岛	所属县
76	高根岛	艺备群岛	广岛县
77	大久野岛	—	广岛县
78	契岛	上大崎群岛	广岛县
79	生野岛	上大崎群岛	广岛县
80	大崎上岛	上大崎群岛	广岛县
81	长岛	上大崎群岛	广岛县
82	大崎下岛	下大崎群岛	广岛县
83	三角岛	下大崎群岛	广岛县
84	丰岛	下大崎群岛	广岛县
85	斋岛	下大崎群岛	广岛县
86	大芝岛	—	广岛县
87	上蒲刈岛	蒲刈群岛	广岛县
88	下蒲刈岛	蒲刈群岛	广岛县
89	似岛	—	广岛县
90	金轮岛	—	广岛县
91	江田岛·东能美岛·西能美岛①	安艺群岛	广岛县
92	冲野岛	安艺群岛	广岛县
93	大黑神岛	安艺群岛	广岛县
94	情岛	安艺群岛	广岛县
95	仓桥岛	安艺群岛	广岛县
96	鹿岛	安艺群岛	广岛县
97	严岛	安艺群岛	广岛县
98	阿多田岛	安艺群岛	广岛县
99	猪子岛	安艺群岛	广岛县
100	宇治岛	—	广岛县
101	有竜岛	—	广岛县
102	百贯岛（弁天岛）②	—	广岛县
103	鱼岛	鱼岛群岛	爱媛县

① 三座岛屿接壤。
② 百贯岛又名弁天岛。

续表

序号	岛名	所属群岛	所属县
104	高井神岛	鱼岛群岛	爱媛县
105	丰岛	上岛群岛	爱媛县
106	弓削岛	上岛群岛	爱媛县
107	佐岛	上岛群岛	爱媛县
108	生名岛	上岛群岛	爱媛县
109	岩城岛	上岛群岛	爱媛县
110	大三岛	越智群岛	爱媛县
111	伯方岛	越智群岛	爱媛县
112	鹈岛	越智群岛	爱媛县
113	大岛	越智群岛	爱媛县
114	津岛	越智群岛	爱媛县
115	冈村岛	关前群岛	爱媛县
116	小大下岛	关前群岛	爱媛县
117	大下岛	关前群岛	爱媛县
118	来岛	来岛群岛	爱媛县
119	小岛	来岛群岛	爱媛县
120	马岛	来岛群岛	爱媛县
121	比岐岛	来岛群岛	爱媛县
122	四阪岛	—	爱媛县
123	大岛	—	爱媛县
124	鹿岛	—	爱媛县
125	安居岛	—	爱媛县
126	兴居岛	忽那群岛	爱媛县
127	钓岛	忽那群岛	爱媛县
128	野忽那岛	忽那群岛	爱媛县
129	睦月岛	忽那群岛	爱媛县
130	中岛	忽那群岛	爱媛县
131	怒和岛	忽那群岛	爱媛县
132	津和地岛	忽那群岛	爱媛县
133	二神岛	忽那群岛	爱媛县
134	青岛（马岛）	—	爱媛县

续表

序号	岛名	所属群岛	所属县
135	能岛	—	爱媛县
136	端岛	柱岛群岛	山口县
137	柱岛	柱岛群岛	山口县
138	黑岛	柱岛群岛	山口县
139	屋代岛	周防大岛群岛	山口县
140	笠佐岛	周防大岛群岛	山口县
141	前岛	周防大岛群岛	山口县
142	浮岛	周防大岛群岛	山口县
143	情岛	周防大岛群岛	山口县
144	冲家室岛	周防大岛群岛	山口县
145	平郡岛	—	山口县
146	长岛	熊毛群岛	山口县
147	八岛	熊毛群岛	山口县
148	祝岛	熊毛群岛	山口县
149	佐合岛	熊毛群岛	山口县
150	马岛	熊毛群岛	山口县
151	牛岛	周南群岛	山口县
152	笠户岛	周南群岛	山口县
153	粭岛	周南群岛	山口县
154	黑发岛·仙岛①	周南群岛	山口县
155	大津岛	周南群岛	山口县
156	野岛	周南群岛	山口县
157	岩流岛（船岛）②	—	山口县
158	姬岛	—	大分县

① 两座岛屿接壤。
② 岩流岛又名船岛。

附录二

图1 日本环濑户内海地区府县一览图①

表2 图1编号对应的日本环濑户内海地区府县一览表

编号	道府县名	所属地区	编号	道府县名	所属地区
1	京都府	近畿地区	13	福冈县	九州地区
2	大阪府		14	大分县	
3	和歌山县		15	宫崎县	
4	兵库县		16	熊本县	
5	奈良县		17	佐贺县	
6	滋贺县		18	长崎县	
7	三重县		19	鹿儿岛县	

① 图中编号对应府县名参阅表2。

续表

编号	道府县名	所属地区	编号	道府县名	所属地区
8	冈山县	中国地区	20	香川县	四国地区
9	广岛县		21	德岛县	
10	山口县		22	高知县	
11	岛根县		23	爱媛县	
12	鸟取县		—	—	

表3 日本环濑户内海地区国·藩一览表

序号	藩名①	国名②	所在位置③
近畿地区			
1	长岛藩	伊势国	主要包括三重县的中北部
2	桑名藩		
3	菰野藩		
4	伊势龟山藩		
5	神户藩		
6	津藩（安浓津藩）		
7	久居藩（津藩支藩）		
8	八田藩		
9	伊势西条藩		
10	南林崎藩		
11	伊势上野藩		
12	伊势林藩		
13	云出藩		
14	松坂藩		
15	竹原藩（八知藩）		
16	伊势岩手藩		
17	田丸藩		
18	井生藩		

① 本表括号中的藩名系同藩的另一个名称。
② 指各藩所在地的所属律令国。
③ 这里的"所在位置"指该国所在地目前主要的行政区划所属。

续表

序号	藩名①	国名②	所在位置③
19	伊贺上野藩	伊贺国	三重县西部
20	鸟羽藩	志摩国	三重县东部
21	朝日山藩	近江国	滋贺县
22	近江宫川藩	近江国	滋贺县
23	长浜藩	近江国	滋贺县
24	彦根藩	近江国	滋贺县
25	彦根新田藩（彦根藩支藩）	近江国	滋贺县
26	大沟藩	近江国	滋贺县
27	朽木藩	近江国	滋贺县
28	坚田藩	近江国	滋贺县
29	大森藩	近江国	滋贺县
30	山上藩	近江国	滋贺县
31	三上藩	近江国	滋贺县
32	仁正寺藩	近江国	滋贺县
33	膳所藩	近江国	滋贺县
34	水口藩	近江国	滋贺县
35	佐和山藩	近江国	滋贺县
36	近江高岛藩	近江国	滋贺县
37	大津藩	近江国	滋贺县
38	近江小室藩	近江国	滋贺县
39	淀藩	山城国	京都府南部
40	山城长冈藩	山城国	京都府南部
41	伏见藩	山城国	京都府南部
42	御牧藩	山城国	京都府南部
43	柳生藩	大和国	奈良县
44	郡山藩	大和国	奈良县
45	小泉藩	大和国	奈良县
46	柳本藩	大和国	奈良县
47	戒重藩	大和国	奈良县
48	芝村藩	大和国	奈良县
49	柿罗藩	大和国	奈良县

续表

序号	藩名①	国名②	所在位置③
50	宇陀松山藩		
51	高取藩		
52	兴留藩		
53	竜田藩		
54	田原本藩		
55	岸田藩		
56	大和新庄藩		
57	御所藩		
58	大和五条藩		
59	纪州藩（和歌山藩）	纪伊国	和歌山县、三重县南部
60	田边藩（纪州藩附家老）		
61	新宫藩（纪州藩附家老）		
62	陶器藩	和泉国	大阪府西南部
63	伯太藩（大庭寺藩）		
64	岸和田藩		
65	谷川藩		
66	吉见藩		
67	丹南藩	河内国	大阪府东部
68	狭山藩		
69	西代藩		
70	三田藩	摄津国	大阪府中北部的大半部分、兵库县东南部
71	高槻藩		
72	麻田藩		
73	尼崎藩		
74	大坂藩		
75	茨木藩		
76	中岛藩		
77	味舌藩		
78	福知山藩	丹波国	京都府中部、兵库县东北部、大阪府北部
79	绫部藩		
80	山家藩		

续表

序号	藩名①	国名②	所在位置③
81	丹波柏原藩		
82	筱山藩		
83	园部藩		
84	丹波龟山藩		
85	八上藩		
86	峰山藩	丹后国	京都府北部
87	宫津藩		
88	丹后田边藩（舞鹤藩）		
89	山崎藩		
90	安志藩		
91	三日月藩		
92	林田藩		
93	三草藩		
94	龙野藩		
95	小野藩	播磨国	兵库县西南部
96	姬路藩		
97	赤穗藩		
98	明石藩		
99	福本藩		
100	播磨新宫藩		
101	姬路新田藩		
102	平福藩		
103	出石藩		
104	丰冈藩		
105	村冈藩	但马国	兵库县北部
106	八木藩		
107	竹田藩		
中国地区			
1	鸟取藩		
2	鹿野藩	因幡国	鸟取县东部
3	鹿奴藩（鸟取藩支藩、鸟取东馆新田藩）		

续表

序号	藩名①	国名②	所在位置③
4	若樱藩		
5	若樱藩（鸟取藩支藩、鸟取西馆新田藩）		
6	米子藩	伯耆国	鸟取县中部、西部
7	仓吉藩		
8	黑坂藩		
9	矢桥藩		
10	松江藩		
11	松江新田藩（松江藩支藩）	出云国	岛根县东部
12	广濑藩（松江藩支藩）		
13	母里藩（松江藩支藩）		
14	津山藩		
15	美作胜山藩		
16	津山新田藩（1）（津山藩支藩）	美作国	冈山县东北部
17	津山新田藩（2）（津山藩支藩）		
18	美作宫川藩（津山藩支藩）		
19	鹤田藩		
20	吉永藩		
21	浜田藩	石见国	岛根县西部
22	津和野藩		
23	冈山藩	备前国	冈山县东南部
24	儿岛藩		
25	新见藩		
26	备中松山藩		
27	成羽藩		
28	浅尾藩		
29	足守藩	备中国	冈山县西部
30	冈田藩		
31	庭濑藩		
32	生坂藩（冈山藩支藩）		
33	鸭方藩（冈山藩支藩）		
34	西江原藩		

续表

序号	藩名①	国名②	所在位置③
35	三次藩（广岛藩支藩）	备后国	广岛县东半部
36	备后福山藩		
37	广岛藩	安艺国	广岛县西部
38	广岛新田藩（广岛藩支藩）		
39	岩国藩（长州藩支藩）	周防国	山口县东南半部
40	德山藩（下松藩、长州藩支藩）		
41	长州藩（萩藩、毛利藩）	长门国	山口县西半部
42	长府藩（长州藩支藩）		
43	清末藩（长府藩支藩）		
44	淡路洲本藩	淡路国	兵库县淡路岛及沼岛
四国地区			
1	高松藩	赞岐国	香川县
2	丸龟藩		
3	多度津藩（丸龟藩支藩）		
4	德岛藩	阿波国	德岛县
5	阿波富田藩（德岛藩支藩）		
6	川之江藩	伊予国	爱媛县
7	今治藩		
8	西条藩（纪州藩支藩）		
9	小松藩		
10	伊予松山藩		
11	松山新田藩（伊予松山藩支藩）		
12	大洲藩		
13	新谷藩（大洲藩支藩）		
14	伊予吉田藩（宇和岛藩支藩）		
15	宇和岛藩		
16	土佐藩（高知藩）	土佐国	高知县
17	土佐新田藩（土佐藩支藩）		
18	中村藩（土佐藩支藩）		

续表

序号	藩名①	国名②	所在位置③
九州地区			
1	对马府中藩（严原藩）	对马国	长崎县对马市
2	平户藩	壹岐国	长崎县壹岐市
3	小仓藩	丰前国	福冈县东部、大分县北部
4	千束藩（小仓藩支藩）		
5	中津藩		
6	杵筑藩	丰后国	大分县大部分地区
7	高田藩		
8	日出藩		
9	森藩		
10	府内藩		
11	臼杵藩		
12	佐伯藩		
13	冈藩		
14	立石藩		
15	东莲寺藩（福冈藩支藩）	筑前国	福冈县西部
16	福冈藩		
17	秋月藩（福冈藩支藩）		
18	松崎藩（久留米藩支藩）	筑后国	福冈县南部
19	久留米藩		
20	柳河藩		
21	三池藩		
22	唐津藩	肥前国	佐贺县、长崎县大部分
23	平户藩		
24	平户新田藩（平户藩支藩）		
25	小城藩（佐贺藩支藩）		
26	莲池藩（佐贺藩支藩）		
27	佐贺藩		
28	鹿岛藩（佐贺藩支藩）		
29	大村藩		
30	岛原藩		
31	福江藩（五岛藩）		

续表

序号	藩名①	国名②	所在位置③
32	高瀬藩（熊本藩支藩）	肥后国	熊本县
33	熊本藩（肥后藩）		
34	宇土藩（熊本藩支藩）		
35	人吉藩		
36	富冈藩（天草藩）		
37	延冈藩	日向国	宫崎县
38	高锅藩		
39	佐土原藩（萨摩藩支藩）		
40	饫肥藩		
41	萨摩藩（鹿儿岛藩）	萨摩国	鹿儿岛县西部
42	萨摩藩	大隅国	鹿儿岛县东部、奄美群岛

后 记

  我们关于日本海民研究的第一本著书即将告一段落,写篇后记的想法也随之变得迫切起来。不是为了例行公事,模仿惯例,而是因为在写书过程中,一直萦绕脑海、挥之不去的那段留学经历,积压已久,需要倾诉。

  2001年,大学毕业后,在完成了关于海商法的本科学习之后,我怀着对商船船员所在世界的好奇与探究之心,也揣着一点流浪的喜悦与不安,选择了东渡扶桑,前往日本商船大学,去继续我的关于商船船员的研究。我原本怀着些许忐忑,担心无法适应列岛社会的种种固有文化,却在留学生涯展开伊始便发现,这些担心全然多余,因为我已一头扎进了一个超乎想象的"船员的世界"。日本商船大学——我在异国的母校,这里的很多老师,有的曾经是商船船员,有的几年后即将转行做船员;这里的众多学子,有的毕业后马上就当上了远洋船员,有的暂时留在陆上工作,但还是志在商船,几经周转,终于如愿以偿,扬帆远航。虽然这里同样拥有着日本高等学府的严谨,却显然更富有一种独属于船员世界的气质,或者说,是一种由那里的师生共同营造的豪爽、开朗、多元、兼容的氛围,仿佛时刻怀着惊喜的心情,期待着与来自大洋彼岸的一切人、事的邂逅。这与我所设想的列岛社会有着巨大的差异,而且,从实际的留学经历来看,这里的氛围也确实明显不同于周边社会。

  今天回顾这一切,我依然认为,日本商船大学的氛围之于我最大的裨益,不在于帮助我迅速摆脱了最初对陌生环境的不安,甚至也不在于多么有助于我此后顺利地开展研究工作——虽然这些都是我至今心存感激的事实——而在于让我从一开始就对"船员的世界"有了最为感性的认识。我在硕士与博士期间所开展的研究中,试图寻找到这个由船员组成的世界(或者也可称之为"海事社会")的发展轨迹,以及船员世界所代表着的属于日本的特有的一面,虽然我在研究中获得了很多有益的发现,但始终无法让自己真正满意。

学成归国后,我有幸进入中国海洋大学,继续我的关于日本海事社会的研究。但我又很快发现,在进入中国海洋大学的海洋社会学研究团队之后,我首先需要完成的工作是解决"海事社会"在"海洋社会"中的定位问题。所幸,工作期间,我获得了我所供职的法政学院社会学研究所崔凤教授提供的一系列关于海洋民俗文化的日文文献资料,再加上此后我自己陆续进行的资料积累,船员的世界开始更清晰地呈现在我的眼前。我逐渐了解到,从事海上运输的船员绝不是日本近现代社会的产物,而是古已有之。濑户内海海域自古就有驾驶渔船、乘风破浪的海民,他们或打鱼,或制盐,或行舟海上买卖货物,或以武力从事海上掠夺,并且在条件成熟之后,一举驶出濑户内海,奔向广袤的外部海域。虽然长期以来,这些海民都有着航海之外的谋生职业,他们或许是渔民、海盗、盐民、商人,但又都需要首先具备航行海上的卓越技能,航海驾船是海民的生存之本。虽然在进入近代之后,船员成了商船公司这一现代企业组织中的组成部分,存在形态与原先有了巨大的差异,但依然保留着许多传统的海民特性与精神。而我在留学之初所感受到的船员世界的氛围正是这种特性与精神的呈现。由此,日本的"海事社会"与"海洋社会"开始在我的心中,慢慢融为一体,我开始意识到,自己所要寻找的日本船员世界的发展轨迹,实际上正是日本海民世界的发展轨迹,而其根源,必然指向日本海民自古以来最主要的聚居地——环濑户内海地区,包括濑户内海沿岸、濑户内海海域及其中的海岛。

正是基于以上认识,我与我的先生,也是本书的第二作者姜春洁老师最终决定,要在目前这一研究的攻坚阶段,为日本濑户内海的海民群体勾勒一幅基本的肖像,好让我们自己,更是为了让读者清晰地看到海民群体所代表着的日本社会的独特一面。其实,我们之所以想要通过描绘海民世界,来观照日本社会,除了有个人经历的原因外,也是基于一份长期以来形成的危机感。留学海外,以及长年对日本社会的关注,使我们深刻意识到,日本对我国的了解,要远胜于我国对日本的了解。用我国早期日本研究者戴季陶先生的话说:"晓得他[1]现在的真相,方才能够推测他将来的趋

---

[1] 即日本,笔者注。

向是怎样的。拿句旧话来说,'知己知彼,百战百胜',无论是怎样反对他攻击他,总而言之,非晓得他不可。"① 作为日本问题的研究者,揭示日本社会的真相,我们责无旁贷。

  本书是我与姜春洁老师共同翻译、梳理、合作撰写完成的。在本书资料的翻译整理过程中,本着自愿的原则,我们获得了中国海洋大学外国语学院众多日语系学生的大力协助,为了尊重同学们的辛勤付出,现将参与资料翻译整理的学生名单记录如下:曹伟伟、谭素娴、徐天青、朱清华、王蓬霞、蔡嫣嫣、陈丹丹、谷靓洁、阳伊、陈婧璇、乃一庆、王新影、韦芯琴、张艳。她们在繁忙沉重的学业之余,完成了本书资料梳理方面的大量基础性工作,在此深表谢意,同时衷心祝愿她们在各自的学习或工作岗位上能取得辉煌的成绩。

  本书第一、二、五章由我负责撰写,第三、四、六章由姜春洁老师负责撰写,我负责最后统稿。

  最后,我们还要说明,本书绝不是对日本濑户内海海民群体做出最终评价的研究成果,甚至也未必是关于这一主题的一个完整的体系框架,但本书无疑是一个起点,一个为下一步更深入、系统的研究奠定基础的起点,一个为读者展现日本社会相、众生相的新出发点。为此,我们怀着谦卑之心,将此书奉送给我国读者以及学界师长、前辈、同人和致力于日本研究的同学们。我们希望从这本书出发,去探寻、开拓我们的日本研究之路。

宋宁而
2014 年 7 月 23 日于青岛四季景园

---

① 戴季陶:《日本论》,东方出版社,2014,第 3 页。

图书在版编目(CIP)数据

日本濑户内海的海民群体/宋宁而,姜春洁著.—北京：社会科学文献出版社,2014.9
（海洋与环境社会学文库）
ISBN 978-7-5097-6556-2

Ⅰ.①日… Ⅱ.①宋… ②姜… Ⅲ.①渔民-研究-日本 Ⅳ.①D731.38

中国版本图书馆 CIP 数据核字（2014）第 220610 号

·海洋与环境社会学文库·

日本濑户内海的海民群体

著　者／宋宁而　姜春洁

出　版　人／谢寿光
项目统筹／童根兴
责任编辑／唐　琳　胡　亮

出　版／社会科学文献出版社·社会政法分社（010）59367156
　　　　　地址：北京市北三环中路甲 29 号院华龙大厦　邮编：100029
　　　　　网址：www.ssap.com.cn
发　行／市场营销中心（010）59367081　59367090
　　　　　读者服务中心（010）59367028
印　装／三河市尚艺印装有限公司

规　格／开　本：787mm×1092mm　1/16
　　　　　印　张：13.75　字　数：231 千字
版　次／2014 年 9 月第 1 版　2014 年 9 月第 1 次印刷
书　号／ISBN 978-7-5097-6556-2
定　价／49.00 元

本书如有破损、缺页、装订错误，请与本社读者服务中心联系更换

▲ 版权所有 翻印必究